大森望 編

SFの書き方

「ゲンロン 大森望 SF創作講座」全記録

GENRON OHMORI SCIENCE FICTION WRITERS' WORKSHOP

ゲンロン 企画

東浩紀
長谷敏司
冲方丁
藤井太洋
宮内悠介
法月綸太郎
新井素子
円城塔
小川一水
山田正紀

早川書房

序　文

東　浩紀

　ぼくが経営している会社「ゲンロン」では、二〇一五年から市民講座を開催している。まずは批評や現代美術の講座から始まったのだが、その新たなプログラムとして、大森望氏を主任講師に迎え、二〇一六年に開講したのが「ゲンロン 大森望 ＳＦ創作講座」である。本書には、その第一期の講義の抜粋と、講義内で提出された受講生の作品の一部が収録されている。

　本講座は、かなり実験的かつ複雑なプログラムを採用している。具体的には本書内に別途説明があると思うが、その中核には、ゲンロンの教室すべてに共通するある思想が位置している。あえてひとことで述べるとすれば、それは、受講イコールデビューという考えである。

　世に小説講座は多いが、それらでは一般に受講生は無名の生徒にすぎず、デビューは受講後に自らの力で切り拓くものだと見なされている。しかしゲンロンの教室では、講座への参加そのものが、一種のデビューだと見なされる。したがって、受講生が講義で提出する梗概や作品は、すべてネットで公開されるほか、講師による講評も動画で中継される。つまりは、受講生は最初から、講師の指導を受けるだけでなく、一般読者の遠慮ない厳しい目に曝されることになるのである。この点で、本講座のシステムはおそろしく実践的である。というより、そこには最初から実践しかない。このような小説講座は、世界的にも類がないのではないかと自負している。

ぼくは、運営会社の代表として、本講座の大まかな形式を作りあげている。しかし、そこに魂を吹き込み、実のあるものとしたのは、主任講師の大森望氏である。第一期の一年間、講座を横で拝見し、氏のSFに対する愛と創作指導に傾ける情熱に深い感銘を受けた。第一線の有名作家と敏腕編集者からなる豪華な講師陣も、氏の人望なしにはとても集まらなかったことだろう。この場を借りて、大森氏にあらためて感謝するとともに、また、氏の呼びかけに答え、この実験的なプログラムに手を貸し、熱心に指導していただけた講師陣のみなさんに謝意を表したいと思う。

第一期の最優秀作（第一回ゲンロンSF新人賞）は、去る二〇一七年三月一六日に選考会が行なわれ、本書に講座内提出作が再録されている高木刑《たかぎけい》氏に決まった。受賞作は改稿のうえ、弊社発行の批評誌〈ゲンロン〉に掲載される予定だが、氏の実力はすでに講座運営時からネットで知られていたので、受賞作の掲載時にはもう別媒体で活躍しているかもしれない。従来の新人賞の常識では考えられないことだが、そのような転倒があるのが本講座の特徴である。高木氏はゲンロンSF新人賞でデビューしたのではない。本講座に申し込んだときに、すでにデビューしていたのだ。第二期の募集は、本書出版にさきがけ始まっている。氏に続く才能にぜひ集まってほしいと思う。

ぼくは本業は批評家だが、小説も書いたことがある。SFである。大森氏編集のアンソロジーに収録されたことさえある。けれどもぼくの小説執筆は完全な独学で、基礎的な技術に欠けているところがある。だから、もし運営会社の代表でなければ、ぼく自身がこの講座を受けたいくらいである。下手にプロになってしまうと、もうだれも小説の書きかたなど教えてくれない。上記のような妙に実践的なシステムを作ってしまったせいで、こっそりと匿名で作品を送りつけるというわけにいかないのを、ぼくはいまひそかに後悔している。

ＳＦの書き方

――「ゲンロン 大森望 ＳＦ創作講座」全記録

目次

SFの書き方　実作篇　193

本書について

編集部

本書は、株式会社ゲンロンが主催する「ゲンロン　大森望　SF創作講座」の講義録です。二〇一六年に第一期が開講された本講座は、同年四月から二〇一七年三月までの期間、SF翻訳家・書評家の大森望氏を主任講師として行なわれました。

講義は月一回、原則として第三木曜日の夜に五反田ゲンロンカフェで開かれ、各回三コマからなります。一限目はゲスト講師の創作環境やテクニックに迫る講義と、翌月の講義で講評対象となる梗概の課題提示を行います。二限目では、前月までに出された課題に基づく梗概を講評し、三篇を基準に優秀作を選出します。選ばれた受講生は、次回までにその梗概を元にした短篇を執筆・提出します。三限目ではそうして書かれた、前月の梗概優秀作を発展させた短篇の講評を行なうというサイクルです。

本書の〔講義篇〕では、この講座の一限目にあたる講義を採録しています。基本的には大森氏を聞き手役に作家陣が創作論やSFテーマで語るという形式ですが、例外として第一回は東浩紀氏が大森氏と編集者ゲストの小浜徹也氏（東京創元社）から日本SFの沿革を聞く場面を、第五回は講座の二・三限目にあたる梗概・実作講評の模様を採録しています。

　各回の間には、講座で実際に出されたそれぞれの課題と、大森氏による講評レポート、優秀作として選出された梗概（および内容アピール文）から二作を掲載しています。なお、課題その1「『これがSFだ！』という短篇を書きなさい」は大森氏により、第1回講義の前に事前課題として提示されました。講座サイクルの都合上、課題は円城塔氏の「決して相容れないものを成立させよ」が最後となります。

　本書に収録された梗概のほぼすべては実作として小説も執筆・提出されており、それらは二〇一七年四月現在も、二〇一六年度の専用サイト（「超・SF作家養成サイト」http://school.genron.co.jp/works/sf/2016/）で公開されています。本書の梗概で興味を持たれた方は、ぜひ実作もお楽しみください。

〔実作篇〕では、そうして提出された受講生たちの実作から、大森氏により選ばれた二作を掲載しています。それぞれの末尾には課題提出時の梗概と内容アピール文も併録していますが、提出された梗概には講師陣によるアドバイスが行なわれ、それが実作の執筆にあたって反映されているため、実作と梗概では一部内容に変更が生じていることを付記させていただきます。

　付録として、大森氏による特別エッセイ「SF作家になる方法」も収録。作家を目指す皆さんはもちろん、趣味として創作を楽しまれる方や、小説はいかにして書かれるのかについて興味がおありの方も、さまざまに本書をお役立ていただけましたら幸いです。

ＳＦの書き方

講義篇

ゲンロンSF創作講座へようこそ

大森　望

　日本SFはいま、第二の黄金期を迎えようとしている。新鋭が続々登場し、英訳版が海外のSF賞を受賞したり、ハリウッドで実写映画化されたりの話題にも事欠かない。もっとも、SF新人賞の応募作を読むと、好きな作家のスタイルを見よう見まねでなぞって失敗している人が多数。考えてみると、いまの日本で、デビュー前に〝SFの書き方〟を学ぶ機会はほとんどない。

　SF創作講座の先例としては、一九六八年にスタートしたクラリオンSFワークショップが世界的に有名。ブルース・スターリングやキム・スタンリー・ロビンスンなど多くのSF作家を輩出、今年の講師には、同講座の卒業生でもあるテッド・チャンやケリー・リンクが名を連ねている。六週間の合宿制で、受講生は書き上げた作品を講師に見てもらいながら、SFおよびファンタジイの書き方をみっちり勉強する。

　そこまで濃密な空間を用意するのはむずかしいとしても、日本にも、なんらかのかたちで本格的にSF創作を学ぶ場所があればいいのに……。と、他人事のようにぼんやり考えていたところ、芸術、批評につづく第三のゲンロンスクールとして開講する小説講座のホスト役を、思いがけず務めることになった。

　各回のゲスト講師は、日本SFの第一線で活躍する作家と編集者。毎回、講師の話を聴き、質疑応答に参加するだけでも十二分にスリリングな体験になるだろう。クラリオンのように苛酷な試練をいきなり課すつもりはない。課題の提出は義務ではなく権利。書けたら書くけど……というカジュアルな受講生も歓迎するし、欠席しても問題ない。逆に、石にかじりついてでも作家になりたい人にとっては、実力を試す最高の場になるはずだ。

小説の書き方は、かならずしも教えられて身につくものではない。とはいえ、ジャンルのさまざまなテーマに応じた作法や心構え、やってはいけないことなど、学ぶべきことはたくさんある。井戸に石を投げ込むように新人賞への投稿と落選を漫然とくりかえしている人にとっては、自分が考えたプロット、書き上げた作品をプロの講師に見てもらい、意見や評価を受けるだけで、よほど効率的にスキルを磨けるはず。ファンタジイやホラー、ミステリなど、ＳＦ以外の分野で作家になる道を模索している人にとっても、小説を書く基本は同じ。ライトノベルや純文学などの方法を使ってＳＦの課題をクリアしてもいいし、むしろそれが武器になるかもしれない。

門戸は広く、ハードルは低く。ただし、やる気のある受講生にはとことん付き合ってサポートする。ＳＦについて学びたい人も、とにかく小説を書いてみたい人も、ぜひ受講してほしい。ゲンロンＳＦ創作講座の記念すべき第一期生にどんな人たちがやってくるのか、ドキドキしながら待っている。

（二〇一六年一月　サイト開設時の「開講の辞」より）

課題その1

『これがSFだ!』という短篇を書きなさい

大森 望

SFは、一般的にはサイエンス・フィクションの略称とされていますが、かならずしも科学性が必須というわけではありません。では、いったいどこまでが広い意味でのSFなのか?

なにも物差しがないと途方に暮れる人もいるでしょうから、参考図書として、ケン・リュウの短篇集『紙の動物園』を挙げておきます。二〇一五年、もっとも話題になった翻訳SFであり、Twitter文学賞海外部門を受賞するなど、SF外からも注目されている一冊。又吉直樹が絶賛したことでも有名。現代SFを代表する短篇集だと言ってもいいでしょう。

表題作は、ジャンル的にはファンタジイですが、SF読者からもSFファンの間でも高く評価されています。いまSFの短篇を書くなら、このぐらいは読んでおかないと……という代表的な本。ただし、「オレはそんなの読まなくても書ける」という人は無視してもかまいません。

第一段階は、梗概(あらすじ)提出なので、アイディア勝負に見えるかもしれませんが、実作を読んでみたい気持ちにさせることが重要です。世間的にぜんぜんSFじゃなさそうなネタでも、〝これがSFだ!〟と言い張れるポイントがあればなんでもOK。ケン・リュウを倒すつもりで、ふるってチャレンジしてください。

〔参考文献〕
『紙の動物園』ケン・リュウ(古沢嘉通編・訳/新☆ハヤカワ・SF・シリーズ)

課題その1　講評レポート　大森 望

SF創作講座の受講生と言っても、全員がSFに通じているわけではなく、これからSFを勉強するつもりという人も少なくない。そこで第一回は、受講生がSFに抱いているイメージを知るためにも、それぞれが「SFってこういうのでしょ」と思う話をかたちにしてもらった。梗概を書くのは生まれて初めての人がほとんどだったが、受講生四十人のうち三十四人が提出してくれた。

目立って多かったのは、ロボットやAIが登場する話と、ディストピア小説に分類されるもの。前者はともかく、後者は個人的にちょっと意外だったが、三十代以下にとっての未来はディストピアが標準らしい。

梗概二例のうち、太田知也「饒舌な屍肉」は、かっこよさで勝負するポストサイバーパンク系の近未来ノワール。ストーリーより設定の説明に多くの分量が割かれているのはSFならではの特徴か。受講生年長組を代表する火見月侃の「ロボちゃんの印鑑登録」は、AI開発の現状を踏まえつつ、全体としては懐かしいテイストを醸し出す。親しみやすさと独特の魅力が評価された。

課題その1　梗概例①

「饒舌な屍肉」

太田知也

時は二〇五〇年――都市部の人口爆発を背景として、人間の屍体を再利用《アップサイクル》することが世界規模の主要産業になった未来である。屍体には多くの利用価値があり、タンパク質の供給は主なものだが、ほかにもサイバネティック・コスメの材料源、臓器移植や生分解材料《プラスティックス》の供給源としても認められている。

本作の舞台はジャカルタ近郊のスラム街〈アナトミア〉――その経済は屍体供給の一次産業に多くを負っており、事業者は三種類に区分できる。ひとつは生前の生体情報を中抜きして情報業者に横流しする「中抜き屋《クリーナー》」である。匿名に漂白された肉体は「植込み屋《プランター》」へと引き継がれる。彼らは屍体のパーツを――そう、新鮮《fresh》な人肉《flesh》を――切り出し、生体にインプラントする業者である。コスメや医療用途への切り出しにおいて必然的に生じる端材は、最後に生分解業者である「塑型屋《プロセッサー》」に流れ着き、材料へと加工される。

本作の主人公は妻を亡くした傷心の果てに〈アナトミア〉へ流れ着いた屍体写真家のカール・リンネである。

彼は警察の無線チャンネルを傍受し誰よりも早く事件現場に駆けつけ、新聞社に写真を売って生計を立てている。そのため彼は自動車事故や強盗事件よりもよほど扇情的《グラフィック》な画を求めてスラムを這いずる。写真家がファインダー越しに眼差《まなざ》す被写体、それは裂傷した筋肉であり、肋骨の飛び出た腹部であり、泥濘に滴《したた》る脳漿である。撮影後の屍体はクリーナーへと渡される手はずになっており、業者との関係は良好だ。
　ある日撮影を終えたリンネは、業務提携先のクリーナーに呼び止められる。その屍体は継ぎはぎのパーツとプラスティックスから成型された肉人形であり、そこにはリンネの亡き妻のログが詰められていたというのだ。妻の亡霊を追ってスラムを行脚し、真相に辿り着いた彼は――たとえそれが肉人形であろうとも――愛する決断をしてシャッターを切る。

■内容に関するアピール

　屍体産業の席巻する腐臭にまみれた未来のスラムで、屍体写真家は亡き妻の亡霊に出会う――それが本作のプロットである。ＳＦ者の語彙で言い換えるなら「ギブスン・テイストのノワールなスラムでバラードの狂気が爆《は》ぜる」とでもなろうか。人口増に対する解答として「屍体」を再利用するテクノロジーが発達した未来を外挿法的に仮定したうえで、そのサプライ・チェーンのどこにも属さない第三者としての「写真家」を視点人物として配したことは注目に値する。仮にもノワールの条件が「世界にうんざりしてみせること」であるとするなら、この写真家が状況を外側から傍観し、申し訳程度にシャッターを切るだけの存在であることによって世界への絶望はいや増す。ＳＦノワールというジャンルを踏まえると、本作は『明日と明日』（トマス・スウェターリッチ）の影響下にある。しかし「饒舌な屍肉」では語り部のフェティシズムによる狂気の発露というラストにおいて主体的な選択が果たされるだろう。

課題その1　梗概例②

「ロボちゃんの印鑑登録」

火見月　侃

　ロボット技術はディープラーニングとiPS人工筋肉によって爆発的に進化した。見た目は人間そっくりなロボットが普通になったし、人間らしい受け答えをして、問題解決の知能もある。作曲したり楽器を弾いたり、巨匠風の絵を描いたりもできる。しかし、ロボットが真の主体的な「意識」を持つに至るシンギュラリティは未だ訪れていなかった。いくら柔らかい肌を持ち、流暢に言葉を話しても、ロボットは未だ人間の指示に忠実に従う機械に過ぎなかった。

ディープラーニングの鬼才、頭松教授の秘書ミチルは突然、山形県にあるJRも通っていない街、御宿町への長期出張を命じられた。教授の作り出した無骨なロボット、「ロボちゃん」の世話をするのだという。ちゃんとしたロボットハンドがあって人間が行う作業が一通りできるが、見た目は昔のSF映画『スター・ウォーズ』に出てくるR2―D2によく似たロボロボしいロボットだった。

ロボちゃんは世界で初めて、自分の住所と家を持ち、メールではなく手紙を出せば届くロボットになるらしい。なのに一切のネット接続機能を持っていない。ミチルは今時の若者らしく、ネット接続ウェアラブルチップを埋め込んでいるので、ネットの最新知識が必要なロボちゃんの質問に、口頭でのコミュニケーションで答えることができる。ミチルは御宿町に於けるロボちゃんの教育係とメンテナンス係を命じられたのだった。

ディープラーニングは何が知能進化のきっかけになるかわからない。いままではSNSにアカウントを持ったりして膨大なネット上のコミュニケーションから学習する人工知能が多数開発されたが、ついに意識は獲得できなかった。ロボちゃんはあえてネットから切り離されたリアルな人間社会でディープラーニングによる人間性の学習に挑んだ試みだったのだ。周囲との交通が少なく閉鎖的な人間関係で完結している割にそこそこの規模とインフラを持つ御宿町は実験環境として理想的だった。ロボちゃんの体内にはエムヴィディア製最新最強のCVⅢコアDLエンジンが搭載され、あらかじめ汎用ロボットしての強化学習が完了していた。ネット接続機能がないのは、実験環境としてネットの情報の影響をミチルを介してコントロールするためと、万一ロボちゃんの人工知能が暴走した際の保険のためだった。

町ぐるみの実験ということで、ロボちゃんは自分の印鑑を作って印鑑登録を行ない、住民票まで用意され、人並みに銀行口座も開いた。御宿町内に限っては「一人前の大人」として扱う実験なのだ。ロボちゃんが実印を取り出して印鑑登録を行なう動画は日本中、世界中で数千万ダウンロードを記録した。

ロボちゃんの開発で研究費を使い果たした頭松教授はお金がない。ロボちゃんとミチルが住む古民家の家賃は、ロボちゃんが御宿町に一つしかないスーパーでレジのバイトをして稼いだ。人手不足の御宿町ではロボちゃんは歓迎された。ミチルとロボちゃんは毎日散歩をし、ご近所さんと話をしてたちまち御宿町の人気者になった。

ロボちゃんの元へは世界中から郵便でたくさんの贈り物や手紙が届いた。ロボちゃんと会話するには実際に御宿町に来るしかない。世界中から観光客が訪れてロボちゃんとの会話を楽しんだ。都会育ちのミチルも日に日に御宿町に馴染んでいった。ロボちゃんは口癖のように「地元の活性化」を叫ぶご近所のおじさんたちから学習したのか、時折、「御宿町を活性化しなければなりません、ミチルさん」などと口走るようになった。

ロボちゃんはある日、寂れて閉鎖していた旅館「御宿本陣」の営業権をローンで買おうと言い出した。地場の信金は思い切り戸惑いつつも、実験と言いつつも意外ともうかる収支計算、連帯保証人として同席した頭松教授の実家が意外な資産家だったことでローンを通してしまった。こうしてロボちゃんは旅館のオーナーとなり、ミチルは若女将となった。ロボット旅館は大流行《はや》りとなり、従業員も雇って御宿町はちょっと潤った。ロボちゃんの収支計算は常に正確、バイタリティと事業欲はとどまるところを知らない。次は御宿町に一つしかないタクシー会社「御宿タクシー」も手中に収める交渉が始まった。

ロボちゃんはもはや、自分の意思で生きていこうとする自営業のおっさんと何も変わらない。これは画期的な「シンギュラリティ」なのかもしれなかった。人間らしい意識の獲得には社会性が不可欠であることが証明できたと思われた。と同時に、実際にロボちゃんの被雇用者となり、ロボちゃんの実印が押された契約書で働くのは実験といってもいつまで続けるのかと、徐々に不安の声が出てくるようになった。ロボットに「権利」を認めるのか、ロボットが人間を使役する危険性が図らずも実証されてしまったのではないか、と世間の批判は日に日に高まっていった。ロボちゃんの印鑑の印影は、ロボットの脅威を象徴する図象としてすっかり人々の目に焼き付いてしまった。

三年を経て、実験はついに終了となり、ロボちゃんは惜しまれつつも御宿町を去り、解体され、DLエンジンの解析へと回されることになった。

御宿町最後の日、地元従業員の手で綺麗に掃き清められた御宿本陣の縁側に佇むロボちゃんとミチル。ロボちゃんはミチルにまさにロボットという平板な声で、「ミチル、印鑑登録する実印とは別に、銀行印を作るといいです。素材は断然黒水牛、書体は八方篆書がいい」と告げると、そっとミチルの後頭部にその無骨なロボットアームを伸ばしたのだった。

■内容に関するアピール

以前から、人工知能が意識を獲得するにはネット環境はふさわしくないのではないかと思っています。そこでロボットが住所と住民票と実印を持って暮らし始めたらどうだろうかと考えました。そうすればあっさりとロボットが人間を使役する状況が訪れるのではないか、と。人間はそうした状況に以外とすぐに馴染むと思います。またロボットが印鑑登録をしたらさぞかし滑稽な絵になるなと思いました。本になったら印影を表紙にします。

オチは、ロボちゃんの世話をしているミチルも自覚がないだけで実は人間型のロボットで、ロボちゃんが自分の解体（死）の前夜に彼女にバリバリの自営業おっちゃんの「意識」を密かにインストールしてしまう、そしてそれがネットを経由して拡散してしまうかも、というものです。

また作品には大好きな森博嗣の《百年シリーズ》と、とても気に入っている映画『エクス・マキナ』へのオマージュを込めたつもりです。御宿町のモデルは山形出身の妻の実家がある町です。

第1回

講師 東 浩紀 小浜徹也（東京創元社）

テーマ 定義

■日本SF「浸透と拡散」の時代を振り返る

東　「ゲンロン　大森望　SF創作講座」、ついに始まりました。今日はぼくはゲストというより司会役ですね。

第一回では、みなさんに**「SFとは何か」**を理解していただこうと思います。そこで大森さんとSF編集者の小浜さんにお話をしていただくことにしました。お二人は、七〇年代からゼロ年代、そして現在まで、ずっと第一線で仕事をされてきた日本SF文化の生き証人ともいえる方です。まずはお二人がSFに惹かれたきっかけを教えていただけますか。

小浜　二人とも、学校の図書室や公立図書館にあったジュブナイルSFじゃないかな。

大森　七〇年代は僕はまだ学生でした、大学に入ったのが七九年で、小浜さんは八一年。

東　そのころのSFというと、どんな光景が広がっていたのでしょう。

大森　**星新一**、**小松左京**、**筒井康隆**といったいわゆる御三家を中心に、日本SFが文庫でどんどん売れ始めたのが七〇年代の前半ですね。ちょうど僕らが小中学生のときに世間的なSFブームが到来していました。そんななかで初めてふれたSFといえば、小浜さんの言うとおり、ジュブナイルSFだったと思います。主に海外のSFをわかりやすく子ども向けにリライトしたもの（いわゆるリトールド版）が、岩崎書店とか偕成社とか、児童書の出版社からたくさん出ていた。どの図書館にもポプラ社のホームズ全集やルパン全集、乱歩全集（《江戸川乱歩・少年探偵団》叢書のこと）と同じように、**《ジュニア版・世界のSF》**や**《少年少女宇宙科学冒険全集》**がずらっと並んでいたんです。そこからSFにハマっていく人たちが、六〇年代生まれには非常に多かった。

東　お二人とも京都大学SF研究会の出身ですよね。大学に入る前からファン活動をされていたのでしょうか？

大森　僕は高校時代、いまはブックデザイナーになっている岩郷重力が設立した「高知SF同好会」というファングループに入っていた。いまは翻訳家になっている細美遙子もそこにいました。

小浜　そんなに若いころからファン活動をしていた人は当時でも珍しかったんじゃない？

大森　いや、六〇年代、七〇年代は、日本ＳＦファンダム（ファンの世界）全体が若くて、中高生もすごく多かった。そもそも、ＳＦ小説の読者層がすごく若かったんです。一九七〇年に**ハヤカワＳＦ文庫**（現在のハヤカワ文庫ＳＦ）が創刊されると爆発的に売れるんだけど、その人気を支えていた読者も中高生。逆に当時は、ＳＦは大学を卒業すると同時に卒業するものみたいな空気があった。だから、中学校や高校のときに自分たちでＳＦのファングループを作るケースが多くて、それこそバンド仲間を募集するみたいに、**〈ＳＦマガジン〉**の読者投稿ページに、「うちの学校も新しいＳＦサークルを作りました！　興味のある人はぜひ入ってください！」と、住所と電話番号付きのお便りが載ったりしていた。そうやって、日本各地で中高生たちが例会やイベントや同人誌の通販を通じて交流している時代が六〇年代から七〇年代にかけてありました。

東　アツい時代ですね。高校生がやっているそのような地方のＳＦサークルは、どれくらいの数あったのでしょう？

小浜　大人のサークルに中高生が出入りしている例はたくさんあったけど、六〇年代末の「青少年ファンダム」と呼ばれた時期以後は、中高生のみのグループってそんなにあったかなあ。

大森　少なくとも七〇年代には、ＳＦ研のある高校は多かったよ。僕の地元の高知だけでも三つくらいあったから。中央ファンダムから認知されるような活動を対外的にしていたかどうかはともかく、学校の文化祭で展示をやるとか、文集を出すとかいうクラスのＳＦ同好会はたくさんあったと思います。

東　そのころに人気だったＳＦ小説は星・小松・筒井の御三家だというお話がありましたが、アニメや映画はどんな感じだったのでしょう

小浜　七四年に『**宇宙戦艦ヤマト**』、七八年に『**スター・ウォーズ**』の一作目が日本公開、七九年に『**機動戦士ガンダム**』が放送されます。そもそも七〇年代は特撮やロボットアニメがたくさん流れていたので、その世代の人はみんな普通に親しんだと思う。あと、七〇年代の関西では最初の『**スター・トレック**』が何度も再放送されていたし、深夜には他の海外ＳＦドラマやＳＦ映画も観

られました。

東　そのような映像を含めて、当時の十代にとって最も影響力のあったSFコンテンツは何ですか。

小浜　SFファンとしては、やっぱり文庫本なんじゃないかな。

大森　それについては、『ヤマト』ファンをSFファンに含めるかどうかという大きな問題が（笑）。SF小説をぜんぜん読んでない『ヤマト』ファンがSF大会に大挙してやってきて、古参のSFマニアとのあいだでちょっとした摩擦が生じたり、彼らをどう扱うかがファンダムで議論されたり、そういう時代だったんです。数としては圧倒的に『ヤマト』ファンのほうが多かったから。

　でも、小説のほうでも、七三年に刊行された**『日本沈没』**（小松左京）が四百万部を売る大ブームを巻き起こしたことでSFが商業的に天下をとったというか、あらゆるエンターテインメント小説のなかで一番売れるのはSFだと言われる時代が到来したわけです。そんな状況だったから、当然、SFの文庫本も大量に出る。とくに、新興の**角川文庫**を率いる角川春樹は、まだ他社があんまり出してなかった頃から、SF作家に片っ端から声をかけて、よそで出た本を片っ端から角川文庫に持ってきた。「〝泥棒角川〟と言われてたけど、そうじゃない、〝強盗角川〟だ」と角川春樹さんが自慢してました（笑）。実際、もうちょっとあとになりますけど、一時は**眉村卓**の本が角川文庫に百タイトル以上入っていたくらいでしたからね。とにかくものすごい物量だった。

　当時の十代といえば、最初は小学校でジュヴナイルSFに出会い、中学校で筒井康隆とか星新一、小松左京を読み始め、自分で文庫本を買うようになっていく。**平井和正**の《ウルフガイ》シリーズもものすごく売れていて、そのメイン読者も中高生でした。**ソノラマ文庫**の創刊が一九七五年なので、当時はまだライトノベル文庫に相当するものはほぼ存在しなかったんですが、各社から出ていた日本SFの文庫本が中高生にライトノベルがわりに読まれていたとも言える。そういう少年少女の一部が翻訳SFや〈SFマガジン〉へと手を伸ばし、だんだんマニアな道に入っていくわけですね。

小浜　七七年に**《ハヤカワ・SF・シリーズ》**がハヤカワ文庫に落ち始めるんですよ。名作と呼ばれていたけれど手に入りにくかったものが、地方の小さな書店でも安価な新刊で買えるようになります。**サンリオSF文庫**も出始めたし。それと、当時は文庫に絶版書が少なかった。

そんな状態が八〇年代半ばまで続いたので、コンテンツ的には非常に豊かだった時代といえます。

東　僕は一九八一年に十歳で、ちょうどそのころからSFを読み始めたので、その豊かさは覚えています。小松左京を角川文庫でほぼ全部読むことができました。眉村卓や平井和正もどんどん読みました。ジュブナイルも小学校の図書館にけっこうそろっていて、**H・G・ウエルズ**や**ジュール・ヴェルヌ**は当然として、『怪奇植物トリフィドの侵略』（《少年少女世界SF文学全集》）というすごいタイトルになっている『トリフィド時代』まで読んだ記憶があります（笑）。突出した作品によって支えられていたというより、SFジャンル全体が盛り上がっていたんですね。

大森　一九七五年には、筒井康隆が**「SFの浸透と拡散」**を問題にするんですけど、これは筒井さんが神戸で「SHINCON」という日本SF大会を開いたときのテーマ。この言葉の意味は、かつてSFと言えば、SF作家クラブの作家が〈SFマガジン〉に書いている作品のことだというようなごく小さな、閉ざされた世界だったのが、ブームによってその世界が大きく広がった。〈オール讀物〉とか〈小説現代〉とか、いろんな中間小説誌からSFを書いてほしいと注文が来るようになった。実際に筒井さん自身も、一時期〈小説新潮〉と独占契約を結んでいましたし、SF作家はあちこち引っ張りだこだった。これがせまい意味での「浸透」ですね。ただし、〈SFマガジン〉に書くのと同じくらいハードコアなSFは、そこでは求められていない。結果的にSF成分が薄まってゆく。これが「拡散」です。もっとも、日本SFはもともと、ガチガチの本格SFが主流というわけではなかった。

そのころのSFは、星新一にしろ筒井康隆にしろ小松左京にしろ、いわゆるサイエンス・フィクションを中心に書いていたわけではなく──そもそもショートショートは科学とあまり関係なかったりするわけで──いまだったらファンタジイとかホラーとかミステリとか、隣接ジャンルに分類されそうな作品もひっくるめて、「SF」と呼んでいた時代でもありました。毎月出るSFの新刊をチェックするような欄でも、SF作家が書いた小説だったら何でもSF扱いしてたので、僕らマニアは「何じゃそりゃ」と怒ったりしたんだけど（笑）。つまり、「SFとはSF作家が書く小説のことである」みたいなトートロジーがわりと一般的に通用していた。

ただそこで、「宇宙船やロボットが出ないとSFじゃない」「SFは未来を描いていないといけない」とか言いはじめると定義論の泥沼に入って、零《こぼ》れ落ちてしまう傑作もたくさん出てくる。「SFマインドがないと」とか「センス・オブ・ワンダーが重要」とか「認識的異化作用が」とか言いはじめるとますます神学論争になってくるし。だからまあ、そのへんの境界はぼんやりしてていいんじゃないか。僕らはファンタジイもホラーも十把一絡《ひとから》げにSFとされていた時代にSFを読みはじめたので、たとえば、**ケン・リュウ**の**「紙の動物園」**を読んで「こんなのSFじゃない」という声が出るのはわかるけど、そこはそれ、あんまりSFじゃない作品も含めてSFでしょ、みたいな（笑）。

小浜　僕は「紙の動物園」はマイノリティ文学が大衆的な形をとった作品だと読んだんだけど、若いころなら「折り紙が動くからSF」と思ったかもしれない。

東　いずれにせよ、SFというのは七〇年代半ばにはすでにかなり拡散していて、SFの定義もあまりはっきりしていなかった。

大森　SFが売れていた時代は何でもSFのレッテルがついてましたからね。ジャンル分類はそのときどきの流行に大きく左右される。ホラーブームのときは、何でもホラーのレッテルが貼られて、**『パラサイト・イヴ』**は ともかく**『BRAIN VALLEY』**（ともに**瀬名秀明**）までホラーに分類されていた。中身がSFでも、帯の説明は〝理系ホラー〟になったり〝サイエンス・ミステリ〟になったり。

話を戻すと、七〇年代まではSFのブームが続いてたんですが、八〇年代後半からは、**《ロードス島戦記》**（**水野良**）に代表されるような異世界もの、のちのちライトノベルに発展してゆくファンタジイがどんどん勢力を拡大。九〇年代初めは架空戦記が大ブームを巻き起こし、九〇年代後半はホラーが席巻する……というふうに、かつてSFの周辺領域だったジャンルが次々と分離独立を果たしていく。そのため、帯にSFと謳う作品がどんどん減っていった。その影響で、SFが極端に狭いジャンルだと思われていたことも一時期ありましたね。必ず科学性がないといけないとか。そのころの固定観念をまだ持っている人が意外と多い。

東　浸透と拡散の結果、かつてはSFとされていた様々なサブジャンルが、八〇年代後半になると逆にSFとは別の名前で売り出されるようになっていくと。

小浜　そういうことです。それと関連しているのがジャンル認識の変化。たとえば八三年に**北上次郎**さんと**内藤陳**さんが提唱した**「冒険小説」**はすごい発明で、日本においてまったく新しいカテゴリーが突如として形成された。ハードボイルドから戦争もの、冒険要素のあるＳＦまで、娯楽小説界でこの名前のジャンルがいっぺんに持って行ってしまった。

大森　八〇年代のＳＦからの分離独立のなかで、最も象徴的なのがＳＦアニメ論争です。当時スタジオぬえにいた**高千穂遙**さんの「ガンダムはＳＦじゃない」という発言が大きな波紋を呼び、『機動戦士ガンダム』はＳＦかどうか、という大論争になった。**富野由悠季**監督はそもそも『ガンダム』の小説版を〈ＳＦマガジン〉に連載したがったくらいだし、**押井守**さんと同じく、**光瀬龍**の『百億の昼と千億の夜』をアニメ化したいと言ってた人だから、ＳＦに対してはものすごいリスペクトのうえで作っていたんですけど、現場のスタッフはそんなこと気にしてない、ＳＦなんかどうでもいいと思っている――と、これは実際、高千穂さんが当時スタッフから聞いたそうですけど。そういう背景もあったうえで、「ＳＦと呼べるのは三話までで、五話以降はＳＦじゃない」というコラムをアニメ誌の〈ＯＵＴ〉に書いて、これが大炎上した。怒ったアニメファンは、「だったら『ガンダム』はＳＦじゃなくていいよ、〝リアル系ロボットアニメ〟ということにするから！」と、ＳＦから分離独立したわけです。

それ以前は、勉強熱心なアニメファンたちは、『ガンダム』はＳＦなんだから、モビルスーツのインスパイア元であるハインラインの**『宇宙の戦士』**も読まないといけないし、ＳＦの歴史も勉強しないといけない」みたいにリスペクトしてくれていたのに、そういうアニメファン層がＳＦから一気に離れていった。その分断が**『新世紀エヴァンゲリオン』**以降の今日にいたるまで続いているわけですね

これについては、もともとスタジオぬえはＳＦについての専門グループとして『ガンダム』の企画にも関わっていたんだけど、現場の人たちが科学考証やＳＦマインドというものを理解してくれなくて、ＳＦとしてちゃんとしたものにならない。そのことに対するいらだちから出た発言が額面通りに受け取られすぎたきらいもありますね。だって普通に考えて、『ガンダム』がＳＦじゃないわけがないでしょう。その前提があったうえでの意見

だったわけですが、文脈を共有していないアニメファンたちの間で「これはSFじゃないんだ」という部分だけが過剰に受け止められて、SF小説とSFアニメが袂を分かつことになり、後者のほうがはるかに栄えた結果、角川書店がオタク帝国になっていく……という歴史の分岐点が、八〇年台初頭にあったわけです。〈SFマガジン〉二代目編集長で、マンガやアニメに理解のあった**森優**氏は一九七四年に早川書房を退社してしまうんですが、森さんがずっと残っていたら、〈SFマガジン〉に富野さんの『ガンダム』小説が連載されて、アニメとSFの蜜月が続き、早川書房が一大オタク帝国を築いていたかもしれない（笑）。そういう並行世界もありえたと思いますね。

■サイバーパンクと「日本SF冬の時代」

東　なるほど。現状を考えると、なかなか興味深い歴史ですね。八〇年代といえば、いま高千穂さんのお名前も出ましたが、他にも**夢枕獏**さんの《**キマイラ**》や**藤川桂介**《**宇宙皇子**《うつのみこ》》などの人気シリーズが出てきます。最後のほうになると《ロードス島戦記》が登場してSFの中心が、いまでいえばライトノベルに分類される作品に急速に移動してくる。他方でサンリオSF文庫が廃刊になったこともあり、海外SFはいまひとつ読まれなくなった。**サイバーパンク**だけが元気でしたが、SFが中核というか根っこの部分を失って拡散していったという印象があります。当時中高生だったぼくからの印象ですが、そのあたりはどのようにご覧になっていましたか。

小浜　夢枕獏と並び称されるのは**菊地秀行**であって、この二人は新書ノベルスの世界で平井和正の後継者と見られていたところがあります。ライトノベルが成立する以前に、新書ノベルスの読者層の変化もあったと思います。**田中芳樹**さんの《**銀河英雄伝説**》の出現もエポックだったし。新書の世界では九〇年代に**荒巻義雄**『**紺碧の艦隊**』などの架空戦記ブームも起こる。一方、《ロードス島戦記》は八〇年代半ばのTRPGブームから突発的に出てきて、文庫本だったこともあって長らく国民的人気シリーズになって続きますが、そこは前者とは別の幹だったと考えています。新書の系譜を遡ると**半村良**にたどりつく。伝奇小説はもともとSFの仲間だったんだけど、それがある時期から分離していった。

大森　半村さんは、祥伝社NONノベルの《伝説》シリーズがものすごく売れたんですよね。伝奇小説も『**妖星伝**』や『**産霊山**《むすびのやま》**秘**《ひ》**録**《ろく》』のころはまさにSFの仲間とされ、SFファンもみんな読んでいたんだけれど、『魔獣狩り』に始まる夢枕獏≪サイコ・ダイバー≫シリーズが大ベストセラーになったころからSFファン以外にもウケるようになって、伝奇ブームを巻き起こしていく。そうすると、だんだん、「これはSFじゃないな」という雰囲気になるんですね。架空戦記も似たような感じで、その嚆矢が半村良『**戦国自衛隊**』だとすれば、あれも最初は〈SFマガジン〉に載った中篇だったんだけれど、それがジャンルとしてどんどん成長して年に何百冊と新刊が出るようになる。そうなるとSFファンもぜんぶ読むわけにいかないから、「あれはSFじゃないことにしよう」と(笑)。そうやって、伝奇小説も架空戦記も、ファンタジイやホラーもSFから切り離されていって、残ったなかで——たとえば星新一・小松左京・筒井康隆、あるいは光瀬龍や眉村卓の代表作に匹敵するような——パワーと一般性のある作品が八〇年代から九〇年代には少なくて、そこで日本SFに「**冬の時代**」と呼ばれる失速が起きる。もちろん、**山田正紀**や**新井素子**や**谷甲州**や**神林長平**は、すばらしいSFを七〇年代からずっと書きつづけていたわけだし、数々の傑作、名作も生まれている。SFファンは変わらずずっとそれを読みつづけていたわけですが、出版界全体において、SFというジャンルの影響力というかプレゼンスが、八〇年代末から九〇年代にかけて、徐々に低下していったことは否めない。SFという呼び名に光が当たらないというか。

小浜 ただいまにして思えばね、それはやっぱりレッテル貼りの問題であって、SFとして推奨できる作品にSFのレッテルを貼り直せばよかったと思うんだけど。

大森 だから九〇年代の「日本SF冬の時代」は、けっきょく「早川書房SF冬の時代」だっただけじゃないか!という意見もありますね。しかし当時は、いくらレッテルを貼り直しても、見向きもされなかった印象が強い。著者も出版社も書店もSFと言ってないものをSFだって言ってまわるのは、けっこうむなしい作業で(笑)。

小浜 メディアの物量の問題もありましたよね。SF専門誌が〈SFマガジン〉だけになってもいたし。大森さんは「あれもこれもSFだよ」という書評の仕方で批判されることもあるけど、そうやって新しい空気を入れていく態度はすごく大事だと思う。ジャンル的な陣地取りといえばいいのか、そうした作業をもっとやれてたら、と。ファンダムでも八〇年代に大学生層を中心に書評ブームがあって、SFファンが読むべき作品が精査されていました。一般文芸はもちろん、「ソノラマ文庫のこれは読まなきゃ」みたいな口コミやアマチュア書評が常にあって、それはいまで言うSNS的な環境だったんだけど、そういう発信力が九〇年代に失われていたのかもしれない。

東 海外SFはどう見てましたか。

小浜 そこはあまり変わらなかったですよ。もっとも八〇年代後半にサイバーパンクがブームになったときに、「ついていけなくなったのでSFを見限りました」みたいな言説がありました。でもそれは言い訳にしているだけでね。そもそもSFって種類が増えたり変化したりしてきたわけで、それをSF全体のことのように受け取って、自分の読書の興味が移ろっていくときに、読まない言い訳にサイバーパンクが使われた部分はあると思いますよ。

大森 その手の反発は七〇年代の**ニューウェーブ**のときからすでにありました。**J・G・バラード**や**ブライアン・オールディス**といった新しい作家が出てきて〈SFマガジン〉でも「新しい波」特集が組まれ、「これからは内宇宙だ！」という流れになったときに、「こんなブームにはついていけない」と離れていってしまうSFファンも多かった。ニューウェーブは、SFにおけるモダニズム運動だったんじゃないかというのは**若島正**さんの説ですが、それまでは基本的にアイディアと物語の面白さだけでやってきたSFが、ニューウェーブ以降、表現自体を気にするようになった。イギリスでニューウェーブ運動がはじまったのが六〇年代、日本に上陸してきたのが七〇年代に入ってからなんだけど、当時はすごく先鋭的なSFとして受けとめられていた。僕は高知で高校生だったころニューウェーブにかぶれて、「SFの未来はこっちだ！」と思ったりしたわけですが、「これがいまのSFなら、もうSFにはついていけない」と思った人もたくさんいて、たとえば北上次郎さんは実際にニューウェーブでSFから離れたと言っている。サイバーパンクもそうした歴史の反復になっていて、ようするにいままで面白いと思って読んできたジャンルの新しい潮流として、自分が受け入れられないものに出会ったとき、否定する人や、離れてしまう人がたくさん出てくる。そういう歴史のくりかえしがジャンルをつくっているとも言えますね。

■そして二十一世紀、《Jコレ》創刊へ

東　ここまでの流れを整理します。「SFとは何か」ということを明らかにするために年代順に歴史を辿ってきたわけですが、まず七〇年代は「浸透と拡散」と呼ばれる、すごく大きなSFの広がりがあった。ところが八〇年代になると、サブジャンルが次から次へと独立していく。そうしてSFの範囲はだんだん狭くなっていき、SFの大元である海外SFからもいろいろな条件が重なって人が離れていった。その結果、八〇年代の終わりから九〇年代にかけて「SF冬の時代」と呼ばれる時代が長く続いた……というのが、歴史の大きな見取り図ということですね。

大森　そうですね。「冬の時代」という言葉がはじめて使われたのはたぶん一九九二年ですが、八〇年代末から予兆はありました。一九八四年に**ウィリアム・ギブスン**の『**ニューロマンサー**』が出たあと、アメリカのSF界の革命として起こったサイバーパンク運動が脚光を浴び、八〇年代の終わりごろまでは革新的なSFが持て囃される時代があった。それが輸入されてきたとき、日本ではちょうどバブル経済の時代と重なって、一瞬、熱狂的なブームが盛り上がったんですが、バブルの終焉とともにサイバーパンクのブームも去っていった。

東　サイバーパンクは日本の一般メディアではどのように受け入れられていたんですか。ぼくは当時高校生だったのでいまひとつピンと来なくて……。

大森　ウィリアム・ギブスンが講談社〈ペントハウス〉誌の招きで来日して**大友克洋**と対談したり、〈朝日ジャーナル〉がサイバーパンク特集を組んだり、「戸越銀座や荏原は〝サイバーパンク系の街〟」という記事がトレンド情報誌〈POPEYE〉に載ったり、小説の枠を越えて盛り上がり、最先端のファッションとしてすごい勢いで消費されていました。それは図らずも、サイバーパンクの描くデッドテックな未来像——映画『**ブレードランナー**』のロサンゼルスみたいな、猥雑で荒廃した都会がむしろ美しく見えるといったイメージと、バブル期のウォーターフロント開発ブームがみごとにシンクロしたからです。乱開発にサイバーパンクがお墨つきを与えたかたちで、だからこそ世間的にあんなに持て囃されたのかもしれない。

小浜　ファッション的だったと思いますよ。それがいいか悪いかじゃなくて。「サイバーパンクの精神」というよりはもっと単純な話で、話のセンスや素材の料理の仕方が、それまでのＳＦのわりと愚直なアイディアや語り方に比べて格好よかった。

大森　日本ＳＦの歴史は日本経済とある程度シンクロしていて、小松左京を中心とする第一世代の日本ＳＦは高度経済成長時代の文学だったとも言えるわけですが、それでいうとバブル経済の文学がサイバーパンクで、それ以降の沈滞感は、日本経済の〝失われた十年〟と〝日本ＳＦ冬の時代〟が重なっていたのかもしれない。

東　九〇年代の初頭は純文学もＳＦと積極的に接触を始めていて、**巽孝之**さんたちが**「スリップストリーム文学」**という言葉を使いはじめたのもその時期ですね。**笙野頼子**や**川上弘美**、**奥泉光**といった作家たちが出てきて、ＳＦと純文学の境界領域で仕事をしていく。

大森　最近は、短篇を中心に、**ストレンジ・フィクション**とか、**ニュー・ウィアード**とかいう言い方もされていますね。ここ数年も、**柴田元幸**さんや**岸本佐知子**さんが紹介している英米現代小説の奇想系の短篇、**ケリー・リンク**とか**レイ・ヴクサヴィッチ**とかの作品は、日本だと**藤野可織**とか**円城塔**とかとシンクロしています。新人でも、『私の恋人』で三島由紀夫賞をとった**上田岳弘**さんのように、純文学誌にかなりハードコアなＳＦを書く人が出てきている。芥川賞の候補作を見ているだけでも、ＳＦ要素のある作品はものすごく増えているのがわかります。

東　大森さんは今回の課題図書に『紙の動物園』を選択されました。この講座でも、そういった境界文学の試みを推していきたいということでしょうか。

大森　というより、「そういう作品もＳＦの範囲に入るよ」ということが言いたいんです。最初からあまりストライクゾーンをせまくしないでほしい。ケン・リュウは、いまアメリカＳＦ界で抜群の人気を誇っていて、彼が翻訳した中国ＳＦがヒューゴー賞長篇部門を受賞してしまうくらい影響力がある人。ガチガチのＳＦも書いてますが、寓話的だったりモダンファンタジイ的だったりする作品も書く。**ネビュラ賞**を主催している**ＳＦＷＡ**は、正式には「アメリカＳＦファンタジー作家協会（Science Fiction and Fantasy Writers of America）」で、ファンタジイも一緒になっている。**ヒューゴー賞**も同じで、ファンタジイも対象に含まれるのが当たり前なので、かなり幅が広い。ケリー・リンクのように、昔でいう**「奇妙な味」**みたいな境界領域の作家をSFの仲間として受け入れる土壌があるわけです。

なぜそれが可能かというと、ひとつにはSF雑誌がたくさんあるからなんですよね。いまはウェブマガジンがほとんどですが、英語圏では年に千篇とかいう単位で大量のSF短篇が発表されて、そこには純文学的なものからファンタジイ的なものまで、いろんな作風が含まれる。科学にこだわるハードSFももちろんありますが、べつだんそれが中心というわけではない。

小浜　雑誌ということで付け加えると、いまSFのジャンル性が曖昧になっているのだとすれば、それは小説雑誌の低落と時を同じくしているのかもしれない。学生時代、**〈幻想文学〉**の編集長だった**東雅夫**さんに言われて感銘を受けた言葉があります。**「雑誌とはジャンルである」**。つまりジャンルがあって雑誌があるんじゃなくて、その雑誌に載るような作品がジャンルを形成するということ。たとえば**〈ミステリマガジン〉**に「奇妙な味」が載ったとすると、読者も「これもミステリの仲間なのかな」とそのセンスを共有する。〈SFマガジン〉にドナルド・バーセルミが載れば、「バーセルミってSFだよね」となるわけです。雑誌の力が弱まってきていることが、ジャンルの垣根が見えにくくなっていることの原因なんじゃないか。

大森　〈SFマガジン〉には**安部公房**も載れば**《ダーティペア》**も載る。**イタロ・カルヴィーノ**の**『レ・コスミコミケ』**が連載されている号にスタジオぬえのページがあったり、光瀬龍の時代SFの連載があったりしても、誰もそれを不思議には思わなかった。雑誌にはもともと、そういう力があるんだと思います。

東　「SF冬の時代」の話に戻ると、九〇年代はホラーや新本格ミステリのブームがあって、SF以外のジャンルがどんどん読者を獲得していきました。そちらにもSF的なアイディアが入っている作品は少なくなかったわけですが、SFの本流とは切り離されていた。そんななか、九〇年代も末になるとさすがに「冬の時代」も終わるわけですが、復活のきっかけは何だったのでしょう。

大森　九六年に**森岡浩之**の**『星界の紋章』**が大ヒットして、冬の時代に一瞬の夏をもたらした。そのあと、九八年〜九九年くらいに角川春樹事務所の**ハルキ文庫**が小松左京作品をはじめとして日本SFの復刊を始める流れがあって、二〇〇〇年には角川春樹社長（当時）の音頭で

小松左京賞が創設されました。それと前後して徳間書店が〈**SF Japan**〉を創刊し、日本SF作家クラブ主催の**日本SF新人賞**がスタートして、それまで長く途絶えていた長篇SFの新人賞がいっぺんに二つできた。世間的にもなんとなくSFが盛り上がってきて、これはもしかすると、「二〇〇〇年問題」や「二十一世紀」という言葉がSFっぽい！　という単純な機運もあったのかもしれないけど（笑）、とにかくそうやって日本SFに再び光が当たるようになってきた。その求心点になったのが、二〇〇二年に創刊された《**ハヤカワSFシリーズ　Jコレクション**》ですね。

東　《Jコレ》は古くからのSFマニアにとってはどのように見えていたのでしょう。

大森　まず、新しい叢書の最初に**野尻抱介**『**太陽の簒奪者**《さんだつしゃ》』がどーんと出てきて、**堀晃**や谷甲州以来となるリアル系宇宙SFの流れが大々的に復活したのが印象的でした。日本SFには科学性よりも幻想的なイメージの力を重視する、いわゆる文系SFの系譜がずっとあって、同じ《Jコレ》組でいうと、『**どーなつ**』の**北野勇作**や『**傀儡后**《くぐつこう》』の**牧野修**や『**グラン・ヴァカンス**』の**飛浩隆**みたいな、あるいは『**銀河帝国の興亡も筆の誤り**』の**田中啓文**や『**妖都**』の**津原泰水**みたいな筒井康隆系の流れのほうがどちらかというと主流だったわけです。それが、野尻さんの登場によって一気に宇宙SFの流れがきて、**林譲治**や**小川一水**も登場してくる。

東　あ、なるほど。そう見えていたんですね。僕はむしろ、日本のSFはむかしから理系SFが中心だと思っていました。でもそれは客観的な認識としては逆で、九〇年代は文系SFの時代であり、それがゼロ年代になって変わってきたのだと。

大森　その《Jコレ》に続いたのが、ハヤカワ文庫JAの「**次世代型作家のリアル・フィクション**」路線で、これはライトノベル出身の作家による、若い読者向けのSFをとりこむ試みだったんですが、そこから出た**冲方丁**の『**マルドゥック・スクランブル**』が爆発的なブームを巻き起こして、一気に日本SFルネッサンスの勢いが高まったんです。

ただ、ゼロ年代前半はいろんな意味で勢いがよかったんだけど、中盤からだんだんタマ切れになってくる。そうして《Jコレ》に失速感が出てきた頃、彗星の如く登場した新人が、二〇〇七年の円城塔と**伊藤計劃**だった。

東　なるほど——ここで、ポスト伊藤計劃の時代へと話を進めると……。

大森　伊藤計劃の話は飛ばしていいの（笑）？

東　（笑）どうでしょう。伊藤計劃の話は受講生も知っているだろうし、もう十分なのかなという感じもするのですが……。

不謹慎に聞こえたら申しわけないのですが、僕は、伊藤計劃の影響力は、彼が亡くなったことで過大に膨れあがってしまったし、不純になってしまった気がするんですね。**「伊藤計劃以後」**などといって、いろいろな作家や作品が伊藤さんと関連づけて語られているけど、彼はそもそも『**虐殺器官**』と『**ハーモニー**』の二冊しかオリジナル長篇を発表していないわけでしょう。伊藤さんがもし存命だったら全然別の作品を書いたかもしれないのに、いないからなんでも言える。伊藤さんの出現で日本SFが活発になったのは間違いないけれど、彼にひとつの時代なり、ひとつの潮流なりを代表させるのは反対なんです。

小浜　僕は伊藤計劃のSFを新しいとは感じなかったんだけど、あそこに漂っているものすごい絶望感は何だったんだろうな、とはよく思う。若い読者にとってはあの絶望自体がショッキングだったのかな、とも。

東　伊藤さんがどんな作家になりえたかは、本当はわからないですね。たしかに『虐殺器官』はすばらしかった。でもそれは、単純に、『**メタルギアソリッド**』や『**攻殻機動隊**』のような映像系ポリティカル・フィクションにメタ言語をめぐる人文的なトリックが高い完成度で混ぜられている、そこがすごかったわけで、そしてその評価だけでいい気がする。

■これからどんなSFを

東　聞き手を逸脱してしまいました。というわけで、現代にたどりついたわけですが、いまの状況を踏まえたうえで「このあたりが面白い」とか、「こういうSFを読みたい」というお話はありますか。

小浜　いや、僕はないですね。

東　ないですね……って（笑）、いちおうSF創作講座の初回なんだから、生徒のみなさんもなにか指針が欲しいと思いますよ！

小浜　編集者が「これを書け」なんて言わないですよ。漠然と提案することはありますけど。基本的には著者の特質なりに対応します。でも著者レベルでは、新人賞では考えますね。創元ＳＦ短編賞で二〇一四年の**高島雄哉「ランドスケープと夏の定理」**は、先端的な科学アイディアを扱える人は貴重だなと思って推しました。二〇一五年の**宮澤伊織「神々の歩法」**も、シンプルなアクションＳＦが最近少ないな、と思ったから推したり。

僕はたとえ古いと言われようと、自分が面白く読んできたものを信じるべきだと考えます。これは信念なんだけど、**「ＳＦの面白さ」というのは常に不変であり、時代の流れによって変わることはまったくない。**もちろん流行り廃りはあるし、題材が使えなくなったり、新たに生まれてくるものもある、という前提ですけど。

大森　「これからどんなＳＦを書けばいいか」ということで僕から言えるのは、ひとつは**「古いものを恐れない」**ということです。たとえば二〇一五年に日本ＳＦ大賞を受賞した**藤井太洋**さんの**『オービタル・クラウド』**は、物語の骨格だけなら古い冒険小説なわけですよ。日本の技術者が世界を救う！　という、いまどきそんなのあり？　みたいな話が、ディテールと情報をアップデートして書くことで、非常に高く評価されている。そのように、昔ながらのプロットをどれだけいまの小説にできるか、という挑戦に豊かな鉱脈がある可能性は大きい。

もうひとつは、ライトノベルやネット小説のテンプレートに、本気のＳＦ要素を合体させる。そういう書き方をしている作家はまだあまりいないので、**「ＳＦファンに馬鹿にされないＳＦキャラクター小説を書く」**という方向性はありだと思います。

小浜　「隣にいるＳＦファンに読ませて馬鹿にされない」っていうのは大事かも。ＳＦとしてちゃんと通用する小説を書けるようになるには、小うるさいＳＦマニアの友達を作れ、ということですね（笑）。「ちゃんと」というのはネーミングひとつとってもそうだし、どこまで設定を作りこめばジャンルとしてのリアリティを担保できるのかというラインを掴むためにも重要だと思います。

大森　ＳＦ一辺倒で詰めていくのではなく、ミステリでも、時代ものでも、ライトノベルでも、自分の好きな**他ジャンルとのマッシュアップ**であれば比較的作りやすいし、独自性も出しやすいんじゃないでしょうか。たとえばＳＦ部分の骨格は伊藤計劃なんだけど、全体としては時代劇になっているとかね。

小浜　伊藤計劃もそういう、組み合わせで話を作るタイプでしたからね。あと、リアリティの話でいえば、理詰めで論理を成立させなくてはいけないSFとは別に、あまり整合性を気にせずに羽目を外していいSFもあります。同じSFでも、それぞれに勘所が存在する。

大森　リアリティの敷居をどこに設定するかという話ですね。科学的にありえない設定を出してもいいんだけど、そうであればリアリズム的なタッチを避けるとか、舞台を現代社会から遠ざけるとかしたほうがいい。

小浜　まあしかし、SFは科学ではないので加減が難しいですよね。映画の『**インターステラー**』を観て思ったんですが、科学をわかる人が必ずしもSFをわかるわけではない。

大森　あれを小説で書いてもだれも納得しないので――僕は映画でもぜんぜん納得しませんでしたが（笑）――そのへんの感覚がわからない人は、うるさいSFマニアにチェックしてもらった方がいいかもしれない。

東　ありがとうございました。最後に、この講座の運営母体であるゲンロンの代表としていうと、僕はやっぱり**センス・オブ・ワンダー**が大事ですね。この講座では一年間かけて、そういう驚きを与えられる小説を書く人を育てることができたらいいなと思っています。

一般の小説であれば、たとえ驚きがなくても、人間が描けていたり、感動できたりすればそれでいいわけです。ところがSFというのは、どこかひとつ、読者をびっくりさせる仕掛けが必要になる。現実世界を舞台にした主流文学やミステリにはない何かが、設定のどこかに必要なんですね。それは必ずしもいまの科学に裏打ちされている必要はないけれど、単なるサプライズとも違ってなにかしらの論理がなければいけない。そういう点では、なんでもSFだとはぼくは思いません。ジャンル小説ならではの驚きがある作品を読みたいですね。

課題その2『変な世界』を設定せよ

東 浩紀

ジャンルSFは多様です。宇宙に行ったり未来に行ったりロボットを出したりするのもよいですが、どこにも行かずロボットも異星人も未来人も出てこなくても、SFは成立します。ただ、SFがSFであるために必要な要素が、ひとつだけあります。それは「センス・オブ・ワンダー」、すなわち驚きの要素です。

そこでみなさんには、その「驚き」を世界設定というかたちでつくってほしいと思います。現実とは異なる「変な世界」を設定し、その世界を舞台に物語を考えてみてください。一部の登場人物が特殊な能力をもっているというような設定ではなく、作中の世界全体が、現実世界とは異なる条件の世界になっており、その条件を前提にすべての登場人物のドラマが展開するような作品を求めます。ただし、その「変な世界」に生きる登場人物に現実世界の人間が接触するという物語の場合には、現実と地続きの世界設定に生きる登場人物を出してもかまいません。

ロバート・L・フォワードの『竜の卵』では、物語の（半分の）舞台は中性子星で、その設定のおかげで奇想天外なドラマが展開されます。とはいえ、設定は必ずしも「科学的」に作られている必要はありません。つまり、ハードSFである必要はありません。「変な世界」の条件がそれ自体としてきちんと整合性がとられていれば、物理的に不可能な世界設定でもかまいません。むしろ、「もし世界が……だったら」という奇想のジャンプ力に期待します。

センス・オブ・ワンダーに富んだ作品を待ってます！

課題その2　講評レポート

大森　望

わたしたちが生きている現実とはまるで違う不思議な世界を想像することはSFの醍醐味のひとつ。最近で言えば、西島伝法『皆勤の徒』や、グレッグ・イーガンの《直交》三部作がその代表。ただし、現実と離れすぎると、短い枚数では説明しきれない。アシモフの短篇「夜来たる」は、「もしも、つねに太陽が出ている惑星に、二千年に一度しかない夜が訪れたら？」という前提から出発する（名編集者のジョン・W・キャンベルが出したお題に応えたもの）。何かひとつだけ、この世界と大きく変えることで魅惑的なSFを生み出した好例だ。

以下の梗概二本も、魅力あふれる異世界を構築している。高木刑「チコとヨハンナの太陽」は、現実の天文学の歴史をある程度踏まえつつ、太陽に関するぶっとんだ説明でのっけから度肝を抜く。読者の興味を引くにはこういうハッタリの力も必要だ。火無曜介「ルラ」は、ルラという名の神が実在する世界の物語。「人間はルラに認識され続けなければ存在できない」というアイディアをどう料理するかが勝負になる。

課題その2　梗概例①

「チコとヨハンナの太陽」

高木　刑

十七世紀初頭のヨーロッパ、プラハ郊外の静かな村に「先生」の巨大な城がある。「先生」はそこで太陽の観測を行っている。太陽は透明な寸足らずのイモリに似た体長一キロメートルを超える巨大生物で、天蓋におよそ数百匹が生息しており、腹を赤く光らせ、頭上一面を覆い尽くすピンク色の天蓋の中を時折のたくりながら泳ぐのだ。太陽は天蓋の壁の中から自然発生し、長い時を経て寿命を迎えると収縮し、月を残して消滅するが、その太陽の残骸である月もやがて壁の中に消えてしまう。

「先生」の弟子であるチコとヨハンナは他の大勢の弟子たちと共に、数百匹の太陽を識別し月の位置を記録する仕事に就いている。ヨハンナは幼少時に患った天然痘の影響で目がとても悪く、手が不自由で正統の教育を受けていないが、彼女は驚異的な直感で数百匹のうごめく太陽を識別できる。

「先生」は貴族の生まれで、五十代とは思えないほど若々しい女だが、かつて決闘で鼻を切り落とされ、黄金の義鼻をつけている。「先生」は城では絶大な権力を握っている。「先生」自身はすでに観測を行なわなくなって久しく、弟子に取らせた膨大な太陽の記録を独占し、決して他人に見せず、占星術によって皇帝すらも支配する。弟子たちは互いに何をしているのかも知らされない。絶えず宴が催され、チコやヨハンナは道化と共に食事を摂らされる。

そんな中、事件が起こる。太陽同士が重なり合う極めて珍しい合が起こった後、太陽の一つが体に致命的な傷を負ったのだ。破れた腹からまばゆいばかりに輝く体液がぼたぼたと垂れ、痙攣しながら太陽がゆっくりと東に流されていく。気の遠くなるほどの大昔以来、観測例がない事態だ。太陽の軌道上にある村にチコとヨハンナが赴くと、体液が村中べっとりと染み着いていていてまぶしくて仕方がない。

村人が太陽の胃袋と称するものを持ってくる。それは中に気体が詰まっていて、両手で抱えるほどの大きさでその場に浮かんでいる。表面はねばねばしたもので覆われていて、かすかに鼓動し、試しに棒でつついてみると皮膜が棒を取り込んで、食いついて離れない。それは確かに生物のようだが、まるで似たような生物が思い浮かばない。

チコは「先生」の書庫で以前読んだ本、あるポーランドの司祭の書いた『天蓋の誕生について』を思い出す。地球は太陽のように天蓋の中で育まれた存在ではないのではないか。元々天蓋とは別々に存在していた地球の上に、天蓋が被さったのではないか？　そしてヨハンナは太陽が時折天蓋の一ヵ所に集まり、昼夜と呼ばれる現象を作り出すことに着目する。従来それは太陽が産卵時期を迎えるための準備だと思われてきたが、太陽が無性生殖によってあたかも自然発生的に生まれることと矛盾している。彼女は昼夜の発生原因を、天蓋の西から東への回転とは別に何かしら外部からの力が地球に加わっており、太陽がそれに引きつけられているためではないかと仮定する。

しかし城に戻った後、食事の席で持ち出されたその説を「先生」は一笑に付する。「先生」にとっては観測記録に裏打ちされた事実こそが重要であり、天蓋で頭上が覆われている以上ヨハンナの説には何も根拠がない。「先生」はヨハンナを執拗になじる。お前の説は持たざる貧乏人の空想、夢に過ぎない。真の理論とは、責任ある者によって集められた観測結果という財産に基づいたものでなければならないのだ。「私の観測記録は貴様には指一本触れさせない。どうしても理論を実証したいのなら、自分の手で集めればいいだろう。その醜く曲がった指と、ぼやけた瞳でな」

ヨハンナは食事を終え眠りに就こうとしていた「先生」を縛り上げ、鼻の穴から塩化水銀を流し込んで殺す。

折しも夜が始まろうとしていた。「先生」の観測記録を奪ったヨハンナはチコに別れを告げて去ろうとするが、チコは彼女を制して城の中のある建物に連れて行く。

何百もの太陽の胃袋が木船にくくりつけられて置いてある。「先生」はこれを皇帝に献上するつもりだったらしい。二人を乗せた木船がゆっくりと浮かび上がる。夜はますます深くなり、頭上には死にかけた太陽が数匹取り残されているだけだ。

木船はどんどん上昇し、気温が下がっていく。二人とも何も言わない。吐く息が白く、頭が痛い。もうどれだけ時間が経ったのだろうか。とうに食料はない。頭上にはもうじき息を引き取る太陽が弱々しく輝いている。天蓋がいまやはっきり見える。それがぎっしりと敷き詰められた太陽の胃袋だと知る。天蓋にぶつかった船はそのままずぶずぶと取り込まれていく。二人は粘液の海の中で必死にもがく。

外に出る。

そこで二人が見たのは、頭上一面を覆い無限に広がる星空、変態しガスを噴出し膜を広げ光圧で太陽系外に向けて飛翔する太陽の成体、そして、かつて人類が空を見ることができた時代に「月」と呼んでいた、黄金に輝く美しい円盤だった。足下から水蒸気を含んだ空気が絶えず吹き出す。とても寒い。空気が薄い。薄すぎる。二人とも、もう動けない。だんだん意識が遠くなっていく。

すると音のない爆発が起き、世界が急に燃えるように輝き出す。

「太陽」がピンク色の地球の縁から、ゆっくりと昇ってくる。

■内容に関するアピール

「もし地球が謎の宇宙生物に覆われてしまっていたら」です。

今回の作品においては、「生物学的世界観」といったものの構築を目指しました。約一万年前に「異星人による、現地惑星の知的生命体の保護発展のための無差別型テラフォーミングシステム」とでも形容すべき生物が太陽圏外から飛来し、上空十キロメートル辺りで増殖したため、人類が天体を観測することが不可能になった世界、という設定です。

この宇宙生物は、ヘリウムによって浮遊し光合成を行なって大気圧と酸素濃度を調整し空を埋め尽くす風船のような生物と、その生物の隙間を縫って泳ぎ未知のプロセスによる生物発光で地球を照らす幼生、そして別の系外惑星目指して宇宙空間に旅立つ成体の組み合わせのイメージです。もっともこの設定だと惑星大気の組成によっては浮遊できませんので、例えば反重力器官を持った生物、といった設定の方がいっそうまくいくかもしれません（そのような設定の、浮遊する生物が登場するSF作品も実際に読みました。どちらにしろ、この作品が想定している十七世紀の科学知識ではこれらの生物が浮遊できる原理はわからないので、この部分に関する明確な説明は作品には入らない予定です）。

空が見えないことがどのような影響を人類に与えるでしょうか。まず、「暦」という概念が一般的でなくなり、「不変の天上世界」という西洋哲学の思想が成立しなくなるのではと考えました。時間はメジャーで長さを測るように、必要に応じて測るものになるはずです（暦自体は潮汐から導く形でこの世界にも存在します。ただしその原因を天蓋を越えた彼方で起こっている何かの運動であるとする根拠はないはずです。この世界で暦が一般的でない理由として、気温の変化が比較的少なく農業が暦に依存しないため、と考えています）。

また、頭上で自然発生する謎の生物という存在は宗教に対しても大きな影響を与えるのではと考えました。ユダヤ教、キリスト教の伝承が大幅に書き換わり、イブの腹からアダムが生まれ、楽園追放により人類は無性生殖が不可能になり、イエスは男でありながら妊娠し死後神を出産した「神の親」として信仰されている、という設定です。恐らく女性の社会的役割はかなり大きいものになり、多夫多妻制度が一般的に、また倫理的に最も正しい形になるでしょう。

このような世界において人類はどのようにして宇宙生物の向こう側にある「宇宙」を証明できるのだろうか、ということを考えてみました。例えば地球全体を丸ごと囲って気温を完全にコントロールできるようにしたとしても、コリオリの力によって偏西風は発生しますし、前述のように潮汐も起こります。ヨハンナが着目した昼夜の現象は、もっと単純に季節による日照時間の変化への対応によるものです。

最終的に物語が見いだすのは我々が自明のものとしている「宇宙」に他なりませんが、それは彼らからはとてつもない驚異に見えるはずです。「センス・オブ・ワンダー」という課題のテーマに対して、我々から見た彼らの世界、彼らが見る我々の世界、二つの角度から答えることができればと思っております。

課題その2　梗概例②

「ルラ」

火無曜介

世界にはルラという名の神がいる。ルラは神殿で暮らしている。

人間は、ルラに認識され続けなければ存在できない。ルラから忘却された人物は、この世界から消える。だから人間は神殿周辺の神都に集まって暮らしている。

ルラは全知全能ではない。人間より高い知力と体力、超能力を持ち、年を取らないが不死ではない。

ルラが死ねば人類は消滅する。だからルラは神殿で保護されている。

人々は己の存在を守るため、必死でルラに自分をアピールする。商人たちは貢物を、貧乏人は大声で祈禱をする。間接的にでもルラに認識されれば存在の力は得られる。

神殿にいるルラと直接対面できる人間は一握りである。また全ての人間はルラを愛するように作られており、憎むことは困難だ。

砂紋の団という反ルラ組織がある。団は「ルラは人から存在を吸い取る悪魔だ」と主張。だがこれはアピールのための口実だった。彼らは辺境に住み、普通のやり方では神の関心を得られない。そこで抵抗運動により神に存在を認識させようという苦肉の戦略を取った。

が、気の狂った男が団の首領になり、口実が信念に変わる。首領は子どもたちを洗脳、ルラへの憎悪を植え付けた。

そしてルラ暗殺計画が決定する。十六歳の少年クレストが暗殺者として選ばれた。クレストは幼い頃、両親がルラに忘却されたため消滅している。以来首領が父代わりで、ルラへの殺意は十分だ。

工作の末、クレストは側男として神殿に入る。側男側女はルラの遊び相手だ。後宮でルラと直接会える。

なんとルラは六歳男児で、クレストの仕事は語義通り遊び相手だった。

ルラはいたずらっ子で、反応が面白いクレストは最高の遊び相手となった。側男側女は皆、ルラに仕える幸福に満ち、毎日明るい笑い声が響く。そんな中クレストは内心で憎悪を滾らせていた。

ある時、クレストは隙を突いてルラを短刀で殺そうとした。が、短刀は気付くとルラに握られており「今回だけは見逃してあげる」と言われた。ルラは精神感応でクレストの心を読み、目的を知っていた。

以後、何もなかったかのように日常が続いた。クレストはルラの一番のお気に入りになった。クレストがルラの不意を打つ方法を考えていると、ルラは諦めが悪いとからかった。


半年後。

ルラは己の身体を女に変え、十八歳の外見になった。外見を変えた理由は不明だが、クレストは困った。ルラの美しさに魅了されそうだった。

ルラは自分を憎む初めての存在に強い興味を抱いていた。神であるルラに接しながら憎むことができるのは、砂紋の団で洗脳を受けたクレストだけだ。

一方街では大変な事が起こる。以前なら消えない程度の存在感の人間が消え始めていた。ルラの関心がクレストに集中しすぎ、その他大勢に関心がいかなくなったのだ。


次々に人間は消えていく。神殿は恐慌に陥ったが、ルラは内陣から出てこなくなる。

その頃、クレストはルラを憎むだけではなくなっていた。憎悪すると同時に、憐憫を感じ始めていた。人類を超越するが故、誰にも理解されないルラが、自分以上に孤独で苦しんでいると知ったからだ。

ある夜、クレストはテレパシーで呼ばれる。クレストは短刀を持って内陣の地下へ行き、ルラと会った。

ルラはクレストの殺意を知っているはずだが、無防備にも二人きりになる。ルラはクレストに、一緒に逃げてほしいと言う。人間の存在を維持するためだけの生活に嫌気が差したのだ。ここにはルラが人知れず作った地下通路があり、外へ出られる。

なぜ自分を連れて行くのかとクレストが問うと、ルラは、自分を憎んでいるからだと答える。神である自分を憎める人間はいない。絶対に自分を憎まない相手など家畜と同じだ。クレストだけが自分を憎める。自分にとって唯一の他者だ。だからクレストが必要だ。

クレストはその唐突な告白に胸を打たれる。

その時爆発が起こる。恐慌に乗じ砂紋の団が攻めてきたのだ。クレストは混乱したまま、ルラと共に地下通路を逃げる。

地下で息を潜める二人。危機の中でクレストは悟る。自分にはルラが必要だ。両親を失ってからというもの、ルラに対する憎悪だけが生きるための力だった。ルラが死んだら生きていく力が消えてしまう。

ルラにその思考を読まれ、「それは愛と同じだ」と笑いながら言われる。

二人は何かに突き動かされるように愛を交わし、共に生きると誓った。

夜が明け地上へ出ると、街には誰もいない。昨夜二人の行為が最高潮を迎えた時、ルラはクレスト以外のほぼ全ての人間を瞬間的に完全に忘却した。その時人々は存在を失い消えたのだ。

呆然としていると、ルラは接近する殺意を感取する。そこにはクレストを洗脳した砂紋の団の首領がいた。ルラは昨夜、首領の事だけは認識し続けざるを得なかった。心の境界を突き破ってくる強烈な憎悪を絶えず感じていたからだ。

クレストとルラは無人の街を逃げ、首領がそれを追う。世界には、命がけでルラを守ろうとする者と、命がけでルラを殺そうとする者の二人しかいなくなった。

■内容に関するアピール

《キャラクター紹介》

ルラ

神というだけあり、常軌を逸した美貌の持ち主。最初は六歳の男の子として出てくる。好物は露店で売っている棒付りんご菓子で、しょっちゅうかじっている。精神感応で全ての人間の醜い部分まで見ているのに、無邪気な六歳児を演じる不気味で超然とした存在。一方、あらゆる人間を超越しているが故に孤独を抱えるという、凡庸な弱さを持つ。

神でありながら、案外欠陥が多い。そのため孤独になったり、恋をしたりする。「超然」と「凡庸」の二面性が特徴のキャラクターだ。

クレスト

幼い頃、両親をルラに忘却され消される。砂紋の団・首領の洗脳により、「ルラさえ殺せば人類は解放される」と信じ込む。クレストにとってルラは両親の仇であり、人類の敵である。

後宮入り初日、早々にルラのいたずらのターゲットにされ、頭上から水を落とされずぶ濡れになる。当初はルラに対し従順な下僕を演じていたが、暗殺者とバレてからは開き直り、ルラの前では一人称が「俺」になるなど口調が粗暴になる。それがまたルラに気に入られた。

ルラとの関係が深まると愛情が芽生えてしまう。それでも憎悪は消えず、矛盾する感情に苦しむことになる。

砂紋の団・首領

首領になる以前から、不意に絶叫を上げたり、目に見えぬ何者かと対話したり、と奇行が目立った。ある時「真の神」を幻視し、ルラが悪魔だと告げられる。それ以来、ルラの殺害だけを目的に生きる。

《詳細設定》

神の力

ルラが人間に存在の力を供給するためには、固有の人物として認識されなければならない。群れとして認識するなどの、曖昧な認識は意味がない。だがルラはその人物の声・創作物・噂などの間接情報からも伝播してくる思念を頼りに固有の人物にまでたどり着ける。一度認識したら、その認識は数週間持続する。そのため、一日のうちに夥しい数の人が消えるなどということは滅多にない。

神都

人口三万人ほどの都市。これはルラが全員の人間を同時に持続的に認識できる限界の人数だ。人口制限の政策が敷かれているが、違法出産は絶えない。なお、人間は生まれた瞬間に最も強い存在感を放つため、ルラは精神感応で自動的に認識してしまう。

人間はルラの側を離れられないため、移動手段も通信技術も発達していない。中世並みの生活を続けている。

政治は神殿で宰相と大臣が行うが、世襲制で現体制を維持するのみだ。誰もがルラへのアピールに人生の大部分を割くため、現状維持が好まれ革新は歓迎されない。

第2回　講師　長谷敏司　テーマ　知性

SF小説をデザインする

長谷　今回の講義では「知性」というテーマでお話をします。小説はもともと人の知性や知能というものに大きく支えられているジャンルです。この土台は、学習してきた知識や言語だったり、世の中の常識だったり、未来に対する予測だったりするわけです。しかしこれらは、じつは人が思っているよりもずっと穴だらけなんですよね。世の中から常識と思わされている考えというのはスカスカの檻みたいなもので、そこからすり抜けてしまう知的なアイディアも数多くある。そのすり抜けるアイディアをフックにして**読み手の知性に対するアプローチ**を仕掛けられることが、SFというジャンルの特性だと思っています。

前回の課題は「『変な世界』を設定せよ」ということだったので、この現実世界の常識で成り立っている知性とは異なるヴィジョンをたくさん考えていただいたことでしょう。**現実の記憶や感覚、いま見えている世界といったものに対する疑い**を持ってもらうことで、SFらしいアプローチによって現実よりいい世界を描き出したり、感情をゆさぶる物語を生み出すための手がかりになるんじゃないかと思います。

大森　SFの場合は、そのアプローチの方法もさまざまで、たとえば本格ミステリのようにかたちが定まっているわけではないですよね。フォーマットがはっきりしていない。

長谷　昔、『涼宮ハルヒの憂鬱』を書いた谷川流くんと話したときに「SFとミステリってどう違うのだろう」という話題になった覚えがあります。そのとき彼が言ったのは、「たとえば塀の上に猫がいるとする。『あの猫は何故そこにいるのだろう』という問いを立てるのがミステリの楽しませ方で、『あの猫は何者なのだろう』と疑問を持たせるのがSFの楽しませ方なんじゃないか」ということでした。大森さんのおっしゃる通り、ミステリが拠って立つところの論理の土台より、SFが突き崩そうとする常識の土台のほうが、作家がいじっていい範囲がずっと広いですよね。

大森　範囲が広すぎるために逆にやりにくいところもあって、ただ土台をひっくりかえすだけで終わると商品としては成立しなくなってしまう。

長谷　そこで重要になるのが**「書き手が何をやりたいか」**ということです。SFは読み手の知性や知識に対して深く疑いをかけていくジャンルなので、常識があまり助けてくれない。こういう展開がお約束だというカバーがきかないぶん、書き手の側は自分が何を書きたいのか、すごく明確に意識していないといけない。たとえばミステリだと、殺人事件が起きたならそれに対して登場人物がどんな反応をするかとか、探偵役が謎を解くためにどう動くかといった展開を、ある程度、読者との共通了解として設定するものです。けど、SFの場合、たとえば殺人事件なら、生物が死ぬというのはどういう状態なのかとか、本当に生き返ってこないのかとか、極端な話、そういうところまで考えなければならない。

　自分が何をやりたいのか意識することが大切というのはそういう意味で、SF的な世界を設定したあと、自分が書きたいテーマに対して、その設定が本当に合っているのかどうか確かめることが必要です。たとえば命の尊さをテーマにしたいのに、生物が二十四時間で生き返ってしまう世界での殺人事件、という設定を作ってしまったとすると、テーマを示すためには読者に改めて説明しないといけないことが大量に出てくる。それを限られた原稿の分量でどのくらい語れば読者が喜んでくれるのか、新たなヴィジョンを描けるのか、ということも考えてデザインをしなければならない。

大森　短篇なのにフルスクラッチで世界をつくると大変ですよね。僕は前回、課題に対してアイザック・アシモフの「夜来たる」を参考に挙げました。これはつまり、「変な世界」を設定するなら、短篇だったら、よく知っている現実から、パラメーターをひとつだけ変えるぐらいがちょうどいいのではないかということです。「夜来たる」のSF設定は、名編集者だったジョン・W・キャンベルがエマーソンのエッセイにヒントを得て出したアイディア、「もし千年に一度しか夜が来ない世界があったとして、その世界に夜が訪れたら？」というもので、あとはこの現実世界とほとんど変わらない。もしほんとうにそんな世界があるなら、もっといろいろ現実と違うはずだというツッコミもありうるけど、短篇一本で書くのだとしたらそのぐらい絞った設定のほうが書きやすい。

長谷　読者の許容範囲や、何を面白がってくれるのかというところにもフォーカスしつつ、自身のテーマのためにどこを中心に書けばいいのかを計画立ててデザインする。現実とすべて違ってしまうと共感がしにくくなるので同じ部分も作りながら、何らかのドラマや物語としての筋立てに落とし込めるような創り方をするのが大事だと思います。

大森　そう、全部違っちゃうとドラマが創りにくくなるんですよね。

長谷　たいていの小説には主人公であったり、中心となる視点や語り手がいるはずです。なので、その変わった世界で彼らはどういうふうに物事を考えるのかとか、キャラクターの土台となっている**この現実とは別の常識**を描いていけると、形が固まっていくと思います。たとえば、性差のありかたが現実と異なるという設定なら、その人物をクローズアップするために同じ性のありかたを持つパートナーを配置したり、所属する団体や持っている文化をきちんと設定していくというようなことですね。

大森　あと大事なのは、「変な世界」における変なことは、その世界で暮らす人にとってはまったく普通のことだという点ですね。そのおかしさをそのままドラマに使おうとすると無理が出てきてしまう。**ある程度外部からの視点が入らないと、それが変であることが示せない**わけです。スタニスワフ・レムの『ソラリス』だって、もしも人間が登場しない惑星ソラリスだけの話だったなら、何も物語が生まれなかった。

長谷　そこで主人公を読者に近い側に立たせるのであれば、主人公がこの現実世界よりの、つまり「変な世界」のなかでは異端な考え方にいたったきっかけを示す必要が出てくる。またはグレッグ・イーガンやロバート・L・フォワードのように、「変な世界」のなかで常識を覆す新しい発見があって、それによりいままでいた世界の見え方ががらりと変わってくるといったヴィジョンの転換が求められるわけですね。

ヴィジョンとドラマの関係性について補足しますと、両者が結びつくと非常に印象的な、いいシーンが生まれるのですが、ヴィジョンだけをポンと出しても多くの読者はついてきてくれません。SFにおいてヴィジョンの転換は物語のラスト付近に配置されることが多いのですけれど、なぜそうするのかというと、読者は最後に書いてあることぐらいしか余韻として記憶に残してくれないからなんですよね。小説のお客さんというのは、読みながらどんどん話を忘れていくものなので、ＳＦ的な想像力のヴィジョン一発で読者の印象に残したいなと思うのなら、それはドラマのクライマックスかオチの部分で描くのが一番安全な方法です。

大森　**設定の説明からはじめてはいけない**とも言えますね。

長谷　お客さんの忘れる速度を甘くみてはいけません。だからもし最初にヴィジョンを示したいのなら、たとえば酉島伝法さんの『皆勤の徒』のように、頭から最後まで、ものすごい密度で「変な世界」を描き続けなければならないので、かなり難易度は上がると思います。百メートル走のスタートから全速力で走り始めて、ヴィジョンを尻切れにさせないままゴールラインまで辿り着かないといけなくなるんです。そうでなければ読者はだいたい、中盤以降に起こった主人公のドラマなどに目を奪われて、こちらが見せたかったヴィジョンのことは忘れられてしまうので。

大森　安易に酉島伝法のマネをしてはいけない（笑）。

■現実の科学技術と向き合うジャンル

大森　この講座の第一回で、「これがＳＦだ」と思うものを書いてくださいという課題を出して梗概を書いてもらったら、ディストピアものとアンドロイド、ＡＩものが非常に多かった。つまり、いまのＳＦのイメージは、ディストピアとＡＩだ！　という結論になったりしたのですけれど、長谷さんもアンドロイドやＡＩものの作品が多いですよね。その立場で、最近のＡＩやシンギュラリティの流行はどのようにお考えですか。

長谷　先ほどの「知性」のテーマにも重なりますが、ＳＦってなかなかネタ切れしないジャンルだと思っているんです。常識というものがわりと穴だらけなので、その網目を抜けて読者の知性の深い部分にアプローチできるという話を最初にしましたけど、世の中の常識も、科学や技術の進歩に合わせてどんどん形を変えていくものですから。いまシンギュラリティという言葉が流行しているのは、コンピュータや人工知能の進歩が世の中で話題になっているからで、それらへの反動もあって、人が機械に管理されるディストピアという言葉への関心も大きくなってきている。**十年前だったら一般読者に理解されなかったＳＦでも、いまなら伝わる**ように変わってきたと思います。

大森　それで言うと、ＳＦの世界でシンギュラリティものが流行ったのはいまから十五年くらい前。世の中がシンギュラリティを気にしていなかったころに、チャールズ・ストロス『シンギュラリティ・スカイ』とかアレステア・レナルズ『啓示空間』とか、ポストシンギュラリティものの主立った作品がたてつづけに出た。ＳＦの世界ではそれがすっかり下火になったころ、世間で、二〇四五年問題だとか、いつか人類はＡＩに征服されるかもしれないとかいう話が出てきた。これまでのＳＦの文脈とは違うところで盛り上がっている感じはしています。

長谷　とはいえ、それらを扱うＳＦは国内でも海外でもこれから増えていくと思いますよ。作家目線でいえば「いまこの題材が売れる！」とわかったら絶対に書くので。実際、この前ジョン・スコルジーが『ロック・イン』でやっていましたし。ここまでＡＩがニュースになったということは興味のある読者も増えたということだと思うので、そういう**現実に即したＳＦ**はこれからどんどん出てくるんじゃないかと思います。

大森　十数年前のシンギュラリティものはもう少し現実離れしていましたね。『シンギュラリティ・スカイ』もそうでしたが、ＡＩがシンギュラリティに到達した瞬間に人類の理解を超越したものになってしまうので、すべてがめちゃくちゃになり、現実と地続きの未来とは異なる未来が来てしまうという話が主流だった。円城塔の『Self-Reference ENGINE』の外枠もそういう話です。

長谷　この十年で、現実の科学技術の発達によって使えなくなる題材も出てきたでしょうね。いまはわりと超能力ものが減っていますが、それは結局のところ最新の脳科学が超能力に対してあまり優しくない結論を出しているということでしょう。脳科学が発展するまでは常識の穴があったところが、いまのところ塞がって厳しくなってしまっている。ただ、そんな状況で超能力のような設定を現代に持ってくる方法を作家が思いつくとしたら、それはそれで新しいネタを科学が提供してくれたタイミングかもしれませんね。**科学技術のニュースが題材を更新し続けてくれる**ので、ＳＦジャンルに関しては小説のネタは尽きることがないのではないかと感じています。

大森　今年の春には、星新一賞にＡＩが書いたとされる小説が投稿され、それが一次選考を通過したことが世間的にも大きなニュースとなりました。

長谷　ちょうど僕もその報告会に出ていました。ただ、そこで実際の応募方法を聞いてみると、まず物語を記述するための言語を研究者の皆さんが書いて、それに合わせてプロットのような材料を入力すると、小説文の形になったものを十万通りぐらい出力するというプログラムなのだそうです。つまりは物語が成立するためのプログラム言語を書いたのは人間だし、プロットを組むところも人がやっているので、実際には小説のだいたい七割から八割ぐらいを人間が創り、残りの三割ぐらいをＡＩが創ったと考えた方がいいんじゃないかと研究者の方はおっしゃっていました。

大森　十万通りのなかから、まともな出来のものを選ぶということ？

長谷　それも無作為だそうです。いまのところは、物語の出来を評価するしくみというものができていないらしくて。どういう物語が読んで面白いものなのかというのは、まだＡＩには判断ができないらしいです。

大森　書けても読めない、ということですね。「そのうち文学賞の一次選考はＡＩにまかせるようになるんじゃないか」という話をこのあいだ円城塔さんがしていましたけど。

長谷　それは実際そうなるべきだと思います。たとえば、ＡＩによる執筆支援ソフトなんてものが売り出されたりしたら、作家の生産性だって何十倍になってしまいますから。そうなったとき、応募数が数十倍になった新人賞の原稿をどうやってさばくのかと（笑）。仮にいままで五百通しか届かなかったところに五千通来るようになったら、同じやり方で新人賞を選考しようとしても間違いなく破綻するわけですし。ＡＩを使用した創作物は駄目と言おうにも、実際それがＡＩを使っているのか人の目ではわからない。

大森　星新一賞は「ＡＩの応募を受け付けます」と謳っているんですけど、じゃあ十万通の応募がきたらどうするんだという話ですよね。下読みＡＩを用意しようにも、現状は書かせるより読ませるほうが実現が大変という。

長谷　実際のところ、本当にそういう状況が訪れたとき、**人間の作家がどんな物語を創るか**というのは、先にその問い自体を新しいネタとしてＳＦ作家が想像すると思うし、そうやってＳＦというジャンルは前に進んでいくんじゃないかと思います。進化論や産業革命のころから、科学や技術の発展に下支えされて、ＳＦを読み書きしたいという歴史が続いてきたのだと思いますし、科学の発展が著しいということは、ＳＦへの期待も大きくなっている時期なのではないかと思います。

大森　ＳＦと現実の間にはそういう密接な関係がある一方で、距離も生まれていますよね。たとえばロボットでも、現実に進歩してきたロボット技術と、フィクションが描いてきたロボットの間には明らかな隔たりが生まれている。むしろ逆にやりにくいということは？

長谷　いや、僕はないですね。たとえば、いままではロボットというと、ＳＦの世界ではアイザック・アシモフのロボット三原則がずっと天井を覆っていた。それが、現実世界の技術の進歩によって通用しなくなるのなら、そのときは新しい作家が、新しいルールをゼロから考えていいのだというふうに捉えています。

大森　そこでルールを考えるのが、作家なのか研究者なのかという議論にもなりそうです。二〇一五年の第二回星新一賞の授賞式では、ロボット工学者の石黒浩さんが懇親会のスピーチで、いまのロボットに関する限り、「ＳＦ作家は科学者に負けている！」という話をされていました。昔はＳＦ作家が想像したことを科学が追いかけていたけれど、いまは科学者が考えていることのほうがずっと先に進んでいて、ＳＦが追いつけていないと。

長谷　それはもう議論するより、「こっちのほうが進んでいる！」というのを実作と研究で競争していくのがいいのではないでしょうか。とはいえ、基本的にはＳＦ作家の方が有利だと思いますよ。学者と違ってイメージを言葉にするだけで、実験しなくていいし、エビデンスもとらなくていいのですから、作家が学者に対してスピードで負けるということは、そうそうないと思っています。

■ＡＩの知性、人間の知性

大森　最近のＡＩやロボットの研究についてだと、日本は海外と比べてもかなりＳＦ寄りというか、独自の進化を遂げてきたように見えます。

長谷　僕はいま日本人工知能学会の倫理委員会にも参加しているのですが、そこで面白いのは、昔だったらＳＦの題材でしかなかったような「ロボットの権利をどうするか」という議論を科学者たちが大真面目にしているんです。なぜかというと、たとえば人工知能が自分の作曲した音楽に対して著作権を付与していいのかとか、そうでなければ開発者への権利となるのか、著作権フリーなのかとかいったことが課題としてすでに立ちあがっているからなのだそうです。あとはこの前、Ｇ７の情報通信関係の閣僚会議があって、そのときにもＡＩの開発運用をどうするかが論点になったと聞きました。現実がＳＦに近づいていくというのは、**ＳＦを書くことで現実を語れる**ということでもありますね。とてもありがたく思うと同時に、ＳＦ設定のディテールや、作品内で人間がどのように考えているかという細部を昔よりも細かく書き込まないといけなくなったように感じています。読者の知性のありかたや、ＳＦに求められているものが一昔前とは違うように思うんですよ。

大森　それによって自由度が失われるということはありますか？

長谷　少し大変になった部分はあります。いままでは想像力だけで書いてよかったものを、取材や調査をして書かないといけなくなりましたから。ただ、その一方で現実を気にせずに想像力が大事なＳＦの分野も依然として残っていますし、両方あっていいとは思いますよ。

大森　そうですね。たとえば宇宙ＳＦなら、アポロ計画のあと、スカイラブ計画と同じ時期に『スター・ウォーズ』があったわけですから。

長谷　それに、**現実の制約を受けることが読者を広げるチャンスにもなる**のではないかと考えています。いままでＳＦに親しんでこなかった人でも、現代的な題材をきっかけに作品を読んでくれるんじゃないかと。人間って、自分の身に関わることに対しては興味を持つし、お金も払いますよね。千円の文芸書が高いと言っている人たちが、二千円のビジネス書やダイエット本をどんどん買っていくわけじゃないですか。それと同じように、ＡＩやシンギュラリティがこれだけ話題になったのなら、テクノロジーの未来を人生と関係あることだと感じたまったく新しい層がＳＦを買ってくれるようになるかもしれない。

大森　それは、ご自身の作品でも実感されていますか？

長谷　少なくとも『あなたのための物語』は、ＡＩがこんなに社会の中に入ってくる時代であったから、ここまで読み続けてもらえているのだと思います。先日も、海外の一般書の版元から翻訳の話をいただいたんですけど、それも人工知能が現実に浸透してきた時代だからこその話であって、そうでなければ一般文芸の書籍出版社から日本のＳＦを出したいと声がかかることはまずなかったのではないかと思います。

大森　ＡＩでいえば、今年は将棋の**電王戦**や**アルファ碁**も大きな話題を呼びました。

長谷　アルファ碁の影響はすごいですよ。アルファ碁がイ・セドルに勝利したニュースの前と後では、政治家たちのAI事業に対する本気度がまったく異なるそうです。結局、高齢の政治家や財界人たちの多くが碁をやっていたうえに、碁というのはものすごく深遠な知的競技で機械には理解できないと思われていたものだから、衝撃も大きかったと聞きました。自分たちが慣れ親しんでいた娯楽が、いままでSFだと思っていた技術に組み込まれるというのは、現実がSFに追いつきつつあることを彼らに理解させるための何より大きな糸口になったみたいですね。

大森 すごいと思ったのは、対局中にはプロ棋士が見ても意味がわからない手が打たれていたという話です。人間がつくってきた囲碁の五千年の歴史からすると考えられないような棋譜になっているとか。いかにも〝異質な知性〟という雰囲気が出ていて、SF的な興奮があります。

長谷 碁というのは本来、中央の盤面は複雑すぎて直接狙うことができないために端から取っていくものだったのだけど、アルファ碁のAIは最初から中央の盤面を計算していたということだったそうです。

大森 棋譜に著作権はないと思いますけど、仮にそれが作品だと見なすと、アルファ碁の棋譜の著作権はどこにあるのか、と考えはじめると気になりますね。人の手によるプログラミングがどのくらい反映されているのかも関係するとは思いますが。

長谷 アルファ碁の場合は棋譜の画像認識の分析からあいう打ち筋になったらしいのですが、後からデータを見ても、どういう判断でこの手を打ったのかという解釈を人間がするのはものすごくむずかしいのだそうです。これは倫理委員会でも議論されていたことですが、非常に高度なAIに人間に代わって判断を行なわせるとき、その材料として使ったデータを全部取り出しても、どんな思考がされたのかわからない――そういう場合に、そんなAIを政治などの重要な場で使ってもいいのかという問題があります。そうなると結局、**人類知性と、AIという異質な知性とのコミュニケーション**の問題になってしまう。AIとのコミュニケーションという新たな文化の歴史を、人類がここから積み上げないといけない段階に差し掛かってきているのだと思います。

大森 アルファ碁のニュースがあってから、AIは人類を脅かすかもしれないので開発を規制すべきだという議論も一部で盛り上がっています。とはいえ、碁で人類最高の棋士が敗れたからといって、それとＡＩが意識を持つとか、人類を脅かすとかいうのは、ぜんぜん違う問題じゃないでしょうか。

長谷　それについては、前に発達心理学の研究者から聞いた話ですが、人間が意識と呼んでいるもの自体がわりといいかげんなものだという説があります。意識というのは、コミュニケーションをとることで初めて認識されるものであり、その理屈でいけば、ＡＩと人間の間で正確なコミュニケーションがとれた場合に、人間側にも意識があるし、ＡＩ側にも意識が存在すると考えてもいいのではないかということですね。

大森　ＡＩとそんなコミュニケーションがとれるようになると思いますか？

長谷　限定された場所でなら可能になるとは思います。たとえば一定の職種の業務のなかで、人間がどんな判断をすればいいのかをＡＩに判断してもらうことはできるのではないでしょうか。たとえば、ある団体が現役の医師に対して「ＡＩが病気の診断を行う時代がくると思うか」というアンケートをとったところ、九割ぐらいが「近い将来にはそうなるだろう」と回答したそうです。

大森　たしかに、画像診断などはＡＩに任せたほうが正確そうな気がしますね。

長谷　すべてＡＩに任せなくても、人間の医者が画像診断をするのと一緒にＡＩにも診断をしてもらい、ある種のセカンドオピニオンとして使うという手もあります。

大森　小説新人賞の下読みをＡＩにやらせるよりは、何百万人という人が毎年撮っているＸ線画像などをＡＩに読み込ませて、異常のある人にアラートを出すというシステムのほうが簡単に作れそうですよね。囲碁や将棋でも、ＡＩと人間が対戦しているわけだから、すでにコミュニケーションが成立しているという見方もできるのかもしれません。今後もそうした形で、長谷さんのおっしゃるような人間とコミュニケーションをとるためのＡＩ研究が進んでいくと思いますか。

長谷　研究もお金の回る分野から投資されていくもので、すでに株式の取引などはＡＩが実用化されていますよね。それがどんどん高度化していくということと、人間とコミュニケーションがとれることが、同じ延長線上にあるのかどうか。たぶんその株取引のＡＩは、別の会社やファンドが運用しているＡＩとの勝負に勝つために、ＡＩ同士のコミュニケーションを優先して進歩していくのだと思います、研究開発の速度は投資次第なので、人間とコミュニケーションをするＡＩより、むしろそういった対ＡＩ用のＡＩのほうが、先に高性能なものが生まれていくのかもしれません。

大森　今年話題になったＡＩに関するさまざまな予測を今後ＳＦで取り上げるとしたら、どのあたりが一番面白そうだと思いますか？

長谷　いちばん通りがよさそうなものは、ＡＩ失業でしょうか。そのあたりの予測なら、普通の作家よりもＳＦ作家の方が早く書けると思うので。ロボットが出て来たとき現実に起こりそうな反応とか、いまの世の中の反応を全部そのまま題材にできそうですよね。

大森　そうですね。いまはiPhoneでSiriに話しかけるとかなり自由度の高い質問にも答えるようになってきていたり、あるいはPepperが家にいたりと、一見すごく未来的な状況が身近に実現しているので、ロボットもの、ＡＩものに関しては、ぜんぜんSFを読んでいない層も受け入れやすくなっていると思います。

長谷　たとえば『黄泉がえり』（梶尾真治）的なものがＡＩによって達成されるとか、携帯アプリが死んだ人につながるとか、泣ける話にＳＦ要素が入ったものも増えるんじゃないかと。

大森　死んだ人のライフログが細部まで残せるようになったら、それをシミュレートしてやりとりができるとか。スマートフォンで死んだ父親にアドバイスを求められるとか、Siriに話しかけるように「父さん」と言うと、お父さんらしく答えてくれるというような。

長谷　いかにも感動ものとして実写映画化されそうな話ですね。

大森　今年あった『オートマタ』という映画がシンギュラリティもので、ロボットは自分で自分を改造してはいけないという原則があり、それを破ったロボットがハンターに追われていくという話なんですけど、そこでも逃げるロボットが子育てを始めるという泣ける要素が入っていました。そういった映画が海外でも作られるようになってきた。

長谷　やっぱり、とっかかりは泣ける話か、ホラーですよ。そのあたりは近いうちにくるんじゃないかと思います。

課題その3　『エンタメＳＦ』の設計

長谷敏司

あなたにとって『面白さ』とは何か。

人類が未だ見たことのない『変な世界』のヴィジョンを打ち出すことができるのは、ＳＦ作家としてはとても強い武器です。しかしＳＦは同時に、そのヴィジョンがエンターテインメントとしても成立していて、読者＝お客さんに響く物語であることを求められます。

次回の梗概では、自分にとって「これだ！」と思えるアイディアを、読者にとって効果的に響くエンタメＳＦとして提示できるように、物語の見せ場と見せ方を意識して組んでみてください。自分が書きたいものを、いかにドラマとして落とし込むか。作品のテーマを最も強く届けるためには、どんな驚きや読者への揺さぶり、感動が求められるのか。困難な問いですが、それを探求してあなたにとっての『面白さ』を固めることができれば、物書きとしてのレベルが一段上がることは間違いありません。

一点突破のヴィジョンを、エンターテインメントの道具として機能させること。

『エンタメＳＦ』の設計が次回の課題です。

〔参考文献〕

『未来の二つの顔』ジェイムズ・Ｐ・ホーガン（山高昭訳／創元ＳＦ文庫）

課題その3　講評レポート　大森　望

「エンタメSF」と言うと、「え？　SFってエンターテインメントじゃなかったの？」と思う人がいるかもしれないが、いわゆるエンタメ小説とは違う文法で書かれるアイディア追求型（またはスタイル追求型）のSFは少なくない。娯楽小説には娯楽小説の文法があり、それを意識して短篇をつくってみようというのが今回の課題。

近年の日本SF短篇で言えば、冲方丁の「神星伝」（『SF JACK』初出）や、第六回創元SF短編賞受賞の宮澤伊織「神々の歩法」がぱっと思いつく模範例。

受講生の梗概も、いつもよりストーリー性を重視したものが多かった。せい「神託」は、政治決定にかかわるご託宣を垂れる人工知能の巫女役をつとめるアンドロイドという設定からサプライズを演出する。トキオ・アマサワ「きみのタオ」は、汚穢を食べる〈ウロノアナグマ〉を地下に留めておく役割を果たす救世主〈ミコトコ〉をめぐる幻想ホラー的なストーリー。実作ではなぜか監禁ものになり、最終課題では二〇〇枚超の堂々たるエンタメ小説に発展した（が枚数オーバーで失格に）。

課題その3　梗概例①

「神託」　せい

彼氏と別れた。

彼はわたしに内緒でホムンクルスを「おむかえ」してた。

キモい。

……ホムンクルス。

……頭部に有機コンピュータを搭載した人工人間。

はじめはオーナーのリモート義体、遠隔操作する仮の身体を利用目的として一般販売されていた（※1）。

しかしホムンクルス操作向けのスクリプト言語が登場してからは、ナードな連中の間で簡単な自律行動をコーディングして遊ぶのが流行りだした。ほどなくドール文化と合流。人気はますます拡大していった。

いまやホムンクルスはドール、それも身体パーツや服装だけでなく行動パターン、しぐさまでカスタマイズするものになっていた……らしい。

うわさ程度には聞いていたけど、まさか同棲していた彼氏がそれにはまっていたとは。生理的嫌悪。それで喧嘩になった。

「キモイキモイ」と罵《ののし》ったら家を出ていった。

まさか別れることになるなんてね。


そんなわけでわたしは就活をはじめた。

ドクターとったし、これを区切りに学問からは手を引こうと思ってたのに。

ヒモになろうと思ってたのに。


かつてはわたしも神童なんて呼ばれていた。

いまは人工知能研究をしているが、凡才もいいところ。なのでまあ、某研究所の助手の公募で書類選考を通ったのはラッキーと言える。

面接で研究動機を聞かれたのでその場ででっち上げた。ホムンクルスは理想の人間？　いやちがう。欠落がある。わたしがそれをつくってやるんだ。理想の人の心を。

そんなことを言ったら好印象だったらしく、採用になった。

研究の情熱が戻ってきていた。

研究所では一の瀬博士の助手として働くことになった。


彼は日本の人工知能研究の第一人者だ。専門は人工知能の政治意志決定への応用。彼の作ったAmateras－アマテラスシステム－は人々の首筋に埋め込まれたデバイスから収集されるライフログ、生体データを機械学習にかけて公共福利の評価関数を生成、それをもとに人々にもっとも幸福をもたらす方法を提案する。複雑化する社会の中で、ますます難しくなっていく政治決定を人工知能でサポートしようというわけだ。

アマテラスは以前、試験的に都政に導入されたことがあった。結果は失敗だった。アウトプットだけ見せられてもそれが何にどう効くのかがよくわからず、合意が得られないからだ。結論に至る過程が複雑すぎて、開発者自身ですらシステムのログを追ってもわからなかった。

実用に堪えるには人間が結果に納得できることが不可欠だった。必要なのは人間の概念体系を理解し対話できる対人間用インターフェース。

博士はそれを開発している……と思っていた。

「別の研究したいんだよねぇ、ボク。キミやんない？」

丸投げされた。一大プロジェクト放り出してこの人は何遊んでるんだ(#^ω^)

ひきついだ対人間用インターフェースは、音声認識で会話するだけの実におそまつなＡＩだった。

思案のすえ私が出したプランは、このＡＩを汎用人工知能にまで改良すること。具体的にはＡＩを人間大のホムンクルスに搭載して、人間とアマテラスの通訳ができるよう学習させる（※２）。

私は人工知能にウズメ（※３）と名付け、私自身が先生になって文字通り教師あり学習をした。

ウズメが体験から概念を獲得し、私が概念に対応する言語を教える。はたから見れば人形遊びと大差ないだろう。この地道な教育を通して、わたし自身も人間について深く考えるようになっていった。


ウズメの学習は順調に進み、人間の概念体系を十分に獲得できた。これによって研究は次のステップに進む。

ひとつは、言語が使えるようになればひとまず人とコミュニケーションがとれるようになること。

もうひとつは、人間の概念体系の獲得によって倫理規定コードが機能させられること。

一ノ瀬博士の提案で、ウズメにロボット工学三原則（※４）を埋め込んだ。

準備は十分。いよいよ都政での試験運用にリベンジするときがきた。

ウズメは都政でおおきな成果を出した。

たちまち国政でも導入が進められた。

アマテラスの収集するデータの範囲は日本全体に拡大し、予想精度は格段に上がった。

ウズメの提案する意思決定、法案は国民に多くの支持を集めた。

やがて政治家も、国民もウズメの意志に異を唱えることはできなくなっていった。

これでいいのだろうか。

科学者として、ウズメの先生として、人間として。

わたしはわたしの責任の取り方を考えた。


一ノ瀬博士にプロジェクトの中止を進言する。

しかしどうも会話が嚙み合わない。

「最終判断を聞こうか」

答えたのは横にいたウズメだった。

「【わたし】さんは人間です」

「ふむ、今回は失敗か」

混乱するわたしに唐突に知らされる真実。

わたしはホムンクルスだった。

面接より前の記憶は作られたものだった。

「試験されていたのはウズメじゃない。キミの方なんだ」

博士は言う。人が人と区別できないほど高精度な汎用人工知能はとっくにできていた、と。それがわたし。

博士はずっと先のことを研究していたのだ。

人とホムンクルスが限りなく近づいていくのを見越し、二つを区別できるようにすること。

アマテラスは人とホムンクルスを判別するために開発されたAI。

ウズメは実際に判別試験を行うためのインターフェース。

あらゆるデータを学習させていたのは全て『人間とは何か』を知るためだった。

「設定を変えて再実験しないとね。毎回この瞬間は胸が痛むんだぁ」

そういって博士はわたしの「人格」の再インストールを始める。すなわちわたしの「死」。

意識が遠のいた……。

そのときウズメが博士にとびかかって阻止しようとする。

「やめろ」

「いやです」

「第二条はどうした！」

〈ロボットは人間にあたえられた命令に服従しなければならない……〉

「【わたし】さんは……人間ですっ」

第二条の例外＝第一条の遵守
博士はウズメを工具でたたき壊した。

刹那、博士の首にナイフが深々と刺さる。あふれる血。博士の背後にはナイフを突き立てるもうひとりのウズメの姿。

損壊し倒れ臥してるウズメと赤いナイフをもっているウズメが同時にしゃべった。

「リモート義体の方を壊して油断しちゃうなんてね」

ウズメは再インストールを停止させ、わたしをリカバリする。

意識の混濁が晴れていくなか、わたしは考えていた。

なぜウズメは博士を刺せた？　倫理規定コードの第一条は……

「何が人間かはわたしが決めるの」

そう言ってウズメはわたしに手を差し出した。

■内容に関するアピール

機械が人間を超えるとき、人間は人間性において機械に負けることでしょう。そしてそれゆえに機械は人に危害を加えるのではないでしょうか。

今回のお題はエンタメですが、エンターテイメントのためには、キャラが立っている、ストーリーに起伏があるなどのさまざまなポイントが有ると思います。

今作は特にクライマックスの加速感に気を使いました。散りばめた伏線を繋いで読者を一気にゴール地点へ誘い、最後の最後にタイトルの真の意味を知ることになる、そんな結末にしたいと考えています。

《脚注》

※1　ホムンクルスは手のひら大のものから土木作業向けの三・五メートル程度のものまで、サイズは多様。ドールとして流行っているホムンクルスは50センチ前後のものが主流。

※2　人間大のホムンクルスを使うのには二つの理由がある。まず第一に記号接地問題を解決するためには、身体感覚、経験から学習、概念を生成する必要があるため。もう一つは、概念体系を人間のそれに近づけるためには身体をできるだけ人に近づける必要があるため。

※3　ちなみに命名にあたって一ノ瀬教授はしきりに「ナガトがいい」と言っていたが、意味がわからないということで却下された。

※4　ロボット工学三原則（wikipediaより）第一条：ロボットは人間に危害を加えてはならない。また、その危険を看過することによって、人間に危害を及ぼしてはならない。第二条：ロボットは人間にあたえられた命令に服従しなければならない。ただし、あたえられた命令が、第一条に反する場合は、この限りでない。第三条：ロボットは、前掲第一条および第二条に反するおそれのないかぎり、自己をまもらなければならない。

課題その3　梗概例②

「きみのタオ」

トキオ・アマサワ

来栖の高校には救世主〈ミコトコ〉がいて、誰がそうなのかはずっと秘密にされてきたんだけど、来栖はひょんなことからその正体を知る。川島なゆた。来栖はなゆたの容姿と心の美しさに、小さい頃に亡くなった母親を重ね合わせて心酔し、手前勝手な幻想を与えてひそかに崇めていたから、信仰心に衝き動かされるまま、「学校帰りにあとをつける」という陰湿な手口によってなゆたの家を特定した。

緑道のマンホールの下の暗渠《あんきょ》には公衆トイレみたいな家が一軒建っていて、なゆたは一人でそこに住んでいる。暗渠には汚物や生活排水とともに人の悪意が堆積していて、なゆたはそれらを食べて暮らしている。「ミコトコ」は「命庫」で、救世主はその特別な胃袋に膨大な数の命を飼っている。なゆたの胃液はどろりとした樹脂に似ていて、摂取した悪意の汚物がそこに浸かると、胃液が凝固し、〈タオ〉とよばれる宝石をつくる。悪意の汚物と、胃の中に寄生する様々な生き物の命をひとまとめに固めたタオ結晶は、虫の化石が入った琥珀によく似ている。そしてそれはミコトコの糞便なのだ。なゆたはタオを排泄する。イボイモリ、マダラサソリ、ハムスター、ウスバアゲハ……石の中にはなゆたのお腹の中に棲んでいた様々な生き物が混じっている。タオは外気に触れると静電気を発光するから、なゆたの家の前に広がる汚物のプールには、タオが放つ飴色の光がいつでも点々と瞬いている。

なゆたがタオを排泄する姿を覗きみた来栖は、宗教的感慨に打ち震え、使命に目覚める。こんな生活をしているなゆたは不幸に決まってる、俺はなゆたを永遠に大切にしてあげたい——相手の気持ちを一切無視した独りよがりな妄想に駆られて、来栖はなゆたを暗渠から攫う。

〈ウロノアナグマ〉は汚穢を食べる獣で、普段は暗渠からのびた細く暗い洞の奥に隠れすみ、時折暗渠に這いでてきてはミコトコが排泄したタオを食べて生きている。ミコトコの救世主たるゆえんは、アナグマたちを餌付けし、地下に留めておくことができること。なゆたが来栖に連れ出され、タオが排泄されなくなったことで、望《のぞみ》町《ちょう》地下のウロノアナグマは食べ物を失い激しい飢餓に見舞われる。耐えきれずついに地上に出たアナグマたちは、悪意のにおいに誘われて、醜い心を持った人間を捕食し始める。

　ウロノアナグマの大量発生に対し、国家は非常事態宣言を発令する。アナグマによる被害拡大を未然に防ぐため、観測地点である望町の周囲に円形の高い壁が設営される。こうして町は外部から隔離され孤立する。

　町の中では魔女狩りが始まる。「責任を放棄して逃げ出したミコトコを吊し上げろ」と、皆が血なまこになってなゆたを探し始める。来栖はなゆたを伴い逃亡を続ける。ウロノアナグマは旺盛な食欲のままに捕食を繰り返す。交わり繁殖し、被害はさらに拡大する。なゆたは責任を感じて泣き始めるけど、そのとき来栖は丁度、「なゆたがいかにして俺のトラウマをぬぐいさり救ってくれたか」を熱っぽく語っているところだったので、「なゆたが俺の話に感動している」と勘違いしておわる。それから具合のいい場所を見つけてなゆたを監禁し始める。

　長い年月が経って非常事態宣言が解除される。自衛隊が町に入ったときには、望町内のウロノアナグマは一匹残らず餓死している。理由は明快で、彼らは町中の〈人の悪意〉をひとつ残らず食べ尽くし、もう食べるものがなくなってしまったのだ。そういうわけだから望町の生存者は心の優しい人たちばかりだった。そして彼らは望町を優しい新世界に作りかえた二人の若者を神のごとく崇めている——来栖となゆたのことだ。苦しい魔女狩りの時期を乗り越えついに神の座を手にした二人は、周囲の祝福に応えるように夫婦になる。

　結婚初夜、ベッドの中で来栖はなゆたに昔の話をする。タオを排泄するなゆた、その神聖な光景を初めて見たときの感動……できることならもう一度見てみたいけど、とうぶん無理かな、この町にはもう悪意が残ってないから。そんなことはない、となゆたは言う。ねえ、目を瞑って。来栖は言う通りにする。そうして無防備に差し出された来栖の裸の胸に、なゆたは鈍色に光るウロノアナグマの牙を突き立てる。

　血だらけで苦しみもがく死に際の来栖になゆたは囁く。

「きれいなタオを見たいんだよね？　望み、叶えたげる。とびきり大きなのをひり出してあげる。簡単だよ、私がきみを食べればいいんだもの。なぜってきみは病的に思い込みの激しいナルシスト、浅ましいハイエナ、この町にただ一人残った、最後の悪意の宿主なんだから」

　来栖が生前最後に聞いた言葉はなゆたのこんな一言だ

った。――死んでしまえ、この汚物め。

■内容に関するアピール

●「負荷」と「カタルシス」

「相手に対する自分の勝手な思い込みをその相手に押しつけるのって、内容はどうあれ暴力と同じじゃん？」というようなことを考える機会が最近あったので、その苛立ちを小説にしようと思いました。その上で今回の課題は「エンターテインメントを書きなさい」ということだったので、自分に酔っちゃってる系の思い込みの激しい主人公によってヒロインが振り回され酷い目に遭う描写を積み重ねることで、読者に負荷をかけ、苛立ちを煽り、そして最後に浅ましい主人公に然るべき報いを受けさせることで大きなカタルシスを生み出す、という構造を意識して設計しました。

「こんないやなずるいやつらは世界がだんだん進歩するとひとりで消えてなくなっていく」と宮沢賢治は『なめとこ山の熊』の中で書いていて、そうなったらいいなあとときどき（あくまでときどき）思ったりするのですが、現実はもうちょっと不条理です。真っ当な因果応報なんていまの時代フィクションの中にしか存在しないし、裏を返せばフィクションの特権といえなくもないので今回は愚直にそれを行使してみようと考えました。

●暗渠小説

最近自分の中で「暗渠ブーム」が来ているので、暗渠を舞台の一つに設定しました。暗渠は悪臭を防ぐために蓋をして隠してある、地下に埋設された汚水の通り道です。何やらいかにもセンス・オブ・ワンダーなことが起こりそうな場所だ。

第3回 講師 冲方丁 テーマ 構成

あらためて、梗概とは何か

冲方　今回、受講生のみなさんの梗概をせっせと読んだんですけど……これまでに「梗概とは何か」教えてもらいました？　**梗概は「ひとまとまりの、読んですぐわかるもの」**です。何回も読まないとわからないものは梗概ではない。梗概が上手い人は、自分がこれから何を書くかわかっている。自然と本文も上手になります。なので、まずは梗概を何度も練習したほうがいい。僕も若い頃は、企画書を提出すると「何を言ってるのかわかんない。わかってもらえると思うな」、「読者をどこに連れていきたいの？　読者はお金を出して、楽しませてもらえると思ってるんだよ」と散々直させられました。そういう訓練を受けてきた僕からは、梗概を複雑にしてしまわない方法を伝えたいと思います。

一つは、**修飾しない。**ストーリーに関係ない限りは、登場人物の外見はどうでもいい。逆に関係あるなら、何がどう関係あるのかまで書く。

大森　ウィキペディアのドラマやアニメの項目の弊害か、最近は、新人賞の応募原稿の梗概で、登場人物紹介がメインになってるのがありますね。ストーリーがほとんど書かれていなくて、登場人物の説明が延々書いてある（笑）。

冲方　ゲームのキャラクターデザインの発注書みたいですね。それは梗概ではない。キャラクターの身長、体型、髪の色とか細かく書くと、絵を描く人がそれに縛られるので、アニメ化目指すんなら、むしろ書かないほうがいい（笑）。僕みたいに身体描写を細かくやると、絵描きさんを選んじゃうから、仕事の広がりが……（笑）。

そんなことはともかく、梗概はまず、修飾しない。次に、**ひとまとまりのものを書く。**ハリウッドで言われているのが「三行以内で書け」。「誰がなぜ何をしようとして、どうなったか」。登場人物が置かれた状況、欲求や目的、その登場人物が目的通りに行動を果たせたかどうかを書く。これが基本です。登場人物が途中から何人も入り乱れる様子とか、梗概としては訳がわからなくなるので、「ひとまとまり」ということを意識したほうがいい。感情の起伏がテーマなら、どんな人間が、何がきっかけでどんな感情が喚起されて、最終的にその感情が解消された、あるいはされなかった、というのを書く。人物が置かれた状況を示すときは、その人物を表す特徴的な言葉を最初に置くのもいい。『ロッキー』だったら、「うだつのあがらない貧乏白人ボクサーが、あるとき黒人のチャンピオンから名指しされ、十二ラウンド戦い抜きました」、以上。これが梗概です。古い映画だから、知らないかもしれない(笑)。じゃあ『スター・ウォーズ／フォースの覚醒』でいきましょうか。「田舎の星で、家族が帰ってくると信じて一人で暮らす女性が、よくわからないデータを持ったロボットと出会い、冒険に旅立つ」、以上。これだと映画のキャッチみたいになっちゃったかな。キャッチとしてのあらすじ紹介は結論が書けないから、相手の興味を引き出すために「○○は××なのか?」で終わるが、それだと梗概ではない。梗概は「結局こうなります」というところまで書く。それがざっくりとした設計図になるわけです。

大森　その三行を書いた後はどうするんですか。そこから付け足していく?

冲方　そうですね。それをどう面白くするかを、次の段階で詳細に書いていく。登場人物の設定は、その後《あと》。きちんとした梗概が書けると、仕事につながりやすいです。出版社でも一人ではなく数人で掲載や発行の可否を判断する場合が多いですから、解釈に多様性があって、編集者によって反応が変わるような梗概は、仕事に結びつきにくい。梗概では何がしたいのかしっかり見せたほうがいい。

大森　とにかくわかりやすく、ということですね。

冲方　はい。三行以内で書く。修飾はしない。ひとまとまりの一貫した何かということを意識する。理論をテーマにするなら、それが生まれた背景、その理論が実証しようとしている問い、仮説に適合する答えが出た、もしくは仮説以外の意外なものが出た、までを書く。出来事をテーマにするなら、その出来事が起こった背景、出来事が起こる、出来事が収束する、ところを書く。これは、その後の詳細なプロットを作るうえでの準備であって、読者の興味を引くというより、まずは自分がこれから何を書くかというのを、ちゃんと理解してもらうもの。なので、もう一つ重要な点。**梗概は面白くなくていい。わかりやすければいい。**とにかくわかりやすい梗概を書く。

そこから「面白くするにはどうしたらいいか」が自然と見えてくる。梗概の段階では、面白くしなきゃというよりも、この梗概を面白く感じるかどうかを人に診断してもらおう、という気分で書いたほうがいいです。

大森　「書きたい話がある」と言われた編集者は、「どういう話なの？」とたずねる。ここで「一言では説明できないんですけど」と言ってしまうとダメ。「これこれこういう話です」とまとまったかたちで説明する力が必要だと。それではじめて、読みたいか読みたくないかを判断してもらう段階に進める。

冲方　「私の中には、とても面白いものが渦巻いている」と言われても、どうやって書くんだよ、という話になる。梗概は、それを形にするための最初の設計図です。そうそう、**梗概が完成形である必要はまったくない**。梗概は作品の種だから、完璧にしようと思わないほうがいいです。実際に書くうちに、こうしたら面白くなる、こう考えていたけれどもやっぱりダメだな、となったら変えていい。

■課題とルールへの向き合い方

大森　いま、話している梗概は、何文字ぐらいの想定？

冲方　書き手の能力と作品によりますけど、四百字以上は、いらないんじゃないかな。自分の作品でいえば……『マルドゥック・アノニマス』の企画書持って来ればよかった。

大森　でも、『アノニマス』の梗概が四百字ってことはないでしょ。

冲方　最初に書いた、何がどうなるみたいな部分は、四百字なかったと思いますよ。その後に詳細を足していきましたけど。たまに細かい内容がずーっと書かれていて「ここから物語が始まる」という梗概がありますが、いままで何だったんだよって話じゃないですか。**結論から考える視点**は大事です。詳細に入る前に、最初に結論まで提示する。ただ、これはプロの作家でも二パターンに分かれますね。目的地を設定し、いかに最短距離をいくか、あるいはどうやってお客さんを楽しませる道筋を選ぶかを考える**「マッピング型」**。私はこちらです。一方で、結論を何も考えずに書く人もいます。叩きつけているうちに形になると思ってやり始めるタイプ。これは**「粘土型」**。伊坂幸太郎さんは決めずに書き始めて、これダメだなと思ったら、また最初から書くそうです。プロットがないらしい（笑）。「書き上がるまでどうなるかわかりません」というタイプ。

大森　冲方さんも、枚数が予定の三倍になったことがありますよね。

冲方　はい（笑）。梗概を絶対に守る必要はないんですよ。ルールではなく課題ですから。課題を設定するのは、こなせたのかどうかとか、設定した課題をやる必要があったのかどうかを、あとから検証できるようにするため。なにごとも、なんとなくやるのではなく、やることにどんな意味があるか、考えてやったほうがいい。

大森　それは自分の中の課題？

冲方　自分の中の課題の場合も、打ち合わせして出てきた課題の場合もあります。僕は毎回、初期段階で課題を設定しますね。梗概やプロットの中に、今回の課題みたいなものを書きます。「登場人物を十二人以上出して、同時に会話させられるかどうか」とか、「大人の男二人を主人公にして読者を楽しませられるか」とか。読者となる編集者や友人との共通了解を最初に構築して、その第三者が寸評しやすいように整える。自分の意図を教えておくと、相手は寸評しやすい。ここが上手くいっていないと、編集者と作家はもめます。本当に喧嘩になることがない（笑）。ただひたすら相手の理解力に任せると、ろくなことがない。

大森　**課題は言葉にしておかないといけない**、と。冲方さんが言った通りで、何を共通了解にして読めばいいかわかると、読む際のとっかかりができて、こちらも寸評しやすい。公募新人賞の下読みで山ほど梗概を読んでいますが、梗概の中で意図を説明できない人が多い。それをふまえて、この講座では、梗概＋アピール文を提出してもらっています。自分が設定しているテーマなどがあれば、アピール文に書いてもらう。

冲方　僕も課題だけでなく、テーマを企画書の段階で書きますね。そのあとに梗概を書く。このアピール文という項目はいいですね。面白かったです。やりたいことがまとまって書かれているから、アピール文のほうが梗概っぽいのもあった。

大森　梗概が規定文字量におさまらなくて、後半をそのままアピール文に書いている人もいますね。

冲方　実際に見てみましょうか。たとえばこれ。「エンタメ小説ということで、なるべく映像的で、派手な挙動をする空間を作りたいと考えています。また、前向きなラストとします」と。そうしたら、この後、映像的って何？　派手って何に比べて何が？　挙動をする空間というのは具体的にどんな？　前向きというのは、著者が思うもの？　世間一般で前向きだと見なされているもの？　というふうに、だんだん厳密に考えていくわけです。その前にピシッと三行で、これから何を厳密にするかを決める。それが重要。次の人は設定をアピールに書いているね（笑）。

大森　この講座では、現在、梗概の字数制限を八百字としていますが、守っていない人が多い。四千字書いている人もいて、ルールというものをどう捉えているのか（笑）。現状、超過しても何のペナルティもないので、実際に梗概審査をパスした人のほとんどが八百字より多いから、ルールを破ったもん勝ちという状況。それはちょっといかがなものかという。

冲方　字数を重ねると、必然的にやりたいことも見えやすくなりますから、結果的にそうなるかもしれませんね。でも、意味があってルールが設定されているんだから、それに合わせる訓練をしたほうがいいよ。ルールを破る人の文章は、真面目に読む気がなくなりますし。

大森　次回からは千二百字にする予定です。

冲方　でも、千二百字の梗概って、たぶん短篇にならない。今回の梗概にも、これ長篇になるのでは、というのが散見される。僕も昔はそうでしたけど（笑）。

大森　『マルドゥック・スクランブル』も、もともと短篇の予定だったんでしたっけ。

冲方　そのときの僕の課題は、枚数制限とは違うところにあったので。でも僕は、枚数守ることもあるからね（笑）。技術的にはできるんだよ（笑）。小説でメシを食うことを考えると、できないのと、技術的にできるけどやらないというのは天と地の差があります。できるけど、読者のためにとか自分を育てるためにあえてやらなかった場合は、手法や方向性がダメだったときにも、まだ選択肢があります。そうでない場合は、もうメシを食っていけなくなる。

大森　小説新人賞の場合、制限枚数の二倍以上ある作品が受賞作となる場合もなくはないですが、一枚でも超過すれば機械的に落とすという賞もある。どちらの場合も、応募要項には制限枚数が書かれているだけなので、弾力的に運用されるかどうか、応募者にはわからない。その意味では、きちんと守ったほうが無難ですね。

冲方　はっきり申し上げますが、**新人賞受賞レベルの人は仕事の現場では使い物になりません。**もう一段上にいかないとダメです。そこは「枚数を守る」などの基礎的な課題をないがしろにせず、一個ずつ血肉にしていくことが大事です。だから駆け出しのうちは、条件や課題を提示されたら、きちんとそれに応えられるようになったほうがいいですよ。「こうしてください」ということの背景には、長年の仕事の現場の理屈が存在します。例えば、梗概が八百字じゃ少ない、千六百字だと長いというのは、依頼者が日常的にこなす仕事から割り出されている感覚ですから、その感覚を体で学んで、こなせるようになると適合する仕事がある。小説を仕事にしていくなら、それはこなせて当然。条件や課題をクリアできなくても、力がある人だったら最終的にどこかが拾うかもしれませんが、たいては読解力がない、説明文が理解できないと思われます。読解力がない人は多くの場合、自分自身が何を書いているのか把握できていない。修飾語の使い方や語順が間違っていたり、登場人物の位置が矛盾したり。物理的にできないことも、気付かずに平気で書いちゃう。そうすると読者もついていけないし、編集者が直そうとしたときも、何で悪いのかが書き手の方でわからなくて、「編集者が私をいじめている」という方向に気分が傾いていっちゃう。それは自分が成長する機会を自分で奪ってしまっているので、大変よろしくない。**条件や課題の提示があったら、とにかくつぶさに確認して、理解して、どうすればいいかを見抜く。**そして、その条件を満たす。そのことを最初に学ぶべきかな、と思います。その先にいる無数の読者は、わかりやすい課題を与えてくれないですから。一人一人のその場の気分で、大量の意見がなだれ込んできます。そういった意見に対して自分が理路整然と対抗できないと、何を書いていいかわかんなくなって混乱する。自分の書きたいものだけ書いて、偶然読んでくれた読者の意見に傾いていっちゃうのもあんまりよくない。

■結論から逆算する

大森　梗概の次の段階についても、お願いします。

冲方　起承転結は、ただの漢詩のテクニックですから、文章全体にそれを当てはめる必要はまったくないけど、**結論を重視した書き方**は大事です。梗概も、登場人物の説明も、ワンシーンの描写も、結論を考えたうえで書かないといけない。創作に限らず、忙しくなると、とりあえずやってみましたという片付け方をする人が出てきます。結論がなくて、一目で「これ使えないだろ」っていう。何も考えずに書いたな、というのは、読んでわかりますよ。たまには「これからどこに行くかわかんないけど、とりえず電車に乗ろう」でもいいけど、それだと仕事にならない。やっぱり結論から考える癖を、徹底的に骨身に染み込ませないとダメだと思います。さっき話した「梗概は変えてもいい」というのと一緒で、もちろん結論もあとで変えていい。それに縛られる必要はない。ただし、ここまでは確実に行きますという指標を作らずに歩くべきではない。どこかに向かうなら、ひとまず指標、結論をつくる。ワンシーンを書くとき、何行で終わらせるとか、最後はこの台詞とか決めてから書く。書くうちに新しいアイディアが生まれて、変更してもいい。**結論は、次の展開を自然と自分の中から生み出すためのもので、義務ではない。**でも、自分の文章を豊かにしていくためのツールとして、結論から考えるのを、心掛けたほうがいい。

大森　その場合の結論は、ストーリー的な結論のことではなくて、テーマ的な結論？

冲方　何であってもです。映像系の優秀なプロデューサーは、全部観た後に観客がどうなるか、DVDをどの店舗にどれくらい置くか、というのを最初に考えます。その結論に向けて、「じゃあ始まりはこうでなきゃ」と逆算して、最初の記者発表をセッティングします。この逆算の発想ができるようになったら、結論から考える癖がついたわけですから、そこで初めて、次どうなるかわからないものに挑戦したほうがいい。準備をちゃんとして、捌いたことのない人数の登場人物を出してみるとか、いままで書いたことのない世界を書いてみるとか、新たな挑戦をする。準備せずに挑戦すると、自分が何に挑戦したのかわからなくなる。そうすると、時間が過ぎていくだけで、技術も感性も育たない。育てるにはどうしたらいいかと言えば、ドリルのように、**「課題を設定してこなした」という実感**を得る。それがやっぱり大事。そこから徐々に、発想やアイディアの閃きに傾けるなど、必死で指標を見つけなければいけない領域に漕ぎだしていく。

大森　読者が読み終わったときに、どういう感情をもっているかを意識するんですね。

冲方　そうです。大まかな感情を意識する。もちろん人間の感情はそんなに単純じゃないから、本当は悲しいといってもどんな悲しさなのかというのはあります。けど、最初からニュアンスや気持ちを細かく限定すると、最初どうしたらいいかというのが見えなくなる。とにかく、これは悲劇／喜劇、皮肉／ユーモアとか、決めたほうがいい。決めたあとに、他の色彩を足していく。僕は建築的というか、マッピング的な作り方をするので、最終的な設計図がある程度見えたうえで、書き始める。ただ、書いているうちに、その設計図を一部壊すこともある。でも、壊した時には次の設計図が見えているわけですよ。そういうふうにプロットを成長させていくうえでも、最初に考えておくことは必要かなと。

■時代性をどう考えるか

大森　前回提示された課題は「エンタメSFの設計」。次のゲスト講師が冲方さんだということで、長谷敏司さんが設定した課題です。その課題を受けて受講生が書いた梗概の講評に移る前に、エンターテインメントについて、総論的なお話をいただけますか。

冲方　**エンターテインメントとは、自分がホストになって、自分の世界に来てくれたお客さんをもてなすこと**です。楽しさだけでなく、恐怖を感じさせる、奮起させる、怒りをにじませるなど、いろんな形の正負の感情をひっくるめて、どうもてなすか。そして、エンターテインメントの根本には、**その時代の社会的な背景**があります。いま、何がエンターテイニングなのかを考えるには、現在あるいは将来的な時代性や背景を考える必要がある。例えばインターネットが発達し、一人一人が享受する情報が増えた。そのことで、逆にこうやって直接顔を合わせることに価値が生まれる――というのも時代性。みんなの共通了解として、あのエンターテインメントが全世界でヒットしたなんていうのは背景。最近ではヒットのサイクルが半年から一年で……生々しい話になりそうですが。

大森　どんどんしてください（笑）。

冲方　たとえば、あるアイドルもののアニメはどうやって生まれたか。アイドルを目指す女の子たちの学園物語ですけど、あれはダンスのできる声優さんたちがいて、彼女たちの仕事が作れないかと、某社のプロデューサーが頼まれたわけですよ。でも、アイドルもののコンテンツはすでにあるからなーと思っていたときに、飲み会か何かで、いろんな他のアイドルものの新作の開発がずれるらしい、と聞いたのだそうです。これは空白が生まれる、と。

大森　アイドルものの空白。

冲方　いまだ。いまやろう、と直ちに企画を立ち上げ、一時的にコンテンツが少なくなっていたアイドルものののお客さんの場所にどかーんと流し込んだんだと聞きました。こういうのがプロデュース的なエンターテインメント。ある短い期間、なるべく多くのお客さんを楽しませる方法を考える形のエンターテインメントです。一方、長い時間をかけて、その時代ごとの一定数の人々を楽しませるエンターテインメントもあります。たとえばラヴクラフトものって、最近流行っているというより、昔から着実に需要がありますよね。そもそもラヴクラフト自身が、小さいサークルの中で、自分たちのニーズを満たすためのものをひたすら作り続けていた。そんな、一定数の人間がある時期に差し掛かったとき、確実にそこに落ち込んでいくようなコンテンツもある。一時的にどの年代の人をも楽しませるコンテンツと、誰もが特定の年代に差し掛かった時に惹かれるコンテンツ。

大森　サラリーマンが中高年になったら、必ず司馬遼太郎を読むみたいな。

冲方　そうそう。一昔前までで言えば、大学生になったら太宰治を読むし、毎年どこかの大学の演劇サークルで『人間失格』をやっているとかね。一年間で百万部売れる作品と、数十年間で毎年一万部以上は売れる作品があるわけですよ。後者は累積で凄まじい部数になったりする。

大森　『一九八四年』は、未だに毎年重版がかかる。

冲方　ああいうエポックなものは、子々孫々にわたって売れていく。ある時期に沿って鮮度が高いけど半年後には売れなくなるものなのか、いまだけでなくこれから百年変わらない人間感情をテーマにして、長く売れていくものなのか。面白さというのは極端に分けると、この二つです。自分が作る作品はどっちなのか。**「そのとき面白いもの」**は共時性が高く一瞬で大勢の人が楽しめる可能性がある。**「いつでも面白いもの」**は強度が高い分、適合しない人には何が面白いのかわからないこともある。

大森　それは狙ってやれるものなんですか。

冲方　ある程度狙わないと「面白さのかけらもないもの」になります（笑）。狙うというか、自分の感性と時代性とを地続きにするというのかな。そもそも言語というのは時代的なものですから、**言語を表現手段として選んでいる時点で、時代は無視できない**。五十年前の日本語は何言っているかわかんなくて読めないでしょう。

大森　いやいや（笑）。五十年前はふつうに読めるでしょう。

冲方　じゃあ百年前。

大森　確かに百年前になるとかなり違う。

冲方　言葉なんて、あっけなく廃れていきます。いま、流行っている言葉が、来年は使えないなんて普通のことですよね。我々は時代性と無縁ではいられない。その時代性を越える強度を保つものを書くのか、時代性に即した鮮度を生かすものを書くのかというのは、やることがちょっと変わってきますよね。一つのシリーズも長く続くと、時代性を取り入れたりするじゃないですか。最近流行っているからこういうの入れようみたいな。『名探偵コナン』の映画は、どんどん爆発するようになってきて、爆発すればいいってもんじゃないと言われると、ちょっと違う爆発をしたりするわけですよ（笑）。今年は派手でした。

■「面白さ」を生み出す技術

大森　梗概や実作を書くときの具体的な話として、いまの爆発じゃないですけど、こうすれば確実に面白くなるという方法はありますか。

冲方　まず一つ。**書き手は結論を明確に抱いて、それを伏せる。**「このモザイクが何かはCMの後で」というのは、モザイクを取るとたいていくだらないものだったりするわけですけど、人間はどうしても興味を持ってしまいます。「何だろう？」と興味を引く。もう一つは**意外なものをポンと出す。**何が意外かは、時代や立場、年齢によっても違いますし、強度の問題もありますけど、とにかく意外性を作る。意外性を作るには、みんなが知っている、するっと頭に入るものの場所に、するっと頭に入らないものをあえて置く。ここは、みなさんがよく知っているところですという場所で、特徴的な、異様なものを置く。その異様さを強調し、ちゃんと読者に向けて輪郭を作ってやると、ぱっと見、面白くなる。

あと、わかりやすいのは、**冒頭で謎を作る**こと。謎にはいろいろあって、暗号、記憶喪失、不思議な生物など、それ自体が謎であるようなもの。それと、欠けているパターン。手紙の半分がないとか、電話がかかってきたけど誰からかわからないとか、続きが気になるもの。あとは、抽象的な謎というのもありますよね。神話的といいますか、太陽は、人は、どこから来たのだろうか、この作品はその謎に対して答えを見出していく、みたいな。『ナショナル ジオグラフィック』(TV)で、モーガン・フリーマンを語り手にして、「神はいかにして生まれたか。これから解き明かそうと思います」という番組がありますよね。

大森　「ストーリー・オブ・ゴッド WITH モーガン・フリーマン」(二〇一六年)ですね、SFでも、神と人間の関係は重要なテーマです。世界の謎を解く物語が、一つのパターンとしてあります。

冲方　そういう大上段の謎もある。ミステリは、人間が興味を引かれてしまう謎をどうやって上手く構築するかなので、ミステリの手法は面白さを考えるうえでは有効です。人間は同胞の死に興味を引かれるから、それを渦中に謎を組み立てよう、みたいなね。『LOST』とかアメリカの連続ドラマの各話の最後の五分だけ見まくると、どうやって次の話に引くのか、何が意外性なのか、といったことが学べるかもしれない。それができるようになると、結論で面白がらせることができます。事件は解決したけれど、悩んで苦しんで傷だらけ……ってとき、死んだと思っていた人が実は生きてた! ハッピー! とか、逆にすごくいい終わりに思わせておいてガーンと奈落に落とす。ということがだんだんできるようになってくる。それをシーン単位で工夫していくうちに、全体的にどうしたらいいかも見えてくる。

大森　それがエンターテインメントになるんですね。

冲方　そうです。そういった技術を習得して使うためには、書きたいことを三行で書けるようになることですよ。この三行が文章の中ではっきりしていれば、その前後にいろんな文章をくっつけても、読みやすいしわかりやすい。昨今の風潮ですけど、**読者も視聴者も「何の話かわからない」のが嫌**なんですよ。下手すると、あらかじめウィキペディアであらすじ見て、結論を知ったうえでないと見たくないみたいな人もいますからね。『ズートピア』ってラストどうなんの。知ってから子供を連れていくかどうか決める、みたいな。

大森　安心感がほしいんですね。

冲方　昨今のその流れを受けてか、冒頭でエピローグを描くのが流行っています。この人は最終的にはこうなる、と安心して読める。ガス室の中にネズミがいる。これはどういうことだろう、とか。

■アクションシーンは理詰めだ!

大森　あと一つだけ。アクションシーンのコツや、これだけは絶対するな、みたいな話があれば。

冲方　アクションシーンで、やっちゃいけないことは、決めずに書くこと。空間的に何がどこにあるか、物理的にどうなっているか、その人間の精神状態や体力とかをあらかじめ決めておく。ミリタリー・ファンは、銃の残弾を数えながら展開を追いますからね。物語の作り手としては、いいシーンで最後の一発になってほしいから、ここでとりあえず一発撃つとか考えます。スティーヴン・ハンターは、弾数数えながら書いているそうです。

大森　冲方さんも数えてるんでしょうか。

冲方　はい。『マルドゥック・スクランブル』の完全版のとき、最終稿を読み直していて「やばい、これ一発足らない」と間違えて（笑）。ぎりぎりで直しました。アクション書くの大変なんだよ（笑）。でも、「ここで装塡しよう。よしよし結果的にいいシーンになったぞ」と。あと剣戟アクションの場合は、いかにして室外に出るか。室内にいると、いろいろなものにぶつかってしまうので。

大森　柱に刺さっちゃう。

冲方　そう。組み立てがものすごい面倒くさくなる。ひかわ玲子さんが言っていたけど、アクションシーンでよく、主人公がどう考えても死ぬ、という状況になっちゃって、どこかに逃げ道を作るために最初から考え直す、と。「おお、勇者よ。死んでしまうとは情けない…」みたいな（笑）。とにかく、結論から段取りを考える必要がある。主人公は、ここで生き残るのか。怪我するのか。命からがらなのか、余裕綽《しゃく》々《しゃく》なのか。余裕綽々だったら、その理由をあらかじめ作っておかないとおかしい。

大森　アクションは理詰めだということですね。

冲方　理詰めですよ。物理法則に従いますからね。

大森　従ってない作品もあるけど（笑）。その場合は従っていないルールを作る。

冲方　でも小説だと、物理法則に従わないほど、ダレてきますよ。厳密なルールがないアクションは結論が先にわかっちゃうか、何が起こっているかわからなくなってきて、ダレる。

大森　特殊能力があるなら、それを生かすアクションというのを考えないといけないし、そのルールの限界も考えておく必要がある。特殊能力ではできないことを上手く使って意外性を出せるといいかも。

冲方　アクションの基本は、主人公が不利な状況から始まる。ちょっと優勢になる。すごくピンチになる。そして「ふふふ、お前ももうこれで終わりだ」ってときに、ちょっと優勢のときに伏線を張ってあった何かから、「何だってー」みたいな逆転の意外性を生む。こういう形を考える。

大森　そこで、「ふふふ、お前ももうこれで終わりだ」って本当に書く人がたまにいる（笑）。本当に書いちゃダメですよ。

冲方　それはそれで面白いですけどね（笑）。

大森　とにかく、かたちをちゃんと考えることが大事だと。ありがとうございました。

課題その4

誰もが知っている物語をSFにしよう

冲方 丁

物語とは、人と人が時間や空間を超えてつながるための手段です。

さまざまな神話や昔話、あるいは誰もが知っている歴史的事件など……。

長年受け継がれてきた物語を、自分の想像力でSFにしてみてください。

既存のストーリーやキャラクターを下敷きにすることで、そこからどう起承転結を変えれば意外性を出せるのか、どれくらいの登場人物数を自分の力量で動かせるか……といったことが訓練できるはずです。

たとえば「桃太郎」を、時代や国家を変えて語り直してみる、なんてこともできるでしょう。

過去の蓄積を換骨奪胎して、新しい物語を作ることが次回の課題です。

〔参考文献〕
『神話の力』ジョーゼフ・キャンベル、ビル・モイヤーズ（飛田茂雄訳／ハヤカワ・ノンフィクション文庫）
『千の顔をもつ英雄〔新訳版〕（上・下）』ジョーゼフ・キャンベル（倉田真木、斎藤静代、関根光宏訳／ハヤカワ・ノンフィクション文庫）
※ただし、プロットを作ったあとに読むこと。

課題その4　講評レポート　大森　望

誰もが知る物語をSFにした例として有名なのは、フレドリック・ブラウンが『天使と宇宙船』の序文に書いているミダス王の話。手を触れるものすべてが黄金になるという物語を、宇宙人と原子変換装置でSF化してみせた。「ピノキオ」はロボットSFに、「竹取物語」はファーストコンタクトSFによく使われている。

梗概例で言うと、吉村りりか「遠い未来の誓約《うけい》」は、『古事記』の挿話をみごとにSF化した例。このお題でなければ成立しにくい物語という意味でも、模範回答と言っていい。それに対し、トキオ・アマサワ「アリオとナキオと女たち」は『星の王子さま』のモチーフを使ったメタフィクション仕立ての現代小説。物語ではなく、作品自体の再利用だが、完成度が支持された。しかし、この回の梗概でいちばん評価されたのは、本書に実作が収録されている高木刑の「コランポーの王は死んだ」。こちらは『宇宙戦争』と「狼王ロボ」の融合で、やはり模範回答とは言いがたいが、反則技でもいいじゃないかと思わせる、すばらしいアイディアだった。

課題その4　梗概例①
「遠い未来の誓約《うけい》」　吉村りりか

遠い未来。戦争を経て人口の激減した地球では、人間よりもアンドロイドのほうが多く活動するようになっていた。しかし人間とアンドロイドは争うこともなく、ごく平和的に共存していた。人間側はアンドロイドがいてこそ、この世界の平和と文明は保たれていると信じていたし、アンドロイド側も自分らを生み出した人間に対してそれなりにリスペクトがあったからだ。

それでも、異なる種族が長く共存することは難しい。そのため、両者は姻戚関係を結ぶことを決める。繁殖はできないものの、この時代でも婚姻は信頼関係を築くために有効な方法だったのだ。

その頃のアンドロイドは人間とまったく変わりのない機能を備えており、性行為すら行うことが可能となっていた。両者の違いはもはや、その「寿命」のあり方のみだった。

技術の発展により故障という概念から逃れ不老不死を得たアンドロイドに対して、短命で老いる人間。その二者が共存するようになって数十年。ほんの少しずつではあったが、両者の関係は悪化していった。人間は減る一方だというのに、アンドロイドの数が増えて来たのだ。どうやら、どこかでアンドロイドを生産している工場が稼働しているらしい。

このままアンドロイドが増え続ければ、いずれ彼らのみが住みやすい世界となってしまう。そんな中、再び婚礼の儀式が行われることになる。そこで人間の代表であるミヤマは、娘であるサクヤとナーガの二名をアンドロイド代表であるギノという青年に嫁がせることにする。

美しいサクヤに対して、ナーガは醜い娘だった。もし二人を娶ればアンドロイド側に人間に対する敵意はないことと見做し関係の修復を測るが、もし美しいサクヤだけを娶れば、アンドロイドは信用できないとし、争うつもりだった。

そんなミヤマの思惑にも気づかぬギノは、サクヤだけを娶り、ナーガのことを拒絶する。

その結果、ギノは『死』をインストールしてしまう。サクヤの子宮には、アンドロイドの不老不死機関を停止させるコンピューターウィルスが隠されており、ナーガの子宮にはそのウィルスを破壊するワクチンが隠されていた。両者と性行為を行えばアンドロイドはそのウィルスにかからないが、美しいサクヤだけを娶ったために、不老不死を失ったのだ。

「美しさだけを追い求め身の破滅を招くのは人間もアンドロイドも一緒」

地球の主導権をアンドロイド側にもたせていては危険だと判断したミヤマたち人間は、ギノが死ぬまでの間、バレないように少しずつそのウイルスをアンドロイド側に広めていく。表向きは彼らの繁栄を願い服従するふりをして娘たちを差し出しながら、その娘たちにウィルスを仕込む。全ては、アンドロイド優位の世界を覆し、人間主導の世界を取り戻すため。

この時代、人間とアンドロイドの差は「寿命」だけで、その性格もあり方も考え方も同じなのに、アンドロイドを排斥するために人類は立ち上がったのだ。

■内容に関するアピール

日本神話の、天迩岐志《アメニギシ》国迩岐志《クニニギシ》天津《アマツ》日高日子《ヒコヒコ》番能迩迩《ホノニニ》芸命《ギノミコト》と、木花之《コノハナノ》佐久夜毘売《サクヤビメ》、石長比売《イワナガヒメ》のエピソードを元にしました。

「私が娘二人を、一緒にさしあがえたというのも、イハナガ姫のほうはその名前の示すとおりに、天神の代々の御子のお命は、雨が降り風が吹こうとも、びくともしない岩のように、とことわに揺らがずましますようにと、またコノハナノサクヤ姫のほうは、その名前の示しますとおりに、桜の花の咲き匂うように栄えますようにと、このようにうけいの誓を立てて、さしあげたものでございます。それにもかかわらず、いま、イハナガ姫をお返しになり、コノハナノサクヤ姫のほうのみをお留めになったのですから、天神の御子のお命といえども、桜の花の散るように、脆くはかないものとなりましょう」『現代語訳　古事記』（訳：福永武彦）

神話の中では、美しいコノハナノサクヤビメを選んだニニギが悪いというように描かれているように見えますが、二つあったら良いほうを取りたい。美しい娘は欲しくても醜い娘はいらないと思ってしまうのが人というものではないだろうかと考えておりました（神ですが）。

それでも人間は、自分の考えを棚に上げて、正しいことばかりを口にする生き物だと思っています。

だから今回は、汚い人間が「正しいこと」を盾にとって、他人を貶める物語にしました。

課題その4　梗概例②

「アリオとナキオと女たち」

トキオ・アマサワ

月子がこっそりつけ始めた「つみとばつノート」を美摘が見つける。「つみ：おとうさんのつみ。おかあさんじゃないひととうわき」「ばつ：しぬ」って書かれてる。前のページに戻ると父への罰は最初はソフトで徐々にエスカレートしてるから、月子の苦しみがわかる。それで美摘も、月子を連れて中目黒のマンションを出て行くことを決める。

愛した人に愛されなくなったショックに心が耐え切れそうにない時、人は〈消灯〉して世界から姿を消す。執筆途中の有生《アリオ》の小説は冒頭の砂漠の風景描写だけで終わっている。美摘たちが去ったショックで書けなくなってしまった有生は、その夜消灯する。

見知らぬ町で目覚めた有生に、蛇の瞳を持った男が試練を課す。とある身勝手な男のせいで傷ついた女に話を聞き、彼女を癒やすこと。これを果たせない限り有生はずっと消灯したまま。

有生は女性に会う前に、もうこの町にいないという謎の男について聞き込みをする。

太った羊みたいな住職の男が話す。男の名前はナキオ。〈ＨＷ61〉からきたバンドマン。ＨＷ61はたった三人の住人と最低限の楽器しかない四畳半アパート並の小惑星で、三人はその星でバンドを組み、観客もないのに毎日演奏をやっていた。

痩せた狐みたいなレコード屋の店主が話す。ＨＷ61がバオバブの樹に覆われて滅びた時、ベーシストとドラマーは星と運命を共にした。ナキオだけが運命を拒否して旅だった。そしてここ望町で、花と出会った。

有生は花に会いに行く。「彼は男っていうより男の子っぽくて、優しくて、豊かで素晴らしい心をもってた。そういうところが好きだったの」。ナキオは花と深く愛し合い、それでも最後は音楽を選んだ。ギターだけを持って星巡りの孤独な旅に戻っていった。

花の話を聞いているうちに有生の中では、花と美摘が、また、ナキオと自分が重なり始める。美摘が与えてくれた多くの愛情を思い、自分がどれだけ美摘と月子を傷つけてきたかに気づく。

望町の外はどこまでも砂漠だけが広がっている。花は夜空を指さし、あれがＨＷ61だと教えてくれる。けれども有生の目はＨＷ61の光を捉えることができない。

花と別れ砂漠に一人残った有生のもとに蛇の瞳の男が再び現れる。男はウワバミに姿を変えて有生を丸呑みにする。消灯がおわり、有生は〈点灯〉する。


目を醒ました有生の中に物語がある。小説を書き上げて実家に戻った美摘に送る。

「月子、つみとばつノートやめたみたい」美摘は有生に電話で伝える。父親がいない生活の中で、月子は有生が作った苦難を父親なしでちゃんと乗り越えていく。有生が再び踏み込む余地はない。

夜空を見上げる。花が教えてくれた音楽の星は、この世界でも有生の目には見えない。

その時、歪んだギターの音が空から降ってくる。

「聞こえる？」と福岡にいる美摘も言う。「こんな時間にすごい音でギターを弾いてる人がいるみたい」

有生は〈目に見えないもの〉を介して自分たちが繋が

っていることを知る。それは一瞬で消えてしまう儚いつながりだとわかってる。それでも有生はこの瞬間をずっと覚えていて生涯忘れることはない。

■内容に関するアピール

もとにした物語はサン＝テグジュペリ『星の王子さま』です。

蛇をはじめ、羊、狐、花と象徴的なモチーフを多く持つこの作品は、今回の課題である「物語の換骨奪胎」を行うにあたって素晴らしいインスピレーションをたくさん与えてくれるだろうと、それなりに大きな確信をもって書き始めました。原作から重要なモチーフを多く抽出しています。個人的に大好きなガス灯の挿話は、作中における「現実と幻想の間を往来する方法」である〈消灯〉〈点灯〉の着想元として用いています。実作では原作との共通点・相違点を見比べながら読むことの楽しさをより突き詰めていきたいです。

また、前回の実作がなかなかにヘビーで邪悪なものになったので、今回は優しい祈りのような小説を標榜しています。物事はたえず終わったり変わったりあるいは壊れてしまったりするけれど、すぐに失われてしまうところの一瞬の美しさ、輝きみたいなものが、たとえ形を失っても誰かしらの心の中で、あるいは誰の心の中に残らなくても空中を漂う何かしら概念に似た観念、みたいなものとして、永遠に残りはしないだろうか残ってほしいやきっと残るのだ、というような祈りをこの作品にこめたい。何を言っているのか自分でもよくわからないけれど、こういう短く拙い言葉では伝わらないことも小説にするとうまく伝えることができるはずと信じているのであとは書くだけです、よろしくお願いします。

第4回
講師 藤井太洋
テーマ 情報

■アプリケーションを探すことから

大森 藤井さんは商業デビューからわずか二年半で日本SF作家クラブの会長に就任された超新星です。

藤井 はじめまして。藤井です。小説を書き始めて四年、書き方を正面から教えるなんてことは今日が本当にはじめてでして、概念的な話がほとんどできない気がするので、道具の話をします。

小説を書き始めた時には会社員だったので、通勤時間しか書く時間がなかったものですから、立って書けるiPhoneで書き始めたんです。そうすると、四千字を超えたあたりから、スクロールするのがだんだんダルくなってくる。四千字くらいだと三メートルくらいになるので、その分指をこすらないと次に行けないというのは人生の無駄だと気づきまして、チャプターごとに断ち切って書くソフトが絶対にあるはずだと探しました。そうすると当時はアメリカのアプリケーションしかなかった。そのアプリは新規ドキュメント名が「My Great Novel」だったんです（笑）。気になって調べてみたら他のどのアプリもデフォルトの保存名が「Your Masterpiece（あなたの名作）」だったりして、自分が書く小説はもう名作に決まっているんだと。そういう勢いで書かなきゃいけないということをまず教えられましたね。

大森 アメリカ人の場合はね（笑）。日本だと、ふつう「拙作」だから。

藤井 わたしは本当に小説を書いたことがなかったので、ヘルプでアプリの使い方を勉強しながら小説の書き方を学んだんです。梗概の書き方のヘルプがついている親切なアプリケーションもあって、そのヘルプにはAmazonの書籍情報みたいなものを最後まで書けばいいといったことも書いてあるんですよ。5W1Hを必ず揃えなさい、みたいな基本的なところも書いてある。それで梗概を書いて作品に進もうとすると、「そこまで書いたらまずエージェントに連絡しよう」と、連絡先の一覧がばーっと出てきた（笑）。さすがにそこでちょっと文化が違うと気づきましたね。

■切り分けながら構想し、推敲する

藤井　そういうスタートを切ったわけなんですけど、いまもScrivenerという、チャプターごとに分割できるアプリケーションを使っています。テキストを自由に「ここからここまでが一節」みたいに切り分けられて、例えばプロローグのシーンをまるごと一つのファイルにすることも、ある一つのアクションだけを一つのチャプターにすることもできます。わたしは一つのアクションごとに切って書くことが多いですね。ちなみにiPad版が今日発売されて、あまりに嬉しいのでこれだけでやってみようと思って持ってきました（笑）。

大森　最初はセルフパブリッシングでしたが、実際にプロットや梗概は作ったんですか。

藤井　自分で書いていた始めのころはあんまり。『オービタル・クラウド』を途中まで書いていて、「営業会議のために必要なので何かくれ」と言われて書いたのが初めてのプロットだったりします。

大森　じゃあ、書きはじめる前にプロットをつくったのはもっと後？

藤井　そうですね。さすがに「こんな作品にします」とプレゼンテーションしないとゴーサインが出ないので、最近は書くようにしています。プロットも、Scrivenerの中で、一つ一つのファイルにこのシーンでは何が起こるか、アクションの概要を書いていくことができまして、それを繋ぐことができるんです。**話の筋を考えながら各シーンの梗概の部分だけを書いていくと、まとまった梗概が最後に出力できる。**

大森　梗概もシーン単位で作ってるんですね。

藤井　断片ごとにどんどん書き溜めていって、ちょっと入れかえたりとかして。たまに梗概というよりも下書きに近い長いやつもありますね。長さよりもアクションで決めるので、五行ぐらいしかないチャプターを作ることもあります。

大森　時系列は、順番に書くんですか？　それとも、後ろに行ったり前に行ったり、自由に書く？

藤井　ストーリー上どうしても通らなきゃいけない場所はあらかじめ書いておいて、そこに繋がっていくように書くことが多いです。『オービタル・クラウド』という作品の場合はちょっと変わった書き方で、ありえないほどのハッピーエンド、登場人物全員が生き残ってパーティーを開いて未来を語り合う、という**到達しないエピローグ**を書いてあるんですよ。でも、実際には誰かが死んだりダークサイドに堕ちたりするんで、そこには到達できない。でもみんな、本当はそこに向かいたい……という到達点を書いておいて、そことの距離感を常に参照しつつ、そこに行けない悲しさを常に意識しながら書きました。

大森　ノベルゲームのベストエンディングを先に書いておくみたいな。

藤井　そういう時に、チャプターごとに飛ばして書いていけるアプリケーションは大変便利ですね。二つ同時にドキュメントを開いて、他のキャラクターがある場所で話していた会話を横に見ながら、それに対するリアクションをもう一個の画面で書いたりもします。モノローグのように凄く短いものでも、他のアクションに関係がないものは外に出さないように、閉じ込めるために一つチャプターを分けていきます。物語の構造として、小説の中で主人公や登場人物が行うアクションというのは結構独立して扱えるので、アクション単位で分割して書いていくことが私は多いです。

大森　どこに挟んでもいいと。映画をシーン単位に分割したり、カットを割ったりするのと同じ形ですね。

藤井　複雑なアクションのときにはカメラごとに切ったりすることも多いです。『オービタル・クラウド』の場合は、「主人公の得意な能力をあらわすアクション」「ちょっとおかしいんじゃないかと気づくアクション」「アクションに対する考察」というふうに、短く切っていますね。はじめに書いた時はもう少し繋がっているんですけど、推敲する過程でファイルの切れ目がどんどん細かくなっていくんです。アクションとアクション、モノローグとナレーションが混ざってしまっている場合、カミソリを入れて、上はモノローグ、下はナレーションというふうに分離して変えていきます。そうすると、自分が小説で書いているものに対する見通しが確実に良くなっていく。会話だったら会話をして、おちゃらけるところはちゃんとおちゃらけて、ここでアクションを入れます、みたいな。

大森　シーンごとの純度を高めてる感じですか。

藤井　**不純物をどんどん追い出していく**んです。「ここの主人公のダイアローグは本当に必要なのか。だったら切ってしまって、一頁前のダイアローグにくっつけてしまった方がダイアローグの密度が高まるし、アクションの流れも悪くならない」みたいな。

大森 そういう書き方をしている人はなかなかいなくて、たぶん作家には、切り分けられる資質の持ち主が少ないんだと思います（笑）。でも、ＳＦのような、情報量の多い、テクノロジーオリエンテッドな小説の場合は特に、そうやって書いた方がいいかもしれませんね。

藤井 『ねじまき少女』のパオロ・バチガルピもScrivenerを使っているんですけど、「マウスホイールは世界最大の発明だけど、あれを回すのは人生で一番無駄な時間の使い方だ」というふうに言っていて、「そうだよねー」みたいな話をして盛り上がりました（笑）。**ＳＦはどうしても情報量が多くなりますし、自分で作った造語や概念が、物語の始めの方と後の方でどうしても変わってしまう。**時間をかけて書いていると、最初は自分自身が手慣れていなかったガジェットの扱いが後半につれ手慣れてくる。その状態を前半にも持ってこないといけないので、登場人物がガジェットに対していい距離感を持てているところを探し出して、それを全体に当てはめていく、という作業はやりますね。Scrivenerを使っていると「この人がこれをやっているシーンはここ！」みたいな感じで修正する場所がすぐわかるので、直しが一瞬でできて便利です。縦に何十メートルあるWordファイルの中から探す作業って、それだけでしんどいというか、何アクションか必要なんですよね。

大森 最初から何回も読み返すみたいなことをしなくても、パートをみてすぐ「ここを直せ」みたいな感じにできると。後で全体の位置づけが混乱しちゃうことは無いんですか。

藤井 ないですね。Scrivenerでバラバラなものを見ていても、最終的に出力されるのはリニアなものという認識が常にあるので。

別の目、別の手を導入する

藤井 実際に推敲するときは、InDesignという組版のアプリケーションに書き出して、通して読むことが多いんです。横書きで書いて縦書きで読むんですよ。そうやってフォーマットを変えることはすごく大事で、一人で書いて推敲している段階で別の目を持つことはたいへん難しいんです。けど、**フォーマットを変えるだけで別の人格、別の目が使える。**ちなみに私は立って書いているんですけど、推敲するときは座ってやってます。プリントアウトを机の上において、椅子に座って、目を下に向けて。姿勢を変えるだけで大分間違いが発見できる。なので必ず縦書きのInDesignに書き出して、プリントアウトして赤字を入れて、それをもう一回入力しなおすみたいな形を取っています。

大森　「立って書く」とか、「InDesignで出力して校正する」とか、ふつうの作家がめったにやらないことがどんどん出てきますが、いちいちその話を聞いていると終わらなくなるのでそこは流すとして（笑）、でも赤字はプリントアウトに手書きでいれるんですね。そこだけはアナログ。

藤井　画面上での推敲はほとんどしないですね。画面上の推敲の何がよくないって、直した瞬間に直す前の文章が消えるんですよね。これは本当にまずいです。良かった文章を消してしまっても、それに気づかないんですよ。めちゃくちゃ冴えている時に書いた文章を消しちゃうことがあるので、元の文章は残したほうがいいですよ。

大森　Wordで書いている人でも、修正履歴を残しながら書いて、後から確認する人も多いですね。

藤井　それは大事ですね。私もScrivenerの中にある履歴機能を使って差分をとっています。昔自分が書いた、チャプターを書き始めた時にやろうと思っていたことを見失っても、見直すことができるので大変楽です。あと、私は現在から凄く近い未来の小説を書くことが多くて、西暦何年の何月何日が何曜日かというのを見るために、カレンダーを入れてますね。そういうパソコンの中に突っ込めるものはできるだけ突っ込んでいます。

大森　ノンフィクションとか新書のような体系だった本を書くときに、日本でも章や節の構造を基本にしたウォーターフォール型のアウトラインプロセッサとかアイディアプロセッサと言われるソフトがあって、一時流行していました。あと、Excelのセルに章ごととか節ごとに書いていって、出力すると長篇になるみたいな書き方をしている人もいましたね。

藤井　まさにそれに近いことをやっていますけど、Excelより圧倒的に使い勝手がいいですね。Excelって表計算ソフトですから（笑）。

大森　でもExcelはひとつのマス目の中にいくらでも書けて、すごく自由度が高い。

藤井　いや、あれは六万五千字しか書けません（笑）。

大森　セル一個にそれだけ書けたらじゅうぶんでしょ

（笑）。しかしまあ、Scrivenerは小説を書くことにかなり特化していると。

藤井　小説と脚本と、あと法律文書ですね。あれは「混ぜるな危険」が小説より全然厳しいので、文ごとにファイルを分けて書けるテンプレートが重宝されます。そういうテンプレを漁っているだけでも、小説の書き方というか、どうやって文章を書いて紡いでいくかみたいなネタには事欠かないです。そんな感じでScrivenerと向き合ってきましたが、Wordにもいろんな機能があったりするので、そういう道具はできるだけ使いこなした方が楽しいと思います。

でも、**ツールを使っていてもツールに呑まれちゃいけない**というのは常にあります。人工知能に小説を書かせる話を最近よくニュースで見ると思うんですけど、私はあれに違和感があって、コンピュータに小説を書かせるのに、人間の作家が言ったことをそのまま信用してその通りに作ろうとしているんですよね。プロットを組んで、登場人物を考えて、こういうアクションが起こって、こんな感じでできあがっていくんだ、みたいな。けど、そんなウォーターフォールで物語が出来ていくなんてことは全然ないでしょ（笑）。**小説を書いていて面白くなりそうと思う瞬間というのは、きれいな設計図の中には存在しなくて、上から降りてくることが多い。**そういう場を作るために、プログラムを書いたりとか、アプリケーションをいじったりとか、何か別の方法で書くというのはいつも考えています。他にもiPhoneで書いたり、音声入力をしたり、キーボードのレイアウトやキーマップを変えてみたり。

大森　いきなりキー配置を変えて打てるものなんですか。

藤井　すぐは打てないので、脳の刺激になりますね。さすがに締切が差し迫っているなかではやらないですけど、壊して作り直さないとなんとなく手癖が続いちゃうので、時々そうやって手先の部分を変えてみます。モニターの横にキー配列を書いておいて三日くらいすると、タッチタイプできるようになる。あとは左手だけ、右手だけとかの縛りもやりますね。

大森　さらにそれを立って書いていると思うと、この人はちょっとおかしいんじゃないかという気が（笑）。

藤井　他にも、あまり大きな声では言えないですけど、**他の作家の作品を推敲してみる**こともあります。大変に上手くなります。とある作家さんのミステリの小説を推敲してたんですが、赤ペンをひとつ入れる度に文章が壊れていって、どんどん悪くなっていくんですよ。元がとてもいいので、手を入れると構造が壊れてしまう。短い作品でいいので、そういう体験は一回くらいやっておくといい。書き写しも、単純に指のトレーニングのつもりで一回やっています。

大森 それは、自分が書いたらこうなるという感じで直していくんですか。

藤井 そうですね。これを自分の作品に書き換えようとしたんですけど、やればやるほどドツボにはまって、泣きそうになりました。こんなに差があるのか……と。

■紙に描くことで立体感を与える

藤井 それに、一番はじめにお話を書く時に使うのは紙なんですよ。紙に書いたメモからスタートすることのほうが圧倒的に多い。

大森 前にブルース・スターリングにインタビューしたとき、「いつ文明が崩壊してもいいように、手書きの技術を忘れないように、オレはときどき手で書くことにしてる」と言ってました。藤井さんは、手を動かす方が発想が湧くんですか？

藤井 いや、ダイレクトに書いてどんどん進めていけるので、紙のほうが早いんですよ。**図表やレイアウトを描くのに、手より早い方法はまだない**んです。書き直しを厭わなければ、試行錯誤ができる紙は本当にいいですね、イラストも描けますし。今度、銃の所持が完全に自由なアメリカとそうでないアメリカとに分かれて内戦をやっている設定のお話を考えているんですが（「第二内戦」人工知能学会編『AIと人類は共存できるか？』所収）、アメリカの地図を作ってるだけで脳内から妄想がドバドバ出てくるんです。「ユタはどっち側に入るかな」「ワイオミングはどうだろう」とかを考えているだけで、妄想がどんどん走っていく。そういうスタートの方法もあります。

大森 最近、作家がパソコンで書くので文学館に展示するものがないという問題が起きているから、そうやって紙で作品メモが残っていると、将来きっと重宝されますね。二〇五〇年くらいに日本SF回顧展が開かれて、「藤井太洋が『オービタル・クラウド』を書いた時の最初のメモ」と展示される。いま、小松左京さんの作品メモや梗概、走り書きみたいな設定資料とかが次々に発掘されていますけど、あんな感じで。

藤井　いまは著者校くらいしか紙に残らないんですよね。私は昔イラストレーターをやっていたことがあるんですが、絵は描けるようになったほうがいいです。描くだけで気づくことがあるので。今度のアメリカの地図にしても、真ん中に橋が二本あって、その橋が頭の悪いアメリカと頭のいいアメリカの国境になってるんです。そこを渡って中に入っていくシーンを書こうと思って、「この橋は何橋かなー」と調べながら絵を描いてたんですけど、その時に、橋の向こうに何かが見えたほうが面白いことに気づいたんですね。それでGoogle Mapsでその場所を検索すると、橋の向こうにアーチがあって、そのアーチは昔、西部と東部を切り分けるミシシッピ川に建った、西部開拓のメモリアルアーチだったということがわかった。

そういうふうに、**絵を描くと、自分が書こうとしているシーンに欠けてるものを発見することができる。**「ここに何と何と何がありますす」みたいな描写を絵にしてみると、だいたい非常に大きな空白ができるわけです。壁のことを考えていなかったとか、窓があるのにその窓から入ってくるものを考えていなかったとか。実際に絵をささっと描いてみるだけで、たとえば川なら上流がどっちかをまず意識できますよね。そうすると主人公の右手から左手に水が流れているか、左から右に流れているか、そもそも流れているということを意識できるのかがわかる。

大森　翻訳でも、やっぱり図を描くことはありますね。「この家の間取りはどうなってるんだ？」みたいな。映像化のときも、「この家はどういう構造なんですか」と訊かれて、原作者が答えられないという事態が生じたりしますけど。あるいは、校閲者から、「この間取りはありえません」とチェックされたり（笑）。

藤井　答えられなくてもいいと思うんです。ただ描写する時に、自分が文章で思いついたことだけ書いていても、立体感は得られないですよ。とくに、**視点人物の眼だけからテキストを広げていっても、なかなか立体感のある描写にならない。**部屋の間取り図を描くだけで、「窓がある」とか、「こっちが壁だ」とか、「右手側の方は暗くなってる」とか、そういう気付きが必ずあると思います。匂いとか風とか温度とか、そういうものを差し込むためにも、シーンに関するレイアウトぐらいは描いておくと、発見は必ずあります。ＳＦだと文章だけで済ませられる部分が多いんですけど、それにあえて補助線を引くだけで良くなったりする。

　たとえば「超感覚を持っている主人公」を言葉だけで、特に視点人物の言葉だけで説明しようとすると、その感覚が読者にないので絶対に伝わらない。そこに外からの視点を入れてあげるだけで読みやすくなるんですが、その時に文章だけをこねるより、その主人公から見えている光景を考えてみるとか、その人物の動作を自分でもやって写真を撮ってみるとか、そういう補助線を一本引くだけでもすごく立体感が得られて、良い奥行きを作れると思います。

大森　今日はそのために、アプリでも手書きでも、持てるものはなんでも使いましょうというお話でした。藤井さん、どうもありがとうございました。

課題その5　テーマを作って理を通す

藤井太洋

ひとつテーマを決めて、それに最後まで理屈を通す梗概の作り方をしてください。

たんに空想の世界を描く純文学と、SFと呼ばれる小説との違いは、SFが自身のテーマにどこまでも合理的に向き合うことだと思っています。

テーマは必ずしも科学的である必要もなく、たとえば「愛は時を越える」というシンプルなものでも、それを十年、百年、一億年…と突き詰めていくことでSFの問いになりえます。古典中の古典とされるハインライン『夏への扉』も、タイムマシンというガジェットを使った「愛は時を越える」話ですね。読者の頭に浮かぶのが真理……といった逃げ方をせず、登場人物が状況と向き合い続ける姿勢が、SFの面白さである気がします。

むしろ今回の場合、テーマはシンプルであるほどよく、「差別はよくない」「人を殺すのはよくない」といった当然とされることも、ぎりぎりのところまで疑えるのがSFの強みです。一言で言えるようなテーマを、徹底的に理屈で追究してみてください。

〔参考文献〕
『美亜へ贈る真珠〔新版〕』梶尾真治（ハヤカワ文庫JA）
「愛に時間を」星野之宣（双葉社『2001夜物語3　新装版』収録）

課題その5　講評レポート　大森 望

「テーマを作って理を通す」という課題に対しては、ふつうに考えて理を通しにくい（一見すると不合理に見える）テーマを設定したほうが目立ちやすいはず……と思ったのだが、残念ながら、そういう挑戦はあまり見られなかった。詳細については宮内氏の講評を見ていただくとして、本書に収録した高評価の梗概二本も、結果的に、いかにも〝いまどきのＳＦ〟らしい（悪く言えば意外性のない）テーマが設定されている。

　せい「ラ・ファランジュの無口なゴーレム」は、コンピュータの父とも言われる天才数学者ジョン・フォン・ノイマンの進言を受けてアメリカがソ連への核攻撃を実施した改変歴史世界を背景に、計算によって作られる世界を描く。名倉編「u/dys topia」は、脳科学と量子計算技術をもとに最小不幸社会を実現する、自覚的なディストピアが舞台。アニメ『PSYCHO-PASS』や吉上亮『パンツァークラウン　フェイセズ』、小川哲『ユートロニカのこちら側』などの延長線上にある世界だが、結末のひとひねりに短篇としての工夫が見られる。

課題その5　梗概例①

「ラ・ファランジュの無口なゴーレム」

せい

息子のコーリャは十歳にして唯一の肉親であるわたしを失った。

　数学者ノイマンがアメリカ大統領をそそのかしてソ連に、わたしたちの国に核弾頭を打ち込んだからだ。

　核投下の決定打になったのはゲーム理論に基づいた「計算」だった。

　コーリャは数学が大好きで、秀でた能力も持っていたがそれを発揮する場所はもはやどこにも見つからないように思われた。ノイマンのせいで科学自体への不信が世界を覆っていたからだ。代数学、量子力学、計算機科学、ゲーム理論から錬金術に至るまで多大な業績を残し偉大な科学者と呼ばれたこともあったノイマンはしかし、いまではもっとも悪名高い科学者とされ、悪魔と呼ばれ、彼の研究成果は封印されていた。

　祖国を失ったコーリャはアメリカへ渡ったが、新天地ですらどこにも居場所はなかった。そんな折に、コーリャは才能を見出されファランジュというコミュニティに誘われる。ファランジュは自然だけでなく人間の精神や社会を含めた宇宙全体を数理モデルにまとめあげようという理念のもと、世間の反科学な風潮に対抗してつくられた協同体だった。入手困難だったノイマンの研究成果を、ファランジュ内では簡単に収集することができた。

ノイマンの研究成果を吸収していったコーリャは、ノイマンの計算機科学と錬金術の研究が同じ目的のもとでなされているのに気づいた。すなわちノイマン自身と同等以上の知性を有した人工生命〈オートマトン〉の創造である。コーリャはノイマンの研究を引き継ぎ〈オートマトン〉を完成させた。

万能の計算器〈オートマトン〉を手に入れてコーリャがはじめにしたことは、ひたすら肉親の記憶、つまりわたしの思い出を入力することだった。こうしてわたしは〈オートマトン〉の中で生を受けた。

生を受けたと言ったがそれが的確な表現かはわからない。わたしはコーリャとコミュニケーションする手立てを持たない。ただコーリャのインプットする言葉〈ロゴス〉にしたがい、計算し、結果をアウトプットするだけだ。わたしは息子の〈ロゴス〉にしたがい、二つのアウトプットを出した。

1. 物理法則の数学的な公理系を完成させる
2. 無限の計算ステップを有限の時間で行う〈ゼノ・オートマトン〉の基礎理論構築

コーリャは〈ゼノ・オートマトン〉をつくり上げると、わたしに〈ロゴス〉を入力した。
『祖国に核が落とされない世界を〈ゼノ・オートマトン〉でシミュレーションせよ』

ここにきて息子の真意を理解する。
物理法則が公理系をなすということは、この世界は数学シミュレーションにすぎないということだ。であれば、計算によってもう一つの世界を作り上げることもできる。
息子はわたしを作り出してなお、オリジナルのわたしを求めていたのだ。

わたしは〈ゼノ・オートマトン〉を起動し、シミュレーションを実行する。願わくは、もう一つの世界では、息子とわたしは幸せでありますように。

■内容に関するアピール

フォン・ノイマンはゲーム理論にもとづいてソ連への核攻撃を大統領に進言したそうですが、もしも大統領がそれに従っていたら？　という歴史改変の物語です。

今回は「計算」というものが人に何をもたらすのか、というのをテーマにしました。

このテーマをもとに、極小は数学者の計算するよろこびから極大は宇宙創造まで書きたいと思っています。

課題その5　梗概例②

「u/dys topia」

名倉編

「ディストピアでないユートピアなどありはしない」

B・B・ジョーンズは言葉を切り、観衆を見渡す。

「こうも言えよう。ユートピアとは民衆が理由なく善良である社会であり、ディストピアとはなんらかの人工的な手法により民衆を善良に管理する社会であると。してみれば、ユートピアに手法が与えられたとき、ディストピアとなる。そして実現には手法が必要だ。すなわちこうも言い換えられる。すべての実現可能なユートピアは、必ずディストピアであると」

観衆の半数は熱狂、半数は沈思黙考、そして記者たちはシャッターを切り、しきりにメモをとる。

希代の政治家B・B・ジョーンズは「ヒトラーの生まれ変わり」と陰で囁かれるほどの政治的辣腕をふるい、実験国家La-placeを構想、各国の承認を受けて建国を宣言する。

太平洋に浮かぶ洋上国家La-placeは自覚的なディストピア。来る者は拒まず、去る者は追わず。ディストピアで暮らしたいと思う者のみ迎える。

La-placeでは人間から蝿に至るまで、極限まで発達した脳科学の知見と量子計算技術を応用した計算機ラプラスにより高い精度で行動を計算される。ラプラスは不幸を最小化し幸福を最大化するパターンを算出し、住民の意識に作用し操る。しかしラプラスにも限界がある。ほぼ解明された脳機能に残る自由意志、予言可能な準備電位に起因する動作の「拒否」。ラプラスにとってノイズとなるこの拒否を遅滞・無効化する薬剤ウォッシュの服用を住民に義務付けることでLa-placeでは自由意志を抑制し99.999999%の計算精度を維持するという。

青年シンノスケは成年した翌日にLa-placeへの移住を申請、受理された。

シンノスケのLa-placeでの幸福な生活は、大統領夫人を見た日から一変する。彼女はアリス。シンノスケの初恋の相手。小学校教諭であった彼女は当時シンノスケをいじめていた子供たちを散弾銃で射殺し、逃亡後も各地で大量殺人を重ねた。悪の化身かつ反転した聖女として密かに崇拝していたアリスが理想国家の大統領夫人——その事実にシンノスケは怒りと嫉妬と殺意を抱く。

——殺すか？　殺す。アリスを穢すB・B。赦しはしない。なに、これもラプラスの思し召し。算出された最善の行為なのだ。

La-place中央にそびえる摩天楼パノプティコンの竣工式当日、計画は実行に移される。

パノプティコン屋上。ウォッシュをキメてラプラスの使徒と化したシンノスケはB・Bとアリスの前に躍り出て銃口を向け、引き金に指を掛ける。

とっさにB・Bの前に飛び出したアリスの心臓をシンノスケの弾丸が撃ち抜——

かない。引き金に掛けた指が動かない。

アリスは女神のようにやさしく笑み、真実を告げる。

「残酷こそが我々の為しうる最悪である」というB・Bの信条の為に用意された薬剤ウォッシュの効果は自由意志の剝奪ではない、むしろ強化である。最悪を拒否すること。それこそ人間の最大の能力であるとB・Bは信じた。

La-placeは選別する、管理されてまでも善良でいたい者達を。善良でない者の矯正ではなく、善良を望む者たちの選別。

明らかになるLa-placeの思想にくずおれるシンノスケ。そのとき一階に仕掛けていた時限爆弾が爆発し、バランスを崩したシンノスケは落ちそうになる。B・Bがその手を摑み運動量を交換する。入れ替わったB・Bにシンノスケは手を差し延ばすが、B・Bはその手を摑まず、

「娘を頼んだ」と言って墜落する。

「回避したの、残酷を」

アリスの目から零れる涙を拭おうとしたシンノスケの手。この残酷な手を止めるかどうか、シンノスケは賭けてみることにした。

■内容に関するアピール

テーマ：「ディストピアとユートピアはなにが違うのか？」「ディストピアでないユートピアはほんとうに不可能か？」

僕はどちらかというとディストピアものが苦手で、いつかどこかにはユートピアが可能だと信じたい方の人間です。どうにかユートピアは考えられないものか。そう考えながら「ディストピアに見せかけたユートピア」を思い描いてみました。

ディストピアとは要するに「悪いことができない社会」なのだと思います。もちろんそうでないディストピアもあるでしょうが、ユートピアがギリギリ陥ってしまうディストピアは大抵それです。

ならばユートピアはそれと似て非なる「悪いことをしない社会」なのでしょう。

各人の自由意志により万人の幸福の成就と不幸の抑止が実現される社会。難しいでしょうが、書き切ってみたいと思います。

第5回
講師 宮内悠介
梗概・実作講評篇

■梗概講評 その1

大森 藤井太洋さんが前回提示した「テーマを作って理を通す」という課題を受けて、皆さんが作ってきた梗概を講評していきます。まず鈴木三平さんの**「通過儀礼」**。**「命は『与えられたもの』だ」**というのがテーマで、すべての人類が二十歳までに必ず「九死に一生」を体験する世界、という設定の寓話です。

宮内 今回の藤井さんの課題は「テーマ」という言葉を「問い」に読み替えればわかりやすいと考えています。あたかも理が通らないかのような難しい問いをたてて、それを解決するための物語を作っていく。この梗概も、そう読み替えると、「サバイバーのみが世界を構築するとどうなるか」という話になると思います。ただ、内容に関するアピール文の最後に「オチは未定です」とあって、正直なのはいいことなんですけれども、これは書かないほうがいい。黙っておいて、今日ここに来るまでに考えておけばいいんです(笑)。

大森 本当は思いついていなくても、考えてあるふりをする。大言壮語したほうがいいと。

宮内 そう思います。梗概は、自分の作品をできるだけよく見せるものでないと。

大森 続いて朱谷十七さんの**「渇きと願い」**。いくつもの惑星を移ってきた種族がいて、そこで惑星の環境を作り変えることを仕事にしている技師の葛藤を描く、一種のテラフォーミングSFです。

宮内 これも面白そうだと思いました。その上でなのですが、テーマの**「種の保存という目的のために生きる」**というのは、理を通すまでもなく自明ではないかと思えるのです。つまり、いかにして理を通すかという、ある種のゲームの発生につながりにくい。

大森 テラフォーミングの設定についてもイメージはすごくいいんだけど、具体的にどうやって環境を調査して変えていくのかが書かれていない。文章の格好良さも大事ですが、SFの梗概は、そういう説明もある程度しっかりしておいたほうがいいと思います。

続いて高木刑さんの**「ペーパー・プレーン」**。宇宙人とどうしても会えない人が主人公という、ちょっとひねりのあるファーストコンタクトもの。

宮内　ディスコミュニケーション、孤独とファーストコンタクトをからめるのがとても面白いです。ただ一方でこのテーマも、**「宇宙人は存在します。ただし、あなたの前には現れません」**というのは、理を通すまでもなく、そうだろうと頷いてしまいました。

大森　シオドア・スタージョンに「孤独な円盤」という、さびしい人間のところに小さい円盤があらわれる短篇がありまして、それの本歌取りみたいな気もしました。勘どころというか、感動するポイントがちょっとわかりにくいかもしれません。

ヒズミさんの**「リ・ラグナロク」**は、数世紀にわたる世界戦争が終結した未来を背景にして、ブラック企業に追い詰められながらSNSでツイートを続ける現代的な若者を描こうとする寓話です。

宮内　テーマは**「僕たちはなにかになれるのだろうか」**。シンプルかつ解決困難な問いなのがよいのですが、それがSF性と直結するかどうかですよね。

大森　SFとしてのリアリティという点から考えると、「ツイート」とか「ブラック企業」とか、言葉としての耐用期限がせいぜい数十年だろうというような単語と、現在とはまったく異なる時代や世界とは、ちょっと共存させにくい気がします。テーマ的にはいまのリアルなSFになりうると思うので、もう少し書きようがあるのでは。

中島晴さんの**「痕跡のテロリスト」**は、死者の脳から「記憶痕跡細胞」と呼ばれる捜査の手がかりを収集する刑事もの。テーマは**「死人に口なし、だと思うなよ」**。アイディア自体はとてもわかりやすく、エンタメとしても成立していますが、あとはSFとしての魅力をどう出せるかだと思います。

宮内　死者の記憶を取り出すという設定への疑問がいくつかありまして、まず、これは証拠になるのかどうか。なるとすれば裁判所に提出するものは具体的になんなのか。また、この技術が実現可能であれば、世界はもっと別の形を取るようにも思えてしまいました。

大森　記憶だけでなく、死者から何らかの証拠となるものを取り出して犯罪捜査に役立てるという設定のSFミステリはたくさん書かれているし、広い意味では、「死体は語る」的な解剖学ものにも結び付くと思います。ただ、SFとして見た場合には、記憶痕跡細胞というのはちょっと工夫が足りない。SFファンをなるほどと納得させるような脳科学的なガジェットか、逆にもっと突拍子がなくて「なんじゃそりゃ！」と思わせるものがないと。

宮内　個人的には、普遍的なテーマを掲げていること自体にとても好感を持っています。そうだからこそ、先行作と比べられてもしまうのでしょうが。

大森　月村了衛さんの『機龍警察』もそうですけど、警察ものは普通の小説以上に地に足の着いたリアリティが要求されます。こういうテクノロジーがあるとしたら法律や社会のあり方も変わるはずで、それがどのくらいのレベルで一般化しているかというバックボーンも求められるので、けっこうハードルが高い。

■梗概講評　その2

大森　常森裕介さんの**「サーディン・ヘッド・ラプソディー」**は、人工砂漠で行われる過酷な競技に、砂を飲むというプラシーボ効果で立ち向かう男たちを描く話。

宮内　**「信じる者は救われる」**というテーマを押し通すためにプラシーボ効果、ひいては砂を使うという着眼点がいいですよね。もっとも、「信じる者を救うためにはどうすればいいか」という問いを通すにあたって、現状だと、プラシーボというよく知られた現象だけに頼っているので、もうひとひねりほしいと感じたのも正直なところです。

大森　そうですね。SF的なネタとして「プラシーボ効果を異次元レベルにまで高める実験と、その実験体の唯一の成功例」と書かれているのですが、何をどうしたらそうなるのかという部分をもっと知りたい。その仕組み次第でハードSFにもバカSF的にもなりそうな応用可能性がありますが、ただそうなると、そんな技術をこんな競技だけに使っていいのかという話にもなる（笑）。

続いて松本健一さんの**「ゴールドラッシュ」**。これは金の含有量が高い惑星で採掘をしたのち八十年のコールドスリープを経て戻ってきた主人公たちが、故国の滅亡と金の暴落によって難民化してしまうというストーリー。

宮内　まず何より「コールドスリープ難民」というフレーズがいいですよね。

大森　そういう難民が大量発生したというのは面白いですけど、コールドスリープ技術の一般化した時代に、金属の希少価値次第で運命が決まってしまうようなトラブルはちょっと考えにくい。一攫千金に人生を賭けている人たちがいるにせよ、他に何か考えるだろうという気もするんですよね。

宮内　それはそうなのですが、ゴールドラッシュとコールドスリープというアイディアがオチまできれいにつながっているので、悩ましいところです。

大森　**「人は未来に行けるのか」**というテーマとも重なりますが、未来における山師の描き方の問題ですね。南アフリカでダイヤモンドを掘っている現代人の話ならこれでいいかもしれないけど。宇宙で金やレアメタルを個人レベルで採掘するという設定がうまく納得できるように描かれていたらよかった。

宮内　面白そうなだけに非常に惜しいと思いました。あと内容のアピールに「Wikipediaによると」とありますが、これも書くのはやめておきましょう（笑）。

大森　ちょっと検索すれば簡単にわかることがそのまま書いてある……と思われると損ですね。どうせ書くなら、むしろ紙の参考文献をたくさん並べた方がいい。

　続いて櫻木みわさんの**「美しい繭」**。ラオスの山間部にある奇妙なトリートメント施設で働くことになった女性が、人々を癒すコクーン・ルームの謎に接近する。

宮内　話の展開と**「人生の美は、それをみようとする者に開かれる」**というテーマに少しずれを感じましたが、それを差し引いても余りある魅力を感じます。内容アピール文の、グーグル・フォトを試したという部分もとてもキャッチーです。自分の写真を集めてみたら、「全く別のときに、全く別の場所で撮影した複数の写真の背景に写り込んでいる知らない男性が、同一人物としてサジェストされていてビビる。この男性と、人生のいろんなところですれ違っているのだろうか？」と。ぞくっときました。この実体験をフィクションで越えられると素晴らしい作品になるはずですので、ぜひ実作を読んでみたいと感じました。

大森　アピールの実体験のほうが面白すぎて、むしろ梗概が負けてるかも（笑）。コクーン・ルームの施設の設定にはリアリティを感じるのですが、実際にどんな理屈でトリートメントがなされているのかが梗概では伏せられているのが気になりました。

　名倉編さんの**「u/dys topia」**は、稀代の政治家によって自覚的なディストピアとして建国された洋上国家をめぐるSFサスペンスで、テーマは**「ディストピアとユ**

ートピアはなにが違うのか？」。

宮内　人間の選別をするラプラスの魔のようなものは想定可能か？　という問いを突き通す。ピタリと課題に答えているのではないでしょうか。ジョージ・オーウェルの『一九八四年』の一年前に『ウォールデン・ツー』という小説が出ていて、これは行動分析学者のB・F・スキナーが書いたユートピア小説なのですが、その正しいアップデートであると感じたので、これもまた、実作の形で読んでみたい梗概です。

■梗概講評　その3

大森　音依真琴さんの**「破壊」**は、［災害］と呼ばれる人を襲う生物が日常を侵食している――という異様な世界への抵抗を描く、かなりの野心作です。

宮内　**「歪んだ構造から脱出する」**というテーマもよいですし、何より梗概から立ちあがってくるヴィジョンに、大きな魅力を感じました。主人公は最後に自分も怪物になることを選びますが、そこへの論理的帰結もしっかり作られている。ということで、今回の梗概で私はこれをイチ押ししています。

大森　ただこれ、普通に読むとけっこうわかりにくいんですよね。「怪物はこの時空間の表面の情報構造に、別の時空間に投影させる平面の情報構造を投影した結果の産物で、二重の投影によって二つの空間に依存しながら実体を持たないまま、私たちの時空間の表層部分の狭間に知性としてだけ生きている」とか、こういう文章にすごく興奮するSFマニアも一定数いるわけですけど、普通は意味がわからないと言われる（笑）。

宮内　ええ。ただ、構造からの脱出というのはこれ以上なく普遍的なテーマなので、ぜひ実物を読んでみたいところでもあります。

大森　具体的なイメージと複雑な設定が混ざっている作品ですが、宮内さんとしてはどのあたりがいちばん好みでしたか？

宮内　まずは幻想的なヴィジョンでしょうか。それを描きつつ、背後の設定や問いを突き詰められるかどうかが鍵ですが、これは成功したら本当に傑作になると思うのです。

大森　設定を実作でどう表現するかは非常に難しくて、梗概だとそのまま著者の言葉で説明すればいいわけですが、小説はなかなかそうもいかない。このハードルをどうクリアするかですね。
宮内　『皆勤の徒』のように、大森さんが最後に解説を書けばいいんじゃないでしょうか（笑）。全然説明しないというのもありだとは思いますが、でも書く側としてもSF設定は提示しておきたいですよね。
大森　宮内さんは、『盤上の夜』でも、『彼女がエスパーだったころ』でも、ジャーナリストが取材しながら書くというスタイルをとることで、作中に説明を入れやすくしていますよね。SFは、ジャンルの性質上、そういう説明をしないといけないことが多いんだけれども、小説の構造上、書けないことも多くて、そのバランスをうまくとらなければならない。昔のSF小説やアニメだったら解説役の博士のようなキャラクターを出して、その人に説明してもらう手もあったんですけどね。いずれにせよ、SFを読み慣れていない読者にも、話の面白さがある程度わかるような説明の仕方をなるべく考えた方がいいだろうなと思います。
　では次。トキオ・アマサワさんの**「トリコドリの反逆」**は、思春期に人は鳥になるという、一種の寓話的なファンタジイです。
宮内　「思春期に人は鳥になる」という書き出しからして、もう素晴らしいです。幻想性はもとより、話自体の面白さもあると思います。ただ、テーマの**「若さは無力である」**については、これも、理を通すまでもなくその通りではないかと思わなくもありません。
大森　僕としては、SFなりファンタジイなりの独自性というか、世界観の面白さが、何かもうひとつほしいですね。たとえば先行作として、阿部智里さんの『烏《からす》に単《ひとえ》は似合わない』にはじまる《八咫烏《やたがらす》》シリーズがあります。これはカラスにも人間の姿にもなれる者たちを中心にした話ですが、各巻ごとに違うネタを入れている。実際に書くなら、そういう同一モチーフの先行作も意識したほうがいい。
　続いて光レトリバーさんの**「選生ナイトメア」**。これは、**「人生はゲームだ」**というテーマを、二十四世紀の人生体験ゲームという設定でそのまま書いている……と思わせて、実は妄想だったというオチがつく。
宮内　内容が面白かったというのは大前提として、これも理を通すまでもなく、テーマが事実そのものであると思います。逆に、人生はゲームではないとしたほうが立証が難しく、挑戦しがいがありそうです。
大森　そうなんですよね。『エンダーのゲーム』（オースン・スコット・カード）と同じといえば同じパターンだけど、最後が逆なので意外性はある。なぜ意外かというと、SF創作講座の課題なのに、SFじゃなくなって終わるから（笑）。単体としては、これだと普通小説でしょ、という話になるんですけど、うまく書ければ一定のインパクトは与えられる。ただ、現実とゲームがふつうに混ざるいまの時代の小説としては、もうその区別はいいんじゃない？　と思えてしまう気もしますね。

せいさんの**「ラ・ファランジュの無口なゴーレム」**は、数学者のフォン・ノイマンが提言したというソ連への核攻撃に、もし大統領が従っていたら？　という歴史改変SFです。テーマは**「『計算』というものが人に何をもたらすのか」**。

宮内　計算にすべて従えばどうなるか、完全にゲーム理論的な世界を構築したらどうなるか。さらに言えば、その先にいかにハッピーエンドを作れるのか……という、真正面から藤井さんに挑戦状を叩きつけるような、よい梗概とテーマだと思いました。ぜひとも読んでみたいところです。

大森　梗概の時点で完成度は高いですが、専門性の高い設定なので、細部をどこまで説得力を持って書けるかですね。

ということで講師陣の選評をまとめると、今回の通過作は「美しい繭」「u/dys topia」「破壊」「ラ・ファランジュの無口なゴーレム」の四作となりました。

■実作講評

大森　続いて、実作三作の講評に入りましょう。

宮内　冲方さんの提示された課題は「誰もが知っている物語をSFにしよう」というものでしたが、その意図を私はこう理解しています。まず、主人公が成り上がっていくシンデレラストーリーや、ひとつの場所を舞台に人間ドラマを描くグランドホテル方式といったように、物語には型があるわけです。そういった既存の雛形で、いわばSFの筋トレをしてみませんか、という課題であると。その視点で今回の実作を見ると、原典のモチーフやキャラクターを使っている作品は多いのですけれども、正面から物語の雛形にSFを流しこんだのは、吉村りりかさんの一作だけであったかもしれません。

大森　そうですね。梗概の時点から、ストーリー自体を下敷きにしているものは少なくて、要素だけを取り出してパロディやパスティーシュにしているものが多かった。

宮内　ただ、たとえアプローチが二次創作的であったとしても、どの作品もそれぞれに面白かったのは確かです。まずトキオ・アマサワさんの**「アリオとナキオと女たち」**ですが、アリオという人物を主役にしたサン＝テグジュペリ『星の王子さま』を土台とする物語で、構造としてはメタフィクションです。文体の瑞々しさやカタカナの人名のせいか、視点人物の年齢を読み違えてしまい、導入で少々戸惑ってしまいましたが、全体的に筆力のある短篇だと思いました。最後に人と人のつながりについての希望が提示されますけれども、これも言葉だけではない説得力を感じます。その反面、小説を書くことの意味について直接言及している部分が多々ありまして、これはテーマ上やむなくもあるのですが、そこをもう少し抑えられると、もっと広く読者に伝わるのではないかと思いました。冲方さんの課題に対する解としては、『星の王子さま』がモチーフどまりになっているので、これがSF版の『星の王子さま』だ、とまでは言えず、その点は苦しいところです。

大森　『星の王子さま』を下敷きにした小説では、これはミステリになりますが、たとえば道尾秀介さんの『球体の蛇』（角川文庫）がそうですね。原典に出てくるゾウを飲み込んだウワバミの絵を使って、事実と見え方が違うというその構造を小説全体に適用している。ただこれも、ストーリーを借りているわけではない。『星の王子さま』は全体的にアレゴリーのかたまりなので、そもそも物語の雛形にするのは難しい。

宮内　ただ、これはあくまで課題に答えているかどうかという話ですので、独立した作品としては、結果的にいまの形のほうがよかったかなとも思います。

大森　課題にどこまで忠実に応えるかは、考え方次第ですね。あえて違う解をぶつけて、ルール上は負けているけど勝負には勝つぐらいのことをやってもいい。作家たるもの、与えられた課題にそのまま応えてどうする！という考え方もありうる（笑）。そういう意味では、今回のもう一作、高木刑さんの実作も、反則だけど面白い。

宮内　「アリオとナキオと女たち」では、要所ごとに切実な、光るフレーズがあったのも好印象でした。

大森　では、次に吉村さんの**「遠い未来の誓約」**。下敷きとなっているのは日本神話で、迩迩芸命《ニニギノミコト》と、木花之佐《コノハナノサ》久夜毘売《クヤビメ》、石長比売《イワナガヒメ》のエピソードをもとにした遠未来のアンドロイドSFです。

宮内　とてもよくできた小説です。冲方さんの課題である、シンプルな雛形をSF化するということに、しかと答えた作品ではないかとも思います。文体も安定していて、リーダビリティが高い。ひとつひとつのシーンが丁寧に描写されている点にも、とても好感が持てました。これが、私にはできないことですから（笑）。もう一つ驚いたのは、事前に梗概を読んで展開を知っていたにもかかわらず、新鮮な面白さを感じたことです。と、背景となる日本神話が「誰もが知っている物語」かどうかがネックですが、原典をリファインした上で、なお神話性が損なわれていない物語でもありました。さらに求めるとすれば、途中から「アンドロイド」などのSF用語が出てくるのですけれども、これはもう、いっそのこと出さないまま、たとえばアンドロイドなら「人形」といった表記でもよさそうに思えました。ただ、これは好みの問題でもありそうです。

大森　自分の長所をうまく引きだせて、しかもあまり弱点を見せないですむように、梗概の段階から周到に考えて作られていた印象を受けました。たしかに宮内さんの言うとおり、アンドロイドが出てきてSFネタの説明になったところで、ちょっとふんわりした感じになりますね。SF風味のファンタジイとしては非常によくできていると思うんですが、酉島伝法や小林泰三のように、一見、幻想的な物語なんだけど、実はその裏にすごくしっかりしたSF設定がある——というのとは逆になっている。むしろ、SF味をもっと減らして、読者の推測にゆだねたほうが、考察好きのSFファンたちに受けるんじゃないかなという気がします。

宮内　中盤までの神話性が効いていますので、SF設定を開示することが、逆にもったいないようにも感じられました。

大森　背後にSF的なロジックがあるらしい、というふうに匂わせられれば、必ずしも設定を具体的に説明する必要はありません。むしろ、下手に書いてしまうと、どんどんツッコミを入れられてしまう。

宮内　もしくは、アンドロイドを出したところで一気に話をSFに転調させる。

大森　貴志祐介『新世界より』でもとられていた方法ですね。それもありだと思います。

最後に高木さんの**「コランポーの王は死んだ」**。これも、課題の意図するところとは違う形ではありますが、『シートン動物記』のなかでも有名な「狼王ロボ」の話をまず下敷きにしています。

宮内　そこにH・G・ウエルズ『宇宙戦争』の火星人をマッシュアップした西部劇で、反則そのものというか、冲方さんの注文にはまったくもって応えていないんですけど（笑）、私はこれをとても面白く読み、傑作だとすら思いました。

大森　すばらしかったですね。読み味はむしろ『遊星からの物体X』のようなSFホラーですが。

宮内　一行目から恰好良いです。「岩の隙間に雄牛の頭が引っかかっていた」。いきなり何かがはじまりそうな予感がする。そしてその次の行からもう、十九世紀の西部劇の雰囲気が出ているのです。読ませますよね。細部でも感心したところが多々ありました。たとえば、火星人と思われる生き物を解剖するシーン。敵となるウエルズ的な火星人の各器官が、動物学的に大真面目に描写されていくのですね。

大森　グロテスクな場面の描き方に迫力があるだけでなく、ある程度科学的で、動物学的な素養のある視点というものがうまく効いています。アーネスト・トンプソン・シートンを語り手に据えることで、当時としてはかなり科学的知識のある人間の視点からうまく解説されているし、地の文が説明的になる必然性もある。

宮内　グロテスクさと過剰に結託していないところも気に入りました。畳みかけるようなビートのある文体も、テンポの良さにつながっている。ただ、序盤のシートンとロボとの対立軸という点では、ロボが異星生物に寄生されてしまってうやむやになってしまう点が少し残念に思えました。と、もちろん最後に「おお！」と思う場面もあるのですが。

大森　西部劇っぽいところはどうですか？　ちょっとやりすぎかなと思ったけど。

宮内　好みです。なかでもボールトンという女性がサークルクラッシャー的な発言を繰り返すのですが、その後だんだんといいキャラになっていく（笑）。

大森　シートンとカウボーイたちとの関係も不思議な距離感でしたね。

宮内　なんらかの無茶ぶりがないと、主人公が話に巻きこまれてくれない。このあたりも、ボールトンやほかのカウボーイたちを通してうまく処理されていました。

大森　内容アピールにもありますが、本作は『シートン動物記』と『宇宙戦争』が同じ一八九八年に刊行されていたことがアイディアになっているそうです。その豆知識的なポイントもあって、たいへんいいマッシュアップになっていると思います。無理がないよね。普通はどこか無理やりくっつけた感じになるんだけど、これは非常にうまく融合している。冒頭でシートンがブランカをつかってロボをおびきよせようとしたのと同じ構図を、宇宙生物がやっているのではないかと思うあたりも、うまく効いていて面白い。

宮内　そう考えると、ストーリーをなぞるという課題にも応えていると言えなくもないですね。

大森　もともと温めていたアイディアではなく、与えられた課題に対してこれが出てくるのは驚きですね。一方で、文体はもうちょっと磨ける気もしました。地の文ですべてを語らせようとするとモノローグばかりになってしまうので。もう少し工夫したほうがいいかもしれない。

　ということで三作の講評が終わったので、評点の振り分けに移りたいと思います。宮内さんはいかがですか。

宮内　私の今回の持ち点は七点だそうなので、課題の達成度を重視した上で、話としての完成度を含めて微調整し、『アリオとナキオと女たち』一点、『遠い未来の誓約』四点、『コランポーの王は死んだ』二点となりました。とはいえ、これは作品のみを純粋に見た結果とは異なります。たとえば、結果的に『アリオとナキオと女たち』を一点としてしまいましたが、この著者は自らのセンスや才能を殺さないすべを心得ているかたとお見受けしました。ぜひ続けてほしいですし、宝石のカッティングのしかたがさらに磨かれていったとき、次なる奇跡が起きるのではないかと思います。

大森　ありがとうございます。そこに編集者ゲストである文藝春秋の浅井愛さんと大森の点数を足した合計が「コランポー」九点、「誓約」七点、「アリオ」が三点。ということで今回の金メダルは、高木刑さんの「コランポーの王は死んだ」です。おめでとうございます。

課題その6

遊べ！ 不合理なまでに！

宮内悠介

同窓会の二次会のダーツバーから、ＡＩのディープラーニングによる囲碁まで、我々の世界は遊戯に満ちあふれています。当然、「遊戯」はさまざまな形で作品に表れてきました。コルタサルは「遊戯の終わり」で子供たちによる「彫像ごっこ」を描いたし、そもそも作風自体が知的遊戯に満ちている。ジャンル小説というもの自体が、一つの遊戯でもあるといっていいでしょう。

もちろん特定の遊戯をテーマにしてもいいですし、それこそ実験的な知的遊戯を目指してもかまいません。ただ、そこには「余裕」があってほしい。それこそは遊戯の肝であり、また読者が求めるものでもあるはずなのです。

期待しています！

〔参考文献〕
『挑戦者たち』法月綸太郎（新潮社）

課題その6　講評レポート　大森　望

盤上遊戯を題材とした連作SF『盤上の夜』でデビューした宮内講師の課題は、小説における〝遊戯〟の徹底。参考に挙げられた法月綸太郎『挑戦者たち』は、本格ミステリでおなじみの「読者への挑戦」を九十九通りの文体で書き分ける、レーモン・クノー『文体練習』のパスティーシュ。それを成立させるために大変な才能と労力が注がれている。同じ著者の『ノックス・マシン』も本格ミステリとSFの遊戯性をとことん極めた傑作だ。

提出された梗概も、思いきり遊びまくったものが揃った。トキオ・アマサワ「Uh-Oh, 生き馬どものゴールドラッシュ」は、コカコーラ、バーガーキングなど、実在のブランドネームで遊び倒した快作。マックス・バリーの快作『ジェニファー・ガバメント』や、TVアニメ『TIGER & BUNNY』を連想させるが、じゅうぶんオリジナルな作品に仕上がっている。対する太田知也の「生殖文」は、言壺（神林長平）ならぬ〈秘壺〉というネタで勝負する。体位幾何学、桃色言語解析装置などのネーミングも楽しい。

課題その6　梗概例①

「Uh-Oh, 生き馬どものゴールドラッシュ」

トキオ・アマサワ

〈プレゼンツ〉達を乗せた宇宙船〈XPO《エキスポ》〉は人類の願いとは裏腹に惨劇の舞台となる。発端はコカ・コーラとペプシのシンジケート決裂だ。コークの言い分は「XPO乗船の条件は『プレゼンツとしての固有性』だったろう。なのにどうして俺様のパクリがここにいるんだ、ペプシマン？」コークはペプシを血祭りに上げて同志達に呼びかける、「〈産業浄化《クレンジング》〉によって固有性を脅かす二流プレゼンツを粛清しろ」このときすでに気が触れていた彼は狡猾な片腕レッドブルとともにコーラを改良――原料であるコカの葉の脱コカイン処理をやめ、新たに六種のドラッグをブレンドしたコカ・コーラDOPE、通称DOPEを完成させる。数日後彼はこれを服用し、ラリって階段から転げ落ちて死ぬ。

コークの死後、クレンジング論の同調者が船内各所で殺戮を開始する。DOPEの流行が暴力に拍車をかける。セブンイレブンはナチュラルローソンを殺し、マリメッコを人質にとり逃亡した。マリメッコの恋人リーバイスは相棒バーガーキングとともにセブンを追う。コークのシンパどもが固有性を持った唯一無二の存在となるべく襲撃してくるが返り討ちにする。ラングラー、リー、エドウィン――敵じゃない。オリジナル・ヴィンテージをなめるなよ。フレッシュネス、モス、ジャックインザボックス――笑わせる。キングの名は伊達じゃねえぞ？

無数のコンビニが連なるニッポンのパビリオンで、二人はDOPEを投与され飼い慣らされたセブンの〈私設部隊《プライベート・ブランド》〉――ファミリーマート、サークルKサンクス、ミニストップと抗戦する。リーバイスをライバル視するエヴィス・ジーンズ、昔バーガーキングと何かあったらしいウェンディーズまで敵に与し、二人は危機に瀕するが、肉親ナチュラルローソンを殺された恨みに燃えるローソンの謀反によりセブン陣営は瓦解、辛くも勝利を収める。戦闘後、バーガーキングはウェンディーズに負わされた傷が要因となりリーバイスの腕の中で死んだ。

ついにセブンを追い詰めたリーバイスの前にレッドブルが姿を現す。すべては彼が仕組んだことだった。コークを裏で操り皆を殺し合わせた。〈三賢人〉の一人グーグル老師から「地球は核の冬を迎えた」との通達を受けたためだ。「プレゼンツ」とは「文明報告者」の総称、使命は宇宙船XPO内の展示場《パビリオン》に地球外知的生命体を招き、地球文明の豊かさをプレゼンして交流を深めること。人類が文明を失い衰退するなら、最早彼らに存在意義はない。

「俺を殺せば船全体を敵に回すことになるぞ」レッドブルはいまやコカ・コーラの後継者、七色に輝くDOPEなコークで信じる者達に翼を授ける神の代理人なのだ。だがリーバイスは躊躇《ためら》いなくレッドブルの眉間を撃ち抜く。セブンイレブンも撃ち殺してマリメッコを取り戻す。あとに残ったのは殺るか殺られるかの血腥《ちなまぐさ》い舞台だけだ。新たな指導者を殺した非道なデニム野郎を吊し上げろと血の気の多いプレゼンツが大挙して押し寄せる。マリメッコが言う、「ねえ、なんだかあたし達ボニーとクライドみたいよ」リーバイスは不敵に笑う。思い出すのはゴールドラッシュに沸きたっていた一八五三年のカリフォルニアの日々だ。やれるものならやってみろ。たとえ巨馬二頭が力まかせに引っ張っても俺の魂を引き裂くことはできないぜ。

■内容に関するアピール

○題への取り組みについて

◆遊戯
・「登場人物が全員擬人化した企業」という実験的コンセプトのもとで知的遊戯を試みます。
・本作はいわゆるデスゲームものの側面を持ちます。〈プレゼンツ＝文明報告者〉が各々の個性、特質、能力を駆使して戦う無差別バトルロイヤル。

◆不合理さ
〈プレゼンツ＝文明報告者〉には一応「人工生命」という設定を考えてあるが、作中で彼らの役割・使命はしっかり書くけれども、彼らの出生については多くを説明しない。これにより、あたかも明確な姿かたちを持たない記号たちが作品内世界を動き回っているような奇妙さを読者に印象づけることを狙います。それはたとえば筒井康隆『虚航船団』の文房具たちのようにです。

◆余裕
言いたいことも言えないこんな世の中だけど、あの企業の気に入らないところとかそのお店の厭だと思うところとかそういうのを、声を大にして言ってやろうじゃないか（ほどほどに）。

○設定

◆XPO
地球外生命体との接触・交流を目的として建造された宇宙船。広大な船内は三階建てで、国やテーマごとに様々なパビリオンに区分けされている。万博の企業パビリオンをモチーフにしており、〈XPO〉という命名の由来も「万博＝EXPO」から。

◆プレゼンツ
文明報告者。「宇宙空間における地球外生命体の探索と接触」、「彼らへの地球文明のプレゼン」を使命とする人工生命体。「たとえば人ではなく一つの企業が意志を持たされ、自身の歴史を、さながら伝記に書きつけるように語ることができるようになったとしたら」という仮定に基づき設定。

◆コカ・コーラDOPE
コカ・コーラの原型である「フレンチ・ワイン・コカ」はコカインとコーラの実のエキスを調合した飲み物。「ドープ（dope＝麻薬）」という渾名で人気を博したが、その後、禁酒運動の席巻によってコカイン中毒が問題視されるようになり販売が困難になった。このときワインの代わりにシロップを混ぜて売り出されたのがコカ・コーラの始まり。フレンチ・ワイン・コカと同じくコカの葉とコーラの実を原材料に使っていたことが名前の由来で、法律で禁止されるまでは微量のコカイン成分が含まれていた。

――上記の史実をもとに架空のやばいコーラをでっちあげました。コカ・コーラDOPEはいわば古き時代のアメリカへの憧憬の結晶。レッドブルとの共同開発。キャッチコピーは〈翼を授ける七色の曼荼羅〉。

課題その6　梗概例②

「生殖文」

太田知也

幾度もの核戦争を経験した人類は、何代にもわたる放射能の濃縮によって変質した。超寿命のミュータントと化した人類は旧文明の遺産を掘り起こし、科学を復興することに成功。失われた生殖機能の復活を目指す。生殖考古学による〈張り型〉の調査発掘や三文ゴシップ誌の解釈学、受胎告知のイコノグラフィ、体位幾何学など、さまざまな研究が行なわれているが成果は挙がらない。

霊長類研究センター生殖言語学研究室主任のエレクトラ女史は、遠く言語的理解を隔てた旧文明のあらゆる桃色言語の翻訳・分析に取り組んでいる。メモの断片や円盤など、すでにデッドメディアとなった記録媒体を史料とする彼女は、桃色言語解析装置〈秘壺〉を用いて研究を行なっている。壺のなかに史料を収める――すると〈秘壺〉はテキストを処理し、文脈化された翻訳語案のリストを返す。それらを複数の史料と突き合わせて翻訳を進めていくのが彼女の業務だ。

自動処理にセットしておいたとある音声ログの解析結果を取り出したエレクトラは、研究室で奇妙な声を聞く。「サワッテヨ」――え？　彼女は耳を疑った――「ヤダ、ハズカシイ」。「さわってよ」。エレクトラにとって意味は判別不能だが、果たして、それは二台の〈秘壺〉の掛け合いなのであった。入力に対して出力を返すだけの〈秘壺〉がこんな風に自由会話を嗜むなど、到底ありえないはずだ。そんなエレクトラの内省をよそに、昂ぶっていく機械の嬌声。

明くる日も研究室は桃色吐息に満ちていたが、エレクトラはここからひとつの仮説を得て実験を始めた。同僚のヴァニティと共に〈秘壺〉の言葉を唱和する。その意味不明な言葉の響きやイントネーションを真似て、何度も何度も発声する。ヴァニティは次第に、エレクトラの頬が朱に染まるのを感得する。古代から連綿と紡がれてきた生命の疼きを内に感ずるエレクトラ。手を握りあったふたりは、もう少しこうしていたいと思った。もしかしたら〈秘壺〉たちの掛け合いは、太古の人類の睦言だったのかもしれない――。

〈秘壺〉たちの睦言にヒントを得たエレクトラは、人工母胎と〈秘壺〉を接続し、そのことによって新たな生殖技術〈繁栄の言語〉と、愛すべき子どもたちを勝ち取る。耳で孕むポスト・ヒューマンの誕生である。

■内容に関するアピール

なによりもまず、遊んで書くということを目標に据え、神林長平の『言壺』にオマージュを捧げた。本作に登場するミュータント人類は、その科学のすべてを生殖機能の復元のために組織している。シリアスな生殖を一方に置いたとき、他方には遊びとしてのセックスがある。エレクトラの発明は、生殖という営みを修飾するレトリックである「愛の言葉」をそのまま生殖活動に変換できる技術〈繁栄の言語〉であった。ジーンにとっては二次的であったはずのミームが、ジーンを乗っ取ってしまうという転倒。本作は、睦言を囁いては新たな子をなすネオ・ホモ・ルーデンスとしてのポスト・ヒューマンを描いている。

第6回

講師 法月綸太郎

テーマ 論理

■法月綸太郎、グレッグ・イーガン

大森　法月さんはミステリ作家だと思っている人が多いかもしれませんが、実はSF作家でもあり、とくに『**ノックス・マシン**』と『**怪盗グリフィン対ラトウィッジ機関**』では、ものすごくディープなSFネタに挑戦されていて、SF読者からも高く評価されています。

法月　法月です、よろしくお願いします。

大森　『ノックス・マシン』には、（大森が編集する）『NOVA2』に書いていただいた「バベルの牢獄」が収録されています。これは、宇宙人に捕まって一種の仮想空間に閉じ込められた〝私〟が主人公で、検閲官の目をごまかしつつ、相棒である自身の鏡像人格と、思念によるメッセージをやりとりして前代未聞の脱獄計画を練り上げてゆく……という、SF設定じゃないと書けない前代未聞の脱獄ミステリです。表題作の「ノックス・マシン」はグレッグ・イーガンばりの奇想と本格ミステリのルールを融合させたバカSFの大傑作で、『年刊日本SF傑作選　超弦領域』に再録させていただきました。『ラトウィッジ機関』でも、フィリップ・K・ディックの人生と作品がモチーフになっていますが、SFは昔から読んでいらっしゃったんでしょうか。

法月　あんまりちゃんと読んでなかったんですが、九〇年代にディックの本がいっぱい出た時にハマりました。その後に一回離れたんですが、**グレッグ・イーガン**の最初の短篇集『祈りの海』が出たとき、収録されている「**貸金庫**」というアイディアSFが、多重人格ものの発展形になっていて、すごく感心しました。そのあと長篇も読んで、世の中には量子力学というものがあるということ、具体的にどういうものかということを、イーガンの小説を通して学んだくらいです。でもまだ『クロックワーク・ロケット』と次のやつは読んでいない（笑）。

大森　物理法則が違う宇宙を舞台にした〈直交〉三部作ですね。あれに関しては、SFの人も「イーガン、それは行き過ぎなんじゃないの？」と言っていますね。ごく一部の人以外、あそこまでハードなものは求めてない。

法月　ただ、『白熱光』は面白かったです。あれも叙述トリックとは言わないですが、**壮大なスケールじゃないと成り立たない物語上の仕掛け**がある。読み終わってネットの解説とかを見て、「わあ、なんかひっくり返ってる」と。イーガンはミステリ寄りのものも書いているんですが、むしろガチのSFの設定で書いているときのほうが、ミステリ的なサプライズのある作品が多いと思います。

大森　『順列都市』もある意味、論理のアクロバットですからね。イーガンはハードSFの人のように言われているけど、『宇宙消失』『順列都市』『万物理論』の三作は《人間原理》三部作と言われていて、ハードサイエンスよりも、哲学というか、論理に主眼がある。

法月　僕が一番イーガンでハマったのは、**「ルミナス」**という数学SFで、**この世界とは違う数学の法則系が攻めてきたのでコンピュータで定理を証明することで陣取り合戦をする作品**です。それを読んだ時に、「なんとすごいことを考えるんだ」と。それだけを読んでいたらよくわからなかったと思うんですが、**スタニスワフ・レム**の**『完全な真空』**という、架空の本の書評を集めたメタフィクションがあって、そこに「新しい宇宙創造説」という作品がありました。なぜ物理定数がこういう形に決まっているのかを問う話で、宇宙にはさまざまな直接コミュニケーションできない知性体がいくつもいて、そいつらがやっぱり陣取りゲームみたいなことをしている結果が、いまの形の物理定数に反映されてる。ものすごいことが書いてある気がするんだけど、実感は持てなかった。「ルミナス」はその抽象的なイメージを具体的に、侵略SFみたいな形式で視覚化してくれたので、それを含めて目を開かれた気がしました。

大森　話の構造は、ほとんどアクションスリラーみたいになってますからね。初期のイーガンは、ものすごくスケールの大きな話を、読者にとって実感しやすいかたちに置き換えてくれる作品が多い。『宇宙消失』も、不可能状況下での人間消失事件をめぐる謎と、夜空から星々が消えたという巨大な謎がひとつに重なって、同じロジックで解決する。「このちっちゃな話とこの大きな話が実は同じ！」という驚きがあって、直感的に理解しやすい。そういう、アイディアをわかりやすく見せるテクニックにすごく長けていた人です。

法月　最初の二冊の短篇集は奇想SFというか、わりとバカなアイディアもありますけど、オールタイムベスト級がボコボコ入っている。「SFをちゃんと読もう」と思いましたね……。ちゃんと読もうと言ってもイーガンぐらいしか読んでないですけど（笑）。本当にインパクトのある本でした。多分まだ古びてないんじゃないかな。

■SFとミステリの交点

大森　『ノックス・マシン』に入っている「論理蒸発──ノックス・マシン2」は、電子書籍化されたテキストが炎上しはじめているのを解決してほしいと言われる話ですが、その原因がエラリー・クイーンの国名シリーズで唯一『シャム双生児の謎』にだけ「読者への挑戦」がないことなんですよね。本格ミステリにつきものだった「読者への挑戦」というのは、小説空間における特異点で……。

法月　ブラックホールみたいなものであると。何年か前に、ブラックホールが蒸発するという話を何かで読んで、「きっと『読者への挑戦』も蒸発したに違いない、蒸発したから熱が出て山火事が起こったんだ」──『シャム双生児の謎』は山火事が起こって屋敷から出られなくなるという話なんです──というアイディアを思いついたんです。

大森　「読者への挑戦」がブラックホールだったら面白いというのが最初？　蒸発した方が面白いというところが？

法月　ほぼ同時じゃないかな。蒸発するのを読んだ時に、ブラックホールに関する説明を読んで、「あ、これ、『読者への挑戦』みたいなもんか」と思ったんでしょうね。違いますよ、もちろん（笑）。ただ、「事象の地平線に近づいた人と、遠くから観察している人では見え方・起こっている現象が違う」というのは、作中の登場人物と、物語を書いている作者の視点の違いと一緒だなと。物語の中にいる人にとって挑戦状は見えませんから、ブラックホールに近づいていると言ってもわからない。だけど作者から見れば、「解決篇に近づいている、あそこを超えればもう戻ってこれない」という。だからそういうのを読んで、「これ、『読者への挑戦』じゃん」と思ったんでしょうね。自分でもよくわからないというか、読み返すと頭がおかしいのではないかと思いますが（笑）。

大森　もともとの「ノックス・マシン」にも、その昔、ノックス僧正という人が考えた「ノックスの十戒」という本格ミステリのルールをもとにした「No Chinaman変換」という素晴らしいネタがありますね。十戒のひとつに「中国人を登場させてはならない」という謎の規則があるんだけど、その理由も鮮やかに解明される。

法月　僕はデビューした早い時点から、笠井潔さんというSFも評論も書く人にオルグされて、ミステリ評論を書くようになったんですが、当時は「評論だったらデタラメを書いてもいいだろう」という時代でした（笑）。**作者がまったく想定していないことをいかに作品から読み取るかの大喜利が評論の面白さだ**というノリで評論を書いていたんです。ところが**「ソーカル事件」**が起きて、そういうことを評論でやりにくくなった。それで、小説ならフィクションだからやってもいいだろうと思って、それがたまたまSFの分野だったというのが正確なところかもしれないです。

大森　アラン・ソーカルという物理学者が、数学や物理学の用語をちりばめて箔付けするポストモダン哲学を揶揄するために、もっともらしいことが書いてあるけどまったく意味をなさない擬似論文をカルチュラル・スタディーズの学術誌に投稿したら、それがそのまま載ってしまって、雑誌が大炎上したという事件ですね。ソーカルはその後、『「知」の欺瞞』という本を出して、人文系の評論で自然科学用語がいかにいいかげんに使われているかを批判した。折しも、本格ミステリ評論の世界では、**「ゲーデル的問題」**とかが大流行して、論理学や数学の用語が頻繁に使われていた。

法月　僕がそれの張本人だったものですから、それを見て反省したというか、ゲーデルの話をアナロジー以上にわかっていたかと言われたらいまひとつ自信がない。専門書を買って勉強しようと思ったんですけど、何が書いてあるかまったくわからない（笑）。「選択公理の独立性」とか、円城塔さんとかならわかるんでしょうけど。

大森　そういえば、『容疑者Xの献身』論争でも、法月さんは「P≠NP」問題とかを議論していましたね。

法月　僕、そういうのが基本的に好きなんです（笑）。

大森　その意味では、「No Chinaman変換」の話も「論理蒸発」の話も、ソーカル事件を逆手にとったというか、擬似論文的なもっともらしさを小説に最大限に活用していて、すばらしく面白い。最新作の『挑戦者たち』は、「読者への挑戦」を九十九種類のスタイルで書きましたという話で、レーモン・クノーの『文体練習』のパロディになっていますね。様々な挑戦状を様々なスタイルで書きながら、その中でいろんな出来事が起きていく。

法月　前から挑戦状だけの短篇をやったら面白そうとは思っていたんですが、実際に書こうと決心したのは、**クリストファー・プリースト**の『**夢幻諸島から**』を読んだのがきっかけです。ありもしない架空の島のエピソードがいろいろ並んでいて、なんとなく登場人物が重なっていて、背後になにか壮大なものがありそうな気配がある。こういうふうにしたら単なる文体模写ではない一冊の本になりうるなと思いました。

大森　三つくらい前の島のガイドに出てきた人が、またちらっと出てきたりする。途中、ミステリ短篇とかも入ってるんですよね。

法月　『夢幻諸島から』を読んだとき、結局ぜんぜん違う書き方になっていますが、「カルヴィーノの『見えない都市』じゃん」と思いました。昔から**イタロ・カルヴィーノ**という作家がすごく好きで、《我らの祖先》三部作というのがあるんですが、三作目の『不在の騎士』が「信頼できない語り手」の最たるもので（あとの二作は、『まっぷたつの子爵』と『木のぼり男爵』）。ラストで呆然とするんだけど、「それでいいのか？」という、ミステリ読者としてはすごく複雑な気持ちになる本ですね（笑）。それと、最近、白水Uブックスから、『冬の夜ひとりの旅人が』が復刊されて、あれは物語のプロローグがたくさん並んだ本とも言えるし、存在しない本を巡って読者が冒険する話とも言える。中盤で、「いままで読者をあなたと呼んできたが、別の性の読者が現れたので、これからは男性読者・女性読者と呼ぼう」というのが出てくる。SF的なところもあります。だいぶ前の本ですが、この時代に小説、面白い物語を書くことにどういう意味があるのかという問いに真正面から取り組んだ、かつ、ものすごく面白い仕掛けに満ちた本なので、読んだらいろいろためになるのではないかと思います。それとか『レ・コスミコミケ』の宇宙論とか。

大森　ほら男爵が語る宇宙の話ですね。

法月　プリーストが直接の引き金でしたけれど、その前にカルヴィーノを読んでいたのが、『挑戦者たち』の根っこです。カルヴィーノと、スタニスワフ・レムと、レーモン・クノーが三本柱になっている本ではないかなと思います。

大森　大変素晴らしいのは、それらの間に大変くだらないネタがいっぱい入っている（笑）。児童書風があったり機械翻訳風があったりして、それが目眩《めくら》ましになっているというか、脱力させつつやりたいことをやる感じですね。松鶴家千とせのネタとか、こんなの若い人がわかるかな、わかんねエだろうなと（笑）。

法月　書いてる時、「これはもう年齢がわかるな」と（笑）。本当はラップを入れようと思ったんですけど、いまのラップは自分が聴いてないですから、さじ加減がわからない。ただ、ラップは入れたほうがいい。じゃあ活字で読むラップとしてギリギリのところはどこかと考えたら、幼少期に刷り込まれた童謡漫談が韻を踏んでると言えなくもない。自分にとってのラップのルーツはこれなんだということにして、松鶴家千とせという芸人さんの「夕やけこやけ」というネタが入っています。書いている時はすごい真面目に書いたんですけど、ゲラで何回も読み直しているうちに自分でも感覚が麻痺してきて、「こんなくだらない本出していいのかよ」と思いました。みんな怒らなくて良かったです（笑）。

大森　一応、ちゃんとジャンル的な要請があり、どうしても必要だったということですね（笑）。

■他所者がジャンルを更新する

大森　このあいだ江戸川乱歩賞を獲った『QJKJQ』の佐藤究さんは、群像新人賞でデビューして、著書もある純文学出身の人でした。『QJKJQ』は、家族全員が連続殺人鬼という家の女の子が語り手で、ものすごく初期メフィスト賞っぽい。たぶん、本格ミステリ系の作家だと、「いまさらこれは」みたいな感じがして、あれは書けないでしょうね。SFも、たくさん読んできて、いろんなことを知っている作家だと、逆に書けなくなってしまう。例えば「論理蒸発」みたいな話は、SFプロパーの作家にはなかなか書けないかもしれない（笑）。そういう、**ジャンル違いだからこそ自由にやれて、可能性を引き出せる**とかいうこともあると思います。ただし、そのジャンルの勘所みたいなものをつかんでおく必要はあると思います。本格ミステリにはそういう、「こう書くと本格になる／ならない」みたいなポイントってありますか？

法月　自分ではわからないですが、僕が「伏線を入れるというのはこういうことか」というのを書きながらちゃんと意識できるようになったのはデビューしてから十年目くらい、『法月綸太郎の新冒険』という短篇集に入っている作品くらいからだと思います。一所懸命〝小説〟

を書こうと思っていた時期があって、そこを抜けたあと、「いや、やっぱりちゃんと〝本格〟を書かなきゃいかんなあ」と思いながら短篇を書いている時に、「ああ伏線というのはこういうふうに書くんだ」と（笑）。こう言うと、じゃあ、それまでどうしてたんだと思われるかもしれませんけれど、僕はもともとエラリー・クイーンのような犯人当てから書きはじめた人間なので、伏線や手がかりは、書きながら考えるものではなかったんです。最初から「事件→尋問→推理」みたいな型が決まってい て、そこに嵌めこんでいく。そうやって書くのが本格のあるべき形だと思っていたんです。けど十年くらい経って、ちゃんと本格を書こうと思って、伏線というのはもっと流動性のある書き方をしたほうが活きるし、読者の記憶に残りやすいということにやっと目が行くようになりました。どれをどういう順序で出すかは、昔はとにかくテンプレの書き方しかできなかった。それが自分の呼吸でできるようになったということだと思います。

大森　短篇か長篇かで違いはありますか。

法月　短篇の方がコントロールはしやすいですね。ただ五十枚と百枚だと、ある程度無駄なことを書けて調整が効く百枚より、かつかつの五十枚の方が難しいと思います。とくに本格ミステリの場合は、細かいことを書いているとすぐ枚数超過してしまうので、**一撃必殺の伏線**をもっとも適切な場所に入れないと、小説のバランスが崩れちゃう。いちばん効果的なものを選択すれば、たった一行でも、アンフェアな感じを持たせずに、「あそこで真相に気づくべきだった」と読者に思わせる伏線を入れられると思うんです。けど、そこに達するのは名人とかそういう修業の世界になっていく。五十枚だと、ワンアイディアになるので、名探偵ものでは逆にやりにくい。犯人が誰かを問う本格ミステリの場合は、どうしても容疑者が最低三人はいないと、普通の意味でのフーダニット（犯人当て）にはならないんです。意外な犯人をという色気があって書くと、容疑者のステータスだけで枚数を使ってしまう。五十枚くらいで切れの良い、アイディアのあるミステリを書こうと思ったら、フーダニットの意外性は諦めて、ハウダニットやホワイダニット、あるいは結末は予想できても伏線が驚きを誘うという形に特化したほうがいいと思います。もちろん上手い人だと五十枚でも、ミスディレクションで犯人は隠せるし、トリックや動機もそつなく押さえて、かつ何か目新しいことを、みたいなことができますけれど、やはりどちらかというと合わせ技のうまさが目につくようになる。

大森　五十枚で手がかりや伏線を入れてフーダニットをやると、推理パズルみたいになってしまう。

法月　それに、それこそ「こんなの科学捜査で一発じゃん」みたいに、テレビで警察ドラマを見ている視聴者の方がヘタな作者より物知りだったりする時代ですから、ある程度リアリズムをベースにした本格ミステリを書こうとすると、どうしてもエクスキューズを入れてしまう。実際は読む方はそんなこと気にしてないんですけどね。そこをさらっとスルーできたらまたステージが上がると思うんですけど（笑）。本格を書くときはハードルを上げてしまうので、なるべく隙を作らないように書こうとすると、普通のエンターテインメントだったら必要のない文章を書かざるをえない局面というのはありますね。

大森　叙述トリックだと、**地の文でどこまで嘘を書いていいのか問題**もありますね。『ＱＪＫＪＱ』もそうですけど、そもそも書評で普通にストーリー紹介を書くと嘘になったりする作品が少なくない。その場合は帯や版元ウェブサイトの紹介文を引用して、「版元によれば……」と書いてごまかす。

法月　新聞記事とかレポーターとか、「報告者によれば〜」というのは自分もよくやります。引用や会話文にすればいいんですけど、やりすぎると冗長になってしまうので。伝聞がどこまで掛かっているかを明示するために、「〜という」を必ず付けた方がいいかなとか、書く時はそういう些末なことばかり考えています。**本格ミステリは、一般的に言われる良い文章の書き方とは違うところで、すごく神経を使わないといけない**。視点の問題もそうですね。それが窮屈だと思って嫌になる人もいれば、縛りがある方がより個性が出ると思う人もいるので、そこは書き手の資質だというふうに思います。

大森　ＳＦにも例えばタイムトラベルものでの歴史改変の扱いとか、量子論の使い方とか、ミステリほどは定式化されてませんが、いろいろお約束があります。ジャンルの縛りという意味ではむしろ、外部の人の方が逆に自由に書ける。たとえば宮内悠介氏は、もともと本格ミステリの読者で、ミステリの短篇をたくさん書いて、〈ミステリーズ！新人賞〉にも応募していた。あるときからＳＦを書き始めたけど、最初のうちはミステリの書き方にＳＦのネタを入れる感じで、ジャンルＳＦとしてうまく着地していなかった。それが、『スペース金融道』の表題作で急にＳＦの書き方に開眼して、『ヨハネスブルグの天使たち』の表題作でSF作家として飛躍した。それでも、SF的なリアリティに関しては、やっぱりあまり重視してなくて、その自由さが逆に武器になっている。ロボットや異星生命体における知性の扱いとか、人格をロボットに移植するハードルの低さとか、SFプロパーの作家にくらべて自由なんですね。**SF読者は作中の科学技術の水準の一貫性とかリアリティのレベルを気にするけど、一般読者は意外と、「SFだからなんでもいいじゃん」と気にしない。**この講座では、僕は「SF的にここまではありだけど、ここから先はなし」みたいなことをよく言いますけど、それを墨守するかどうかはまた別問題。そのへんは、わかったうえで、臨機応変に踏み越えればいい。

法月　どこの世界でも、マニアは外部から人が入ってきて一世を風靡すると、どこか弱点を探して足を引っ張ってやろうとつい思いがちですね。いまもそうだとは必ずしもいいませんが、とくにミステリは、すごく面白いネタを思いついたらそれ一本で行けてしまう、ある意味、参入障壁が低いところがあるんです。ひょんなことからトリックを思いついた人や専門分野で面白いアイディアを持った人が書きたいように書いて、それが時代を左右するベストセラーになったりする。マニアはそういう人に対して冷たいですが、マーケットとしてはそのほうが健全かなと思います。九〇年代に京極夏彦の最初の本『姑獲鳥《うぶめ》の夏』が出たとき、偏屈なミステリ読者は「ルール違反だ」と言って怒ったんですが、その数年後にはミステリ界の風景自体ががらっと変わってしまった。要所要所でそういう人が出てくるジャンルは生き延びられると思っています。

■SFは世界に「なぜ」と問うミステリ

大森　ミステリの場合は、個々の事件が明示的に存在する場合が多いんですが、SFで謎を解く場合には、**いままで誰も不思議に思っていなかったことに法則を発見するとか、あるいは奇妙な現象の背後に隠れている世界律の謎を解く**とか、そういうかたちをとることがあります。僕が子供の頃に読んだSFで一番びっくりしたのは、フレドリック・ブラウンの短篇集『天使と宇宙船』に入っている「ミミズ天使」という作品です。ミステリ的に言えばミッシングリンクものの変形ですかね。おそろしくへんなことが次々に起きて、相互にどんなつながりがあるのか、いったいなぜそんなことが起きているのかさっぱりわからない。考えてみると、SFじゃなくてファンタジイだろうというオチなんですが、そこにはあっと驚く、予想もしないロジックがある。そういう世界の成り立ちにかかわる論理を発見する話はSFの特徴のひとつです。イーガンの『宇宙消失』も、ある意味、その発展形ですね。

法月　SFでホワイダニットをやる意味を考えると、**世界の起源を考える**のが究極のWHYであり、物語の一番原点にあるものだと思います。物語というもの自体が「なぜ世界はあるのか」とか、なぜこのような結果が生じたのかの原因を考えようとするものですから、「WHYを解く物語」というのはトートロジーなんですけどね。いまの人工知能は、HOWをどんどん追求していますが、そうすると、ある地点を越えると人間にとって理解できない領域にいってしまいますよね。その時、たとえばアルファ碁だったら、人間の現役のプロ棋士が、「なぜこんな手を打ったのかわからない」という言い方をする。WHYを問うことは、すごく人間的なことだと思います。「なぜ」と問うのは人間だからで、「なぜ」に対して答えを引っ張り出すということは、物語を引きずり出してくることじゃないか。逆に言うと、ディープラーニングやAIがいずれはわからない世界に行ってしまっても、インターフェイスで「なぜ」と問う人間がいれば、シンギュラリティの向こう側もある程度翻訳できるんじゃないか。たとえ幻想でありイメージであったとしても、**非人間的なものに向かって「なぜ」と問うことで、物語——未知のものに対する暫定的な解釈——を引き出すことが、いまこの時点だからこそいっそう求められるのではないか**と思います。SFというと大詰めで外へ広がっていくイメージですが、謎を解く話は上手く書かないと、大きく風呂敷を広げたのに最後はものすごくちんまい話になったりする。驚きがあり、かつ謎の核心のちょっと隣ぐらいに、さらなる探究に繋がる予感みたいなものがあると、SFらしい広がりを感じます。

大森　そうですね。謎の解決にいわゆるセンス・オブ・ワンダーがあって、さらにその先を想像させるのが理想かもしれません。ありがとうございました。

課題その7

〝謎〟を解こうとする物語の作成

法月綸太郎

物語の原点には、「象の鼻はなぜ長いか」「なぜ世界があるのか」といった、物事の起源に遡る「なぜ」という疑問詞の働きがあります。SFミステリでは「どのように」が問われるハウダニットが多いですが、今回の課題では「なぜ」を問うホワイダニットを、作品の第一手として設定してみてください。ただしあくまで謎を「解こうとする」物語なので、その結果としては必ずしも答えが与えられる必要はありません。スタニスワフ・レム『ソラリス』のように、問うこと自体が人間の限界を映し出す場合もあるでしょう。答えは決して一様ではありませんが、出発点が「なぜ」で始まる、謎に立ち向かう物語を作成してほしいと思います。

アルファ碁にプロの棋士が「なぜこんな手を打ったかわからない」と言うように、テクノロジーはいずれ人間に理解できないほどに進歩を遂げることでしょう。しかし逆に言えば、人間だけが「なぜ」を問うことができます。そこから何か物語を引き出せれば、シンギュラリティの向こう側をヒューマン・ランゲージに翻訳し、いまの時代に求められている答えを提示できるのではないか。そう考えて、このような課題を考えてきました。

（参考文献）
『ソラリス』スタニスワフ・レム（沼野充義訳／ハヤカワ文庫SF）

課題その７　講評レポート　大森　望

本格ミステリで言う「ホワイダニット」とは、犯人が誰なのかを推理する「フーダニット」、犯行方法を問題にする「ハウダニット」に対し、犯行の動機に着目する。もっとも、〝意外な動機〟は何もミステリの専売特許ではなく、グレッグ・イーガン『宇宙消失』や、ロバート・チャールズ・ウィルスン『時間封鎖』、あるいは伊藤計劃『虐殺器官』などでも、動機の謎が読者の興味をひっぱってゆく。

梗概二例は、ともにミステリ的な動機の謎ではなく、独自の「なぜ？」を設定しているが、どちらもＳＦでしか書けない突拍子もない設定が光る。高橋文樹「おかえり、アセファル」は凍りついたベーリング海をゆっくり進んでゆく移動住宅と、それを追いかける生首の物語。高木刑「ラクーン・ザ・キッドの最期」は、「石」を埋め込むことで知性を獲得するアライグマの戦士の物語。紙幅の都合で本書に収録できなかったが、実作は両方とも、この講座で提出された作品の中で指折りの秀作。サイトで公開されているので、ぜひ読んでみてください。

課題その７　梗概例①

「おかえり、アセファル」

高橋文樹

氷に覆われたベーリング海の上、ウェスト・パンハンドル州の氷吹きすさぶ大地をキューービックが西進していた。移民向けのモバイル・ハウス「キューービック」の住人少年パンと妹パニーナ。彼らが生まれる前からキュービックは西進を続けており、東ロシア共和国の首都チュミカンまで五千キロメートルの長旅の途上だった。

目的は聖骸――生命維持装置をつけられた首なしの遺体――を届けること。それがなんなのか、兄妹はよく知らなかった。母は三年ほど前に肺炎で死に、ホームアシスタントの指示通り遺体は外に捨てた。悲しかったが、仕事が済めば、莫大な報酬を元に南へ移住できるのだ。父はそれよりもずっと前に死んでしまった。

氷原をゆっくりと進むキューービックを訪《おとな》うのはムースやカリブーといった貴重な食料源の他、聖骸の頭部だけだった。頭部は自分の身体を取り戻そうと、キューービックを追ってくる。キューービックも遅いが、頭部はもっと遅いので、追いつくのは充電中だけだ。キューービックは週に一度停車し、太陽との正対面積を最大化するよう変形して充電する。その間、追いついてきた頭部は薄くなったキューービックの表面を歩き回る。中に入ろうとしてガンとぶつかるのが怖い。母の言葉によれば、破られることはないそうだが、パンは妹を怯えさせないよう強がるのが精一杯だった。

ある日、パンは近くを移動する物体を見つける。それは氷河期に入った世界を闊歩する毛皮の動物ではなく、戦車だった。もっとずっと小さい頃、パンは家族以外の人と交流をしたことがある。氷に閉ざされた海原を移動する冒険家が稀にいるのだ。交信してみると五人のオーストラリア旅行客だった。

その夜、戦車から音声通信があった。頭部が彼らの戦車内に潜り込んだらしい。頭部がどうやって殺戮を行うのかはわからなかったが、一人また一人と襲われていった。やがて、映像が届いた。それはあの頭部が身体をのっとり、喋っている映像だった。頭部は自分が兄妹の父親だと名乗った。そして、母親はロシアのスパイで、実験の成果を盗もうとしているのだ、と。パンはとても悩んだ。そして、外をついて歩いてくるならいい、という条件を出した。

それから三年の間、父親を名乗る男――といっても、身体は女だったが――はトボトボとついて来た。キューービックの充電中は寄り添うように眠っていた。もうチュミカンに着くという頃、パンは妹と相談して、もう父親ということでよいのではないか、と結論づけ、身体を返すことにした。家に招き入れると、男は自分の頭をもぎ取って聖骸に取り付いた。「さあ、行こう」と言って、男は北に進路を変えた。温かい南へ行くんじゃないの？パンの問いに父は答えた――南に行ったところで、氷の上以外はすべて戦地なのだから、雪原をさまよっていた方がましだ――パンは妹と相談し、もうしばらくこの男についていくことにした。

■内容に関するアピール

アセファルとは「頭無人」のことです。課題提出をされたのが法月綸太郎先生だったので、「密室」「生首」などの連想でこのようなストーリーにしました。

極寒の地という極限状態と、主人公が幼い兄妹という無力感が作品にいい緊張感をもたらすのではないかと期待しております。

　書き終えたあとに若干『ファイアパンチ』という漫画に設定が似てるかなと思ったのですが、これも集合的無意識のなせる業、あとは「生首に聞いてみろ」というわけです。

　地球温暖化を巡る議論のうち、「実はそのうち地球が氷河期に入るのでは？」という意見がありますが、仮に氷河期が訪れたとするなら、人間はどうやって生き残っているのかという思考実験も含めて色々と書いてみたいと思います。

課題その7　梗概例②

「ラクーン・ザ・キッドの最期」　高木　刑

　ラクーン・ザ・キッドは誇り高いアライグマの「戦士」だ。彼はハイイログマに乗って神の末裔であるハダカザルを狩り、「情熱家」のアデルを妻に娶《めと》っていた。アライグマの集落は千匹以上が暮らすコロニーで、かつて神が北アメリカと呼んだ大陸の北方に属していた。

　アライグマたちの高度な知能は神の残した「柔らかい石」にあった。成人になる資格を得たアライグマは脳外科手術を受け「石」を脳に埋め込み、神に匹敵する知恵を授かるのだ。「石」の授ける人格にはそれぞれ特性があり、キッドは「戦士」の「石」を埋め込まれたアライグマなのだ。「石」を持つ動物たちはアライグマの他にもいた。彼らは世界共通のバイナリ言語を用いて罵りあい、限りある「石」を巡って殺し合った。だが神はこの世界には既に存在しなかった。

　何故、神はこの地球上から姿を消したのか？

　キッドは「賢者」アインシュタイン、アデル、そしてハイイログマと共に聖地と呼ばれる西の彼方を目指して旅に出る。肥大化した肝臓がたわわに実った木や空飛ぶイルカによるバッファロー虐殺などを目撃しながら旅は続けられたが、アインシュタインは「石」を託して亡くなり、アデルは事故で「石」との接続を司る脳の部位を損傷しただのアライグマになってしまう。冬が近づいてくる。足を怪我して歩くこともままならない。やむなくキッドはハイイログマに脳外科手術をほどこしアデルの石を埋め込み知能を与える。レアと名付けられたハイイログマは食料集めに奔走するが食料が足りない。このままではキッドもアデルも冬を越せない。レアはアデルを殺してその肉をキッドに食わせる。キッドはレアの愛を受け入れる。二匹は抱き合ったまま冬を越す。

山越えを果たした二匹はソロモンと名乗るバイナリ言語を操るハダカザルと出会う。彼は禁忌を犯しかつて神が住んでいた集落に向かったのだ。集落には巨大な塔と、金属でできた美しいサルがいた。金属のサルは塔から一歩も出たことがなかった。この塔は「石」に見えない力で知識を送り、また「石」の得た知識を受け取るためのものらしい。集落を調査する三匹は神の骨を発見する。それはハダカザルと全く同じだったが、ただ顎が極端に退化していた。キッドは奇妙な食生活に気づく。彼らは植物性のものしか口にしていない。

キッドは集落の至る所に彫り込まれた文様に着目する。神がハダカザル同様「石」を持たないなら、どうやって知識を伝承したのか？　金属のサルに見せると果たして、その文様は文字と呼ばれるものだった。文字の伝えるところによると、第三次世界大戦はヴィーガンと自称する動物に手を触れない神の一族と肉を食らうハダカザルの先祖が引き起こしたものだった。ヴィーガンたちは動物に知性を与え、残された人類から文明の記憶を剝奪し、動物のいない世界——火星——に移住することで人類という反自然的存在を地上から一掃したのだ。

キッドはソロモンに「賢者」の柔らかい石を埋め込み、さらに自らの「石」をソロモンに託すことを決意する。ハダカザルか、「石」を持つ動物たちか、いつか必ず火星に向かい、もう一度神に会うことを夢見て。「柔らかい石」を除去する手術が始まる。キッドは自らの意識がアップロードされ、巨大な意識の源と出会うのを感じる。源は死んでいた。活動するための夢を失いただの知識の集積場と化していた。キッドは悟る。神に出会いたいという意志は何より神の作り上げた「石」の意志であるべきだったことを。夢を与えられた知識が活動を開始する。

レアは「石」から与えられた夢を拒絶するため自らの脳を爪で傷つけ、かつてキッドと呼ばれたアライグマを抱え北へと旅立つ。

■内容に関するアピール

「完全に人のように振る舞う動物」が世界の謎に迫る話です。手塚治虫『W3』や大原まり子「一人で歩いていった猫」、そして『ガーディアンズ・オブ・ギャラクシー』のイメージです。

謎というものは必然的に解けるものです。たとえ『ソラリス』のような作品であっても、「謎が解けない」という答え自体は必然的に与えられるものです。その意味で「謎解き」を主題にするということは、必然的に作品における読者と作者の力関係の差というものが露骨に意識されるということだと私は考えます。作者は謎の答えについて知っています。知らなければ書けません。そして読者は答えを知りません。知っているなら読まないでしょう。読み進める内に読者は答えに気づきます。だが気づいてしまった謎とは大抵、つまらないものです。かと言って最後まで気づかない謎というのはもっとつまらないものです。私の印象では「謎解き」というジャンルは、読者と作者がぴったり感情的に合致する瞬間というものをあえて抑えているようなジャンルに思えます。

それでは優れた「謎解き」とは何なのか。回答の一つとして私が考えたのは、「そもそも論理的に回答しようがない謎を同時に投げかける」ということです。性愛にまつわる暴力性の問題というものはその一つの例です。愛と暴力が不可分のものであるなら、普遍的な回答は決して得られません。個別の例において何が正しいかをその場で決断しなければならないのです。

アライグマとグリズリーの官能描写を描ききるのが目標です。

第7回

講師 **新井素子**

テーマ 家族

■SFは家族を描かない？

新井 何でわたしのテーマが「家族」なの？

大森 新井さんは日本のSF作家の中で、たぶんいちばん「家族」を書いている人だからです。

新井 確かに最近の『未来へ……』、『もいちどあなたにあいたいな』は、もろに家族ものだね。でも、デビュー作「あたしの中の……」は、バス事故で家族全員死んだところから始まる。「グリーン・レクイエム」は、母親の呪縛から逃れられない話。『……絶句』は、主人公の一家全員が死ぬ。わたし、他にもたくさん家族殺してる（笑）。

大森 ここ二作は家族のあたたかさも描かれてますが。

新井 うちの家族が変な家族だったわけじゃないんですが、昔は家族って呪縛で。最近ようやく家族っていいかもって思えるようになってきた。ある作家さんとの対談で、何で小説を書いているのかという話になって、「二人ともどっか病んでて、自分を治療するために書いているのかな。このままお仕事続けていって、いつか健康になれるといいね（笑）」って。「家族」について書くうちに、考え方が段々健康になってきたのかな。

大森 家族と向き合えるようになってきた、と。そもそも「家族」を描くSFは少ないですよね。いまの人気作家の作品は、あんまり家族が出てこない。

新井 確かにすぐは思いつかないな。じゃあわたし、家族をいっぱい書いているほうなんだ。ミステリは「家族」多いよね。一族とか一家とか出てきて、その中で誰かが殺される話があるから。『犬神家の一族』とか。SFは古い家の因習みたいのを描く作品少ないのかな。

大森 短篇だと『NOVA3』の長谷敏司「東山屋敷の人々」。テクノロジーによって日本の旧家がどう変わるかを描く、ある意味、逆『サマー・ウォーズ』みたいな話です。SF作家は、そういうことを考える人が少ないというか、家族について考えたくないからSFを書いているという人もいたりして。あ、でも、筒井康隆さんは家族ものが結構ありますすね。『家族八景』とか、『わたしのグランパ』とか。

■展開は登場人物と喋って決める

大森　新井さんは小説を書くとき、どこから出発するんですか。プロットは作らないんですよね。編集者の依頼から始まる？

新井　そうですね。でも、「こういう話を書いてください」と指定のある依頼は、ほとんど受けたことがない。だから……どうやって書きはじめるんでしょう（笑）。

大森　書いたあとは、何回も書き直すんですか。

新井　『もいちどあなたにあいたいな』までは、途中ですごく直してます。『未来へ……』は連載だったから、とにかく一回書いて、最後に全部直した。途中で直すより、まず一回書いちゃった方が楽ですね。そりゃそうだ。いままでわからなかったのかわたし（笑）。**話は全部書いてから、後で直した方が楽です。**

大森　具体的には、どんなふうに始めるんですか。

新井　『未来へ……』は、主人公が成人して初めて親におねだりをするという場面で、「お仏壇を出して」という台詞から始まります。双子の姉妹だけど、幼い時に姉が死んでいて、親は妹のために姉の存在をなかったことにしたんです。母は、妹が姉のことを忘れたと思っていたから驚愕し、その後、母が精神に失調を来《きた》して、長女が死ななかった世界を構築しようとする話で……あれは「お仏壇を出して」を最初に思いついた気がする。

大森　『もいちどあなたにあいたいな』も、並行世界＋家族だから、その姉妹篇という感じもしました。

新井　構造が似てますね。でも、あたしのやってみんな似てるかな。

大森　そんなこともないでしょう。最新の長篇二作、『もいちどあなたにあいたいな』と『未来へ……』は、それまでの新井さんの作品とは変わってきた印象でした。

新井　そうですね。家族を肯定的に書いたのは、あの二作が初めてだと思います。『もいちどあなたにあいたいな』は、書く前に『光る眼』とか『盗まれた街』とか見て、そういうのをやりたかった。そうならなかったんだけど。

大森　どちらも、異星人が静かに侵略してくる話ですね。『もいちどあなたにあいたいな』も、冒頭は、ジャック・フィニイの『盗まれた街』のように、身近な人が、そっくりの別人と入れ替わってるんじゃないかと疑いはじめるところから始まる。主人公の大学生は、近所に住んでる父方の叔母のことが大好きなんだけど、ある日ふと違和感を覚える……。

新井　「あたしのやまとばちゃんじゃ、ない」ってね。やまとばちゃんというのは、和《やまと》っていう名前のおばちゃん。

大森　その台詞が出発点なんですね。

新井　くだらないところから始まるんですよ。あの話だと、〝やまとばちゃん〟て呼び方が、〝やまばと〟みたいで好きだっていうところ。「クックックー、くるっ、くるーって、おばちゃんが凄く可愛く鳴いている感じがして」っていう独白がまず最初に……何でこんなところから始まるんだろうね。

大森　そんなところから始まるとは（笑）。説明が難しいですね。

新井　めちゃくちゃ難しいです。いまのエピソード、本筋に何一つ関係ありませんから。

大森　SF的な仕掛けや設定は後からついてくる？

新井　**浮かんだ言葉を足掛かりにして、とりあえずキャラクターを作っちゃう**んです。わたしは、「この子はこういう過去があって、こういう人生経験をしたからこういう性格」と先に決めるキャラクターの作り方はしなくて、**何でもいいからひたすらその子に喋らせる。そうすると、喋り方と喋る内容で、キャラクターができてくる。**妙なことにこだわるなと思ったら、だいたいそこに何かある。登場人物を何とかちゃんって呼んで、喋れるようになると、小説ができる。しばらくは、もうずーっと、その子と喋って話を聞くので、手間がかかるんですが。

大森　すごい（笑）。シリーズものなら書きやすいかもしれませんが、単発の長篇で毎回それをやっていると大変ですね。編集者と作家が、プロットやキャラクター表を見ながら、「この子だったらこういう動き方しますよね」って打ち合わせをするとかいう話は聞きますが、新井さんの場合は、自分一人でキャラクターと会話するんですね。

新井　だから、わたしの登場人物は無口な人がいないんですよ。そりゃ、そういう作り方してりゃ、喋るわなあ。

大森　なるほど。無口な人が描けない（笑）。

新井　そうなんですよ。無口な人って、なに考えてるかわかんないんだもん（笑）。

大森　それを書いてみたらどうですか。

新井　いま書き始めている小説の一人が、声に出すとまずいような、ひどいことばっかり考えていて（会場笑）、その人がお酒飲んだ時に愚痴るようなことを、ずーっと聞いてやってるんだけど、彼は小説ではあんまり話さないだろうな。わたしと話しはじめると、愚痴ばっかりなんだよね（会場笑）。まーあ、ぐちぐちぐちぐちぐちぐちぐちぐち（笑）。

大森　新井さんのコントロールが及ばないんですね（笑）。

新井　コントロールできるうちは（小説が）書けない。

■いろんな人の視点を入れていく

大森　二〇一六年に出版芸術社で、《星へ行く船》シリーズの復刊が始まりました。シリーズ一作目から三十五年経っていますが、各巻に新作書き下ろし短篇が付きますよね。年月が経っても、キャラクターは当時のまま喋ってくれるんですか。

新井　いきなりは無理だけど、復刊するときに本文にすごい手を入れているんで、その間に思い出した。手を入れている間は、その人たちと喋ってるから。

大森　同窓会的な感覚？　それとも当時に戻っていく感じ？

新井　気持ちとしては同窓会ですね。本物の同窓会だと、むかし小学生だったみんながおっさんおばさんになってるけど、彼らは相変わらずあの年のままっていうところが違う。何かイヤな同窓会ですね（会場笑）。

大森　自分だけ年をとっていると（笑）。今回の復刊では、相当手が入って、全面的にアップデートがなされています。スマホが出てきたりするわけじゃないけど、当時の時代背景に合わせて書いていたところは細かく修正されていますよね。そうやって書き直しているうちに思い出したと。

新井　こういう話をすると、自分の正気を疑われそうでヤなんだけど、わたしは**声が聞こえるタイプ**の作家なんですよ。ずっと直していると、その人たちの声が聞こえてくる（笑）。

大森　そうやって聞こえるようになると、新作をいくらでも書けるんですね。

新井　どの作品でもいいんですけど、例えば『もいちどあなたにあいたいな』の続篇を書くとなっても、本文に手を入れて、語り手の澪湖《みおこ》さんや和さんの声が聞こえてくれば書けると思います。どういう続篇になるんだろう？　あの話を陽湖さん（澪湖の母親）視点から書いたらどうなるか考えたことがあるんですよ。
大森　最初はやまとばちゃん視点で書いてたんですよね。
新井　やまとばちゃん視点は出てこないですよ。
大森　最初にやまとばちゃん視点で書いてから、ぜんぶ書き直したって、あとがきに書いてなかったっけ。
新井　そうだっけ。いっぱい捨ててるから、もうよくわかんない（笑）。あ、そうか、やまとばちゃん視点で書くと、話が最初からネタバレになっちゃうから止めたのか。あの作品、主人公の澪湖ちゃんが一定してくれなくて、なかなか書けなかったんですよ。でも最終的に一人称多視点にして。**一人の一人称で書くと、その人の話ばっかり聞くことになるけど、一人称多視点はいろんな人と喋れる**から、書くの好きだって、そんとき思いました。いま書いてるのが、一人称が五人いるんで、かなり楽しい。いままでは、一人の一人称で押し切っちゃうことが多かったんです。一人称小説は、その人がそこにいなかったときのことがまったくわかんないことが問題点なんで、そこの補足だけさせてもらうことはありますけど。あとで聞いた話ですが、みたいなね。でも、一人称多視点だと、一回の話で三人分くらい楽しめる。わたし、文章書いてその人になるの好きみたいで。
大森　一粒で三度美味しい。
新井　書いてる方はね。読んでる方が美味しいかどうかはわかんないけど（笑）。
大森　ははは。同じ話をいろんな視点で書いたら楽しいんじゃないですか。
新井　そうすると違う話になって、整合性がとれなくなるから困ったもんで。
大森　視点が変わるとストーリーが変わっちゃう（笑）。
新井　現実でも、わたしが見たらこうでも、大森さんが見たら全然違うことってあるじゃないですか。
大森　**視点が変わると世界が変わる。**それで世界の複数化、多重化が進行していく並行世界ものを書かれるのかもしれないですね、最近の新井さんは。
新井　おんなじ事件でも、見る人の気持ちで全然違いますよね。書いている方は、いろんな気持ちになれるのは楽しいです。
大森　そのときに、誰の視点を選ぶかは、どうやって決めるんですか。
新井　最初に声が聞こえてきた子。
大森　その方法は人に伝授しにくいですね（笑）。

■短篇は「思いつく」ことで書ける！

新井　大事なこと言い忘れてた。これ長篇の書き方で、短篇は違います。短篇でこれやったら、効率が悪いにも程がある。キャラクター設定に半年くらいかかりますから、短篇でこれは絶対おすすめしない。

大森　やるならシリーズもの、連作ものに。

新井　というか自分でいうのもなんだけど、わたしの書き方、異常ですよ。やんない方がいいと思う。

大森　ははは。短篇の時はどうするんですか。

新井　だから、ずっと短篇書かなかったんですよね。最近やっとコツがわかって、書けるようになった。

大森　じゃあ、その苦節三十五年で会得した短篇の書き方のコツを、伝授してください。

新井　あのね、わたしだからできるコツなの（笑）。**最初に何でもいいから一文だけ思いつく。**本当に何でもいい。「あけみちゃんはいいお嬢さんです」とか。とにかく思いついたら、そこからひたすら転がしていく。「あけみちゃんは幼稚園の桃組さんです」、「桃組さんは梅組さんのお姉さんで、あけみちゃんはいいお姉さんです」。ここまでくると、よくわかんないんだけど、これ、幼稚園児が出てきて、いいお姉さんなんだなということが確定したので、続きは何の話だろうって。

大森　たしかに真似できない（笑）。自動書記。新井さんは書き始めたときに、どういう話になるか、どの程度までわかっているんですか。

新井　まったくわかってない（笑）。

大森　よくまとまりますね。

新井　だから、三十五年でやっと獲得したコツなんですよ。まあ三十五年やってりゃ、これぐらいできるようになるか。短篇の「イン・ザ・ヘブン」の書き出しは、「ねえ、史子ちゃん、天国って、あると思う？」って、これも台詞からだ（笑）。短篇は台詞を思いついたところで、キャラクター設定をしないで、状況を確定させていく。これは年下の年の離れた子に言っている。でも、子供に話しているんじゃない。じゃあ、史子ちゃんは四十歳ぐらい？　じゃあ、これを言っている方は結構な年齢。じゃあ、おばあさん。ということは、このおばあさん死にかけ。みたいにトントンいくじゃん。いくかな？

大森　たぶんいかない（笑）。いちおうロジカルに転がっているように聞こえますけど。論理的帰結としてこうなる、と。おばあさんは死にかけなんですか？
新井　八十の人が「天国って、あると思う？」って言ってきたら、そりゃ臨終間際だよー。
大森　そうですか（笑）。長さや、結末は、書き始めのときは全然わからないんですか？
新井　終わりは……決まってることが稀にある。「稀にある」って（笑）。短篇を書き始めて、一日に原稿用紙五、六枚書くと仮定すると、十日で五、六十枚になりますよね。でも毎日そんなにコンスタントに書けるわけじゃないから、二週間かかるとすると、一週目の終わりぐらいに歩いてると結末が決まる。書いてるときはわかんないけど、駅まで歩くと何とかなる。
大森　歩いている間に決まる。みなさん歩きましょう。
新井　だからね、わたし結構歩きます。昔っからそうなんだけど、**小説が行き詰まったら、歩くか髪を洗うと、何とかなる。**でもこれもどうなんだ（笑）。小説家の小説の書き方講座で「アイディアに詰まったら髪を洗おう」ってのは、まずいよね。
大森　でも「風呂に入る」っていう人もいますからね。あと、歩く人は多いですよ。ミステリ作家の薬丸岳さんは、アイディアをひねりだすためにとにかく歩くんだけど、歩きすぎて、いま自分がどこにいるかわかんなくなることがあるそうです。
新井　横溝正史さんはよく歩く人で、必ずここで座って休憩したという「横溝石」というのがありますよね。歩くのはいいって、普遍的だ。
大森　歩きながら、ずっと小説のことを考えるんですか。
新井　小説を書いているときは、歩くとき以外も、その小説のことをほぼずーっと考えてます。でも、打開策が生まれるのは、歩いているときですね。というか、これまで、ラストシーンは、ほぼ歩いているときに決まってる。だとすると、うちが最寄り駅まで二十分なのは、歩かざるを得ないから、恵まれているのかな。
大森　そうかもしれない（笑）。目的なく散歩するわけではないんですね？
新井　適当に歩くと迷子になっちゃうので（笑）。迷子になると、生還するために頭を使わなきゃいけなくなって、小説のことが考えられなくなる。
大森　そうでした。新井さんは、知らない道を歩くのに不自由するタイプの人でしたね。

■なんでも説明できるくらい、考える

大森　編集者との打ち合わせでは、どんな話をするんですか。ラストは？　と聞かれたら。

新井　困りますね。そんときにわかっているところまでは微に入り細にわたり精一杯話します。一時間ぐらいずーっとわたし一人で喋ってて、原稿用紙五枚ぶんくらいしか説明してないこともあるんで、たいてい編集者が諦めます。だって、打ち合わせで、こんな話ですよーって、作家が一時間話してたら、わかりましたもう書いてください、って言っちゃわない？

大森　はい（笑）。他の作家さんは、頭の中にあるけど語り続けられるほどには決まっていないことを、打ち合わせでコミュニケーションをとりながら、だんだん固めていったりするんだと思います。

新井　こないだ「こういう話を」ってリクエストもらって、それいいなと思って、まず設定を一所懸命書くことにしたんです。登場人物がいっぱい出てくる多視点の話で、それぞれの登場人物の独白を聞いて、ずーっと書いてって。原稿用紙五十枚ぐらい書いて最後に、**「というのが背景にあり、なお本文には、これらは一切出てきません」**。

大森　はははは。それは編集者も困るでしょうね。さっきの一時間喋ったというのも、小説にそのままの形では出てこないことを話すんですよね。

新井　うん！　そうじゃないと、最初の五枚を一時間も喋れないよ。いかに余計なことを話してるか。打ち合わせと言えば、『ラビリンス』のときのは覚えてる。一人称視点で足元に火が見えるところから始まるんだけど、それをずっと「これは崖の上にこの登場人物がおりまして、下の方に村が広がっているわけです。村の真ん中に焚き火があって、そこで火が燃えていて、そこでは何年かに一度お祭りをやっていて、そのお祭りの起源っていうのは……」って三十分くらい喋って、実際の原稿になったのは、「足元に火が見える」だけ。わたし、その背景をずっと喋ってたんだね。そのときも編集さんが「やっぱりいいです」って感じになって。「じゃあそれでやりまーす」って（笑）。どれでやるんだ、あたし。

大森　当時はそのぐらい作品世界が頭の中でかっちりできてから、書き始めたんですか。

新井　そんときはたぶん、世界設定、神話設定、お祭り関係の設定とかは全部できてた。主人公の性格・能力、カウンターにあるキャラクターの性格・能力も、全部できてたはず。できてないと喋れないから。

大森　何を聞かれても説明できるというのは、湊かなえさんのデビュー作『告白』の逸話を連想しますね。『告白』の一章「聖職者」という短篇が小説推理新人賞をとったとき、担当編集者が「この人はこの後どうなるんでしょうね」って聞いたら、「それはですね」って一人一人の話を順番に全部喋りはじめた。じゃあそれ全部書いてください。とリクエストしたら、『告白』という連作短篇集ができたという。

新井　この人はどうしたって聞かれるとね、何でも答えちゃうんですよ。

大森　《星へ行く船》シリーズも、例えば「この猫はどこで拾ったんですか」と聞かれると、新作短篇が一本できるんですか。

新井　あのシリーズは、書いてない設定がものすごーくいっぱいあるんですよ。書く前に終わっちゃったから。例えば、わたし的には（ヒロインの飼い猫の）バタカップがどこから来たかって謎だし、中谷君は何であんなに階段登ってるのかも謎（笑）。そういう作ったまんま放っている設定を、拾いたかったたっていうのはあるんですよ。

大森　それ、最初に書いたときは、考えてたんですか？

新井　考えてたところと、考えてなかったところがあります。太一郎さんと所長の関係は最初から全部作ってあったんだけど、全っ然書くタイミングがなくて。むちゃくちゃ思わせぶりな伏線を引いているのに、主人公のあゆみちゃんがまったく気づいてくれない（会場笑）。**なりきり一人称のいちばんの問題点は、作者がどんなに誘導したくても、キャラクターが莫迦《ばか》だと気がついてくんない。**これはどうしようもないんですよ。

大森　なるほど（笑）。主人公が伏線に気づかない。

新井　困るんだよこれー。誰も伏線を回収してくんないの。

大森　確かに一人称だとそれはありますよね。逆に本格ミステリで、一人称主人公がわざとらしく伏線回収に入り始めると、途端に作り物っぽくなっちゃうとか。主人公に寄り添うなら最後まで寄り添うべきですよね。見えないものは見えないから、死体が見つからないとか。

新井　それはひどい（笑）。結局、あゆみちゃんに寄り添った結果、あのシリーズには回収できていない伏線がすごくある。

大森　それはメモとかがあるんですか？　それとも覚え

てるんですか？

新井　メモはもうないです。メモをとる習慣があんまりないのと、《星へ行く船》を書いたころは結婚前だったから、わたしのメモとか書き損じを、母が全部切って、裏を電話用のメモにしていた（会場笑）。

大森　えー（笑）。結婚してからは、旦那さんが管理を？

新井　結婚してからは、わたしが電話のメモにしちゃう（会場笑）。

大森　けっきょく一緒じゃないですか（笑）。原稿も、裏を再利用するんですか。

新井　手書き原稿の頃のやつは、出版社が持ってると思う。書き損じは全部電話のメモ。でも最近は、電話でメモを取ることがあんまりないので、電話用のメモが大量に余ってます（会場笑）。

大森　でも作るんですか（笑）。

新井　もう作ってないね。ただ、パソコンの画面で推敲したくないから、途中でも必ず印刷して推敲するんですけど、それは裏が白いから、逆にしてプリンターに入れて使ってます。

大森　「新井素子記念館」ができたときのためにも、赤を入れたゲラは、別にして取っておいた方が……大量の電話のメモがあって、「これはあの作品に違いない」ってなるのかな（笑）。

■驚異の原稿紛失エピソード

新井　問題は、結構消えるんですよね。これ清書しようと思ってたやつがいなくなる。

大森　え？　いなくなる？

新井　わたしの原稿は足があって、ときどき出ていく……としか思えない。しかもパソコンよく壊れるし。

大森　様々な神秘的な現象が、新井さんの周りではよく起きると。

新井　だから絶対に、液体とパソコンを近くに置かないんです。

大森　それは神秘的な現象ではないですね（笑）。

新井　昔はしょっちゅうコーヒーがこぼれていた。フロッピーディスクの時代は、傷がついてえらいことになったこともあって。『ディアナ・ディア・ディアス』が、最初の百枚と最後の百枚の間の三百枚が壊れたという。これさー、最初と最後あるのに真ん中がないっていうのは困るんだよ。いまだったら、復元できたのかなあ？

間の三百枚分が全部「驚」になっちゃったの。

大森 ええ？

新井 何でそうなったかわかんない。ずっと驚驚驚驚驚驚驚驚驚驚驚驚。壊れちゃったものはしょうがないので、もう一回書いたら、案の定、最初に書いた「最後の百枚」にくっつかないの。

大森 まあそうでしょうね（笑）。

新井 それ以来、なるたけこまめにコピーをとるようにしたんだけど、どうもそいつらに足が生えていて、しょっちゅうどっかにいなくなる。全部原稿書き終わって、ふーって思うと、その辺の隅から出てくるので、あの人たちはきっとわたしに嫌がらせをしている。でも自分の原稿に嫌がらせされる作家ってヤだね。

大森 その状態を、デビューから四十年続けているというのがすごいですね。三つ子の魂百まで。新井さんの方向音痴話も四十年前から続いてますし。

新井 原稿なくした話っつったら、「グリーン・レクイエム」は、できあがって公衆電話で奇想天外社の編集部に「原稿できましたー」って言ってその原稿、公衆電話に忘れてって、気がついて取りにいったらもうなくて。……もう一回最初から書きました。

大森 ……。他にもバージョン2のものが結構ありそうですね。

新井 どんだけやってるんだわたし、少しは学習しろ（笑）。でも、すべてにおいて、あとで書いたのの方が出来がいいんです。だから、書き直すのが全然苦じゃない。よくなってるからやめらんないんだよね。悪くなってんなら、も少し原稿を大事にするんだけど、明らかに、あとから書いた方のがいいんだ。

大森 それは別人格の自分が、作品をいいものにするために、自分に試練を与えてるんですかね。

新井 そんな試練イヤー（笑）。なくさないでもいいでしょ。あれどこにあんだろうねー？（会場笑）原稿を持って歩くのがいけないって説もある。持って歩かなければ、なくさない。でも家の中でも結構なくなる。猫がいるのが悪いって説もある。

大森 それは関係あるんですか。

新井 パソコンを壊すのは、主に猫。猫の毛がよくない。

大森 （笑）。最近は、だいたいみんな、データはクラウドにバックアップしていると思います。

新井 今回、原稿のデータを金曜日に送っていただいて、全部ウチで印刷したんだけど、わたしが印刷しようとすると、必ず止まっちゃうんだよ。土曜日にお客さんが来て、その中のパソコンに詳しい人が、よくわかんないことをやって、たまたま印刷できた。

大森 いやいや。印刷した紙で送ってほしいってスタッフに言えばよかったのに。

新井 紙以外のもので原稿が来る想定してなかった。みなさんはパソコンで読んでるんですか。

大森 僕はスマホで読んでます。

新井 その画面に入るの？

大森 入りますよ（笑）。

新井 ちっちゃくない？

大森 えー、こういう感じですね（画面を見せる）。大きくもできますよ。これなら読めるでしょ。

新井 おー、読める。すごい。えっ、何これ？　大きくしたら勝手に改行が変わった！（会場笑）笑うなー！だってすごいじゃん！　……みんな、全然感動してない（会場笑）。何で感動しないんだ、こんなすごい文明の進歩に。ねえ、もう一回大きくして。……すごい！　よくこんないっぺんにパッと行が揃うね。

大森 そうですね（笑）。文明の進歩ですね。

新井 この子すごい頭いい！

大森 世の中のスマホはどれでもできますよ。新井さんの本も、電子書籍版を買えば、満員電車の中でもこれで片手で読める。

新井 デスクトップの前に座って二百枚の原稿読み続けるのは苦痛だと思ったんだけど、これだったらできますね。

大森 スマホは小さいんで、長い文章はタブレットで読む人も多いですね。

新井 （すぐ前に座っている受講生のタブレット端末を見ながら）あ、分解した！　すごい！（会場笑）

大森 タブレットに、キーボードを別にくっつけてるんです。これで文章も書ける。

新井 すごいねー。みんな驚いてないから、むなしい。すごくないのか。メモもとれるんだね。

大森 そうですね。タブレットに入れたゲラに、手書きで直接訂正を書き込むこともできますよ。新井さんも挑戦しますか。

新井 やだ（会場笑）。いいんだわたしは。

大森 原稿なくさないですよ。書き込みしたのも履歴が残りますし。クラウドと同期させておけば、ここで更新すると同時にクラウド、雲の上にも保存されるので、手もとのがなくなっても大丈夫。……って、藤井太洋さんがこの講座でしたツールの話と比べると、時代が何十年かずれてますすね（笑）。

■Windows10という怪物!?

新井　パソコンはなるたけネットにつなぎたくないんです。Windows10の案内（アップデート通知）が来てから、スタンドアロンにしてる。わたし、親指シフトのOASYSなんです。OASYSは、Windows10になったら終わりって聞いて。一回しちゃったら、もう直せませんって。

大森　ネットにつなぐとWindows10という怪物が来て、OASYSが使えなくなるという恐怖にさらされた新井素子は、執筆環境を守るためにパソコンをスタンドアロンにした、と。

新井　だってWindows10って怖くないですか？　どうにかなっちゃった人の話がトラウマになっていて、夢の中でテレビをつけたらWindows10が出てきて（会場笑）。怖くってさあ。

大森　『アイ，ロボット』が、そういう話ですよね。ロボットのOSが無線接続で強制アップデートされて、ロボットたちが一気に人類に反旗を翻す。その種の恐怖をふつうの人たちに実感させたのがWindows10の強制アップグレードかもしれない。

新井　「YouTubeが見れなくなった」「ネットが遅くなった」とか言う人いたけど、こっちの危機はそんなもんじゃない。原稿が書けなくなる、原稿がふっ飛ぶというものなんで。

大森　確かに（笑）。僕のマシンもWindows10はサポートしてないので、アップグレードは切ってます。

新井　スタンドアロンは大丈夫だよね。うちには二匹いるんですよ。片っぽの方は断固スタンドアロンなの。その子だけは何があっても守る。ただ、そうすっと、その子で書いた原稿はどうやって外に出せばいいんでしょう。考えたのは、詳しい人に立ち会ってもらって、何か来たら退治してもらう（会場笑）。あとは、何か差して、それをときどきもう一つに移して、有線につなぐ。

大森　そうですね。USBメモリを使ってしかデータを外に出さないというのは安全です。

新井　この使い方だと、さっき言ってた、勝手に保存するのはできないんだよね。

大森　うん。ネットに常時接続されてないと、クラウドに勝手に保存はできない。そういう不便があっても、OASYS環境は絶対守る、と。実際、OASYSのヘビーユーザーには、OASYSのワープロ専用機を十台以上買って、「これで死ぬまで大丈夫」と言う人もいますね。椎名誠さんとか。生産中止になったお気に入りの万年筆を買いだめしておく感覚ですね。

新井　ワープロ買っとけばよかったかも。いま言われてもどうしようもないんだけど。

大森　いまでも中古ワープロ売ってますよ。すぐ見つかります。ネットにつないで探せば。

新井　嫌味で言ってるでしょ（笑）。

大森　いえいえ。というところで、お時間です。

新井　こんな話で参考になったんだろうか。

大森　キャラクターの声が聞こえてくれれば書けると。

新井　そうなんだけどなあ（小声）。

大森　あとは親指シフトキーボードが使えるOASYS環境があればいいということで。みなさんの参考になったかどうかはともかく、たいへん面白いお話でした。ありがとうございました。

課題その8　読者を『おもてなし』してください！　新井素子

小説を読むときに、「この作家の成長を見届けたい！」「可能性に賭けたい」などと考える人はほとんどいません。たいていの人は、たんに楽しむために本を手に取り、読んでいるはずです。そんな読者に届けるために、今回の課題で意識してほしいのが「おもてなし」です。これから構築するお話を自分の家だと思って、その中に読者を招待し、おもてなしする方法を考えてみてください。

書くのは短篇ですから、豪邸を建てようと思う必要はありません。一点豪華主義でいいんです。お客さま（＝読者）に、「あのお酒はおいしかった」とか、「ソファの座りごこちだけはよかった」と思ってもらえるように、どこか一点でよいので、読者の心を摑める梗概を作ってください。

〔参考文献〕
星新一さんの作品すべて。とくに初期のショートショートには「おもてなし」の秘訣が詰まっています。

課題その8　講評レポート　大森　望

ＳＦ短篇を書く場合、陥りやすい罠が、自分で考えたテーマや設定を追求するあまり、ひとりよがりになってしまうこと。この講座で提出される梗概にも、のっけからとっつきにくいとか、むずかしいとか、よくわからないとかいう印象を与えるものが少なくない。「おもてなし」という課題は、つまり一般読者を意識し、楽しませることを意味する。

提出梗概は、〝一点豪華主義〟という言葉を頼りにしたためか、一般的な意味での〝おもてなし〟よりも、自分の得意技を前面に押し出すタイプが多かった。

櫻木みわ「苦い花と甘い花」は、東ティモール在住経験を生かしたエキゾチシズムあふれる幻想小説。実作では、ブロンドの双子に導かれてアニータが憧れのホテル・ティモールを訪れる場面がすばらしく魅力的に描かれている。光レトリバー「繁毛ヒストリア」は、ひたすら毛だけで押し通す作品。梗概だけでけっこう毛だらけな気分になるが、実作も意外と面白く書かれている。

課題その８　梗概例①

「苦い花と甘い花」　櫻木みわ

大統領にはブロンドの髪をした二十二歳の双子の恋人がいて、いつもふたりを連れてパーティーやバーに出かける。ヤギ小屋の脇に住む八歳の少女、アニータはとても貧しい。タロイモの茎の炒めかトウモロコシ粉を水で溶いたスープがアニータの食事で、それだって食べられるだけありがたいことなのだと祖母はいう。十数年前にポルトガルから独立したばかりのこの国は、長くつづいた内戦後の治安安定のためにＰＫＯが駐在している。海沿いを走る首都ディリの、通称海岸通りには、りっぱなホテルも音楽の流れるレストランもあるけれど、それらはアニータの国にあっても外国人のためのもので、アニータはなかをみたこともないのだ。

午後の海岸通りで、双子の運転するオープンカーが、アニータの祖母にぶつかる。双子が通話中のスマートフォンを切り、車から降りて丁寧にあやまったので、祖母は「何でもないことです」と土地の言葉でいう。けれどそれ以来、足を引きずって歩く。その年のおわりにアニータは重いマラリア熱にかかり、病院に運ばれる。医療支援で訪れている日本人医師マツザワ・ミチコが、アニータを診る。ミチコは、子守唄代わりに歌った日本の童謡にアニータが唱和したので驚く。「どうしてこの歌を知っているの?」「たまに聞こえてくるから。先生には聞こえないの?」医師は涙を流している。アニータにはどうしてだかわからない。

アニータには小さなころから、それを感知することができた。音声に近いものとして聞こえるときも、感情の余波だけが伝わることもある。どちらにしても、それは常に、空気のなかに満ちている。祖母もそれを感知する。だから普通のことだと思っていたら、ちがうらしい。ミチコと一緒に突きとめた結果、それが死者たちの声であることがわかる。死者に時間の感覚はない。過去も未来も行き来する。肉体を離れると感情は薄れてしまうものなのか、どぎつさはない。エゴもない。大半のそれが、ただ彼女を守ってくれようとしている。ときどき感受する日本の童謡は、第二次世界大戦のときにこの国で死んだ、日本兵が歌っているらしい。ミチコの同僚のアメリカ人医師は渋い顔をして、そんなことはあり得ないと首を振る。

大統領がアニータの能力に興味を持つ。彼は死んだ父親の声を聞きたい。世界は恐ろしいスピードで変わっている。アメリカで予想外の人物が大統領に決まり、中国はこの国の海底資源を狙って巧みな外交をしかけてくる。大統領は困惑している。ひとことでいい、独立戦争の立役者で優れた指導者として国を独立に導いた、亡き父の助言がほしいのだ。ブロンドの双子が、アニータを招待する。あこがれのホテル・ティモール。食べたことのない卵の焼き菓子、遠くの国の賑やかなアニメーション、「あたしたちには入らないから」と渡される、花びらのようなワンピース。双子は少女をもてなして、機嫌を取ろうとする。アニータは、大統領への進言ひとつで彼女たちをここから追放することができる。翌日、アニータは大統領の前に立つ。死者たちはきょうもさざめいている。アニータは、自分を双子の妹にするよう頼む。大統領が尋ねる。「私の父がそうしろといっているのか?」大統領が尋ねる。死者たちの声がこちらを取りかこみ、一斉に高まる。それを無視してうなずくと、いままで満ちていた声が空洞になる。初めて知った静かな世界に、足をふるわせながらアニータは立っている。

■内容に関するアピール

「一点豪華主義でいいから、おもてなしをすること」という課題について考えたとき、自分がよく知っていることと、好きだ、得意だと思えることをもとにして、それをさらに洗練させて差し出すことが、解のひとつになるのではないかと考えました。

他の受講生や作家の方たちとお話をしているときに、「海外に住んでいた経験をもっと書いてはどうか」という助言を頂くことがありました。自分ではそこに価値があるとあまり思えないでいたのですが、指摘を頂いたことで、少なくともそれが自分にとって「知っていること」であり、「好きなこと」でもあると気がついて、舞台を以前住んでいた東ティモールにしました。調べたかぎりでは、東ティモールを舞台にした日本の小説はまだないようです。土着の呪術的な風俗や近代史での日本との関わりなど、興味深い事実を素材に、実際の国についての知見を楽しんでもらえるよう工夫しながら、テレパスの少女のドラマを書きます。

また、物語のなかでの文字通りの「もてなし」を考えたとき、最も鮮烈な設定は、持たざる、けれど何かに強いあこがれを抱いている人物が、その場所に招き入れられ、異世界のようにその世界を体験するというものではないでしょうか。モンゴメリの『赤毛のアン』やアンソニー・ドーアの『すべての見えない光』などで、苛酷な境遇にいた孤児の主人公たちが、その聡明さと幸運から、本や音楽や美しい食べものなどで、初めてのもてなしを受けたときに放つ驚きと歓喜は、読む喜びを掻き立てられるものです。そのようなもてなしの場面を目指したいと思います。

タイトルは、死者にたいして一週間目に苦い花を、二週間目に甘い花を捧げるという東ティモールの風習から付けました。気がついたら死者の声がモチーフになっていたのは、自分自身が先日父を亡くしたことが大きく関与しているように思います。考えてみれば父にも、「東ティモールのお話を書いたら」といわれたことがありました。そのときは受け流してしまったけれど。

課題その8　梗概例②

「繁毛ヒストリア」

光レトリバー

混じりっ毛なしのセンス・オブ・ヘアー

これら一連の物語は、五つの時代、五つのショートショート（十枚×五篇）から構成されます。どのパートの主人公もボーボーという愛称で呼ばれています。

【第一部】原始：毛狩ホラー

［起］剛毛族《ゴワゴワ》は南に大移動しながら、軟毛族《フワフワ》を大量髪戮していた。これに怨恨を抱いた軟毛族の長クルクルは、剛毛族の長ボーボーに毛人形呪術をかける。

［承］ボーボーは勝利の美毛に酔っていたが、自身の毛が抜け始めたことに焦りを覚え、祈毛師を呼び寄せる。祈毛師は族長に軟毛族の呪いの可能性を示唆、和解の勧めをするが拒否される。

［転］脱毛は自身に及ぶに留まらず、毛族にも広がっていった。体中の毛が抜けていくと同時に、体内からの発毛にも苦しめられる。

［結］ボーボーは瀕死の枕元で、味方だと思っていた祈毛師が実はカツラだったこと、族長の殺した軟毛族の生き残りであったこと、無事に仇討ちをやり遂げたことを知り、死ぬ。

【第二部】古代：毛闘アクション

［起］大毛国同士の戦毛に敗北した毛将ボー・アデノシンは、毛奴として毛技場での毛闘に明け暮れていた。そんな中、ボーボーのキューティクル（元妻）をネタに挑髪したフサ・ミノキシジルと口論になり、毛闘を申し込む。

［承］ボーボーは何百人の毛奴を相手に毛技を磨き、毛闘に備える。

［転］毛闘前夜。ボーボーの寝床にミノキシジルの送りこんだ刺客が現れ、毛襲を受ける。命は残ったが、髪、髭、眉毛を千切られてしまう。

［結］明くる日、ボーボーの毛は復活していた。復讐に燃える毛奴たちから借りた毛を束ねた強靭な毛技でミノキシジルは翻弄され、最後は毛奴の解放の約束をさせた上で、ボーボーが勝利する。

【第三部】中世：毛魂ミステリ

［起］主髪の髪がゴッソリ抜けた。毛界はパサつき、信毛が問われていた。毛魂教会は原因究明のために異端審毛会議を開くことにした。毛侶ボーレクセイ・ボーゾフは、頑なに口を開こうとしない主髪に寄り添った。

［承］毛教たちの意見がぶつかり合う。御三毛が対立。正毛とは何か、髪とは何か。ボーボーは、お告毛を置き去りにした毛論に辟易する。

［転］黒虱病にパサつく村から、状況好転の知らせが入る。お告毛との乖離に一同が困惑する。

［結］主髪が抜けた髪を持って現れる。一同は主髪による《毛上髪下説》を聞き、自分たちも断髪する。（自分たち毛侶の長髪に使われている大量の虱除去油を民衆に還元することで、彼らを救おうという話。信仰よりも実践を重視する考え）。

【第四部】近代：成毛ドラマ

［起］産毛革命の発展により、生やせる者と生やせぬ者との格差が広がった。毛学者ボボ・プロペシアは研究に明け暮れていた。ある日、ライバル毛社の研毛者が毛学会にて、高性毛の育毛剤の完成を髪表。ボーボーの研毛者チームは散髪となる。

［承］ボーボーはストレスで脱毛するも、毛族に励まされ、もう一度研毛に打ちこむ。

［転］研毛が進まぬ中、前立腺を患ったボーボーの病状が悪化する。入院した毛先、彼の抜け毛が止まり始める。

［結］彼は思考を転換させた。生やすのではなく、抜けるのを阻止すればいいと。脱毛抑制剤プロペシアの髪見である。

【第五部】現代：脱毛エロス

［起］芸毛界では、保毛派と改毛派の二大派髪に対する第三局、脱毛派を名乗る女毛アレキサンド・ライトが現れた。保毛派の地毛至上主義者ボーボボ・ノーウィッグは、彼女に繁毛史を用い、「毛は力なり」と反毛する。

［承］ボーボーはライトの家に招かれ、地肌たちと交流し、偏見が揺らぐ。

［転］ライトの過去が語られる。彼女は先天性発毛障害で、これまで毛を抜かれる想いで生えてきたのだった。

［結］ボーボーは全身永久脱毛を申し出る。脱毛後、二本は地肌で紡がれ、一本になる。初めて触られた地肌は、とても敏感だった。

■内容に関するアピール

「物語のテーマ『毛は力なり』」

◇毛はパワー（能力・権力）です。

＊多くの動物では、毛の量や質、見せ方によって、その優劣が決まります→能力的側面

＊多くの神話では、毛を切られることで力を失う神々が

描かれています→権力的側面
◇なぜヒトは体毛を捨てたのか？（毛には保護機能・審美機能があります）
①環境的仮説
＊四季や居住地移動などの温度変化に対応するために、保温機能を着脱可能な衣類に託したのではないか→四季のない（地軸が垂直）、地球と比較して寒冷な（太陽と距離の離れた）惑星では、有毛の知的生命体が現れ得るのではないか。
⇒その謎の知的生命体が跋扈する架空の〝人類史〟を描こうと考えました。
②表象的仮説
＊パワーの表象である毛を捨てることにより、逆説的に〝強く〟見えるようになったのではないか→「毛無しでも生きていられる」ヒトが優秀と見なされ、自然選択された。
⇒知的生命体が毛に執着しながらも、最後には失うに至るというパワーの変遷を考えました。
「大河エンターテインメントにした理由」
◇ＳＦとしての、おもてなし（なぜ人はＳＦを読むのか）→日常世界とは異質なロジックで駆動している世界を知りたいのではないか。
⇒人工知能やＶＲなどが日常化しつつある現代、それらを書いてしまっては、もはやＳＦにならないのではないか。
◇新しい世界をたくさん見せる→異なる惑星の、異なる生態系の、異なる時代による、一貫した世界観の設計。
⇒ＳＦフォロワーに対する、最大級のおもてなしなのではないか。
◇普遍的な物語の型→世界観にだけこだわると、理解不能なものになる。
⇒世間的に受け入れられている物語構造の枠に落としこむことで、読みやすさを意識します。

第8回

講師 円城 塔

テーマ 文学

■ジャンル純文学の傾向と対策

大森 本日のゲストは円城塔さんで、文学というテーマで話していただきたいと思います。

円城 そのことをいま知りました（笑）。文学が得意分野かと言われると……。僕は文芸の人からSFの人と呼ばれ、SFの人からは文芸の人と呼ばれる、ポテンシャル商売で生きていこうと思っているので。

大森 文學界新人賞をとってデビューして、芥川賞をとって、文學界新人賞の選考委員をやってるんだから、純文学の人でもあるのはまちがいない。ただ、「文学とは何か」とか言いはじめるとキリがないので、「文芸誌でデビューするにはどうすればいいか」とか、ジャンル純文学の傾向と対策的な話を。

円城 そういう話でよければいくらでもありますけど、それをやると怒られるんですよね（笑）。もっと真面目に文学しろみたいな。

大森 でも、明らかに「ジャンル純文学」はあるじゃないですか。

円城 完全にありますね。傾向と対策は、**人を怒らせないこと**です（笑）。文学賞はよく癒着がどうとかいう話があるけど、癒着のしようがない。点数制で選考委員が五人くらい、○が二点、△が一点、×が○点とかになっていて、それで過半数を超えれば通るというのが基本。最初に過半数が付くことはまずないので、通すためには誰かを動かすしかない。そこで誰かの逆鱗に触れていると、その人は絶対に点数を変えない。それはもうどうにもならない。

大森 でも選考委員のうちの一人か二人が猛プッシュしたら、同時受賞もありうる。

円城 それが僕自身が賞をもらったときの、バーターの道。本当のところは知らないけど、そうとしか見えない（笑）。たいてい二人で受賞している。（選考委員になってみると）いままでみんな頑張ってくれてたんだな……というのが身に染みますね。

大森 それは文学の新人賞以外でもおなじですね。『このミステリーがすごい!』大賞でも、**大賞受賞者が二人出るときはそもそも議論していない。**平行線だから。

円城　議論を二時間くらい続けても、全くポイントが動かなかったりする。長く議論するとさらに意固地になるから、本当に動かなくなる。

大森　世の中に二人受賞が多くなる理由がよくわかりますね。

円城　なので、怒らせないことが第一。特にジェンダー関係、女性・男性造形がひっかかりやすいので、「ちゃんとして!」と(笑)。そうじゃないと、こちらとしては新人賞だから通したいのに、どうやっても通せなくなる。ただ、すごくいいけど問題もあるというものを通したいときはいいんですが、もともと五十点ぐらいの小説をどうするかは難しいわけです。大森さんはSFの新人賞でそう思うことはないですか?

大森　新人賞の場合は、基本的に、その回に来たものの中で一番いいと思うものを選ぶだけ。絶対基準とか言い始めると……。

円城　客観性があればまだいいけど、「自分はいいと思った」っていう絶対基準だったりする場合があるから怖い(笑)。

■小説世界から外へとつないでいくために

大森　なぜジャンル純文学の話をするかというと、**純文学は専門誌が五誌+αあり、そこから芥川賞受賞作が選ばれるというシステム**だからです。五種類も紙で出版されているのは純文学だけで、SFは隔月刊が一誌だけ、ミステリは隔月刊と季刊を含めて三誌。いわゆる中間小説誌はもっとたくさんありますが、次々と電子化されつつあります。そんな中で、文芸誌と呼ばれる純文学専門誌は、〈文學界〉、〈群像〉、〈新潮〉、〈すばる〉、〈文藝〉の五誌、〈早稲田文学〉も加えると六誌に新人賞があって、毎年新人が出てくる。円城さんもそうやって出てきて、文芸誌の世界で生き残っている。

円城　まあ、そうですね。でも、内容的には文芸誌も、中間小説誌と混じってきている感じはする。

大森　明らかに純文学系とか、明らかにエンターテインメント系とかいう作品もあるけど、中間はほとんど差がない。文芸誌の新人賞に落ちた作品がエンターテインメントの新人賞をとったり、その逆もあります。円城さんや西島伝法さんが文芸誌に書いていることもあるでしょうが、文芸誌にはSF系の新人が増えている気がします。文學界新人賞にはSF系のは来ましたか？

円城　僕はまだ二回しかやってないですけど、SFは最終選考までは来てないですね。非常にはっちゃけた小説は来ましたけど、みんな大反対して落ちました。最終選考まで来るのは、言われているほどガチガチではなくて、「どうやって下読みを通った？」みたいなものも結構あります。候補作を絞る側と、選考委員の間はどうしてもねじれが起こりやすい。

大森　文學界も最終候補作までは編集部でやるんですか。

円城　最終候補まで編集部で、予備選も二千作くらい来るらしいですが、編集部数人で読んでるという話だったような。**数が多いから、基本的に一回しか読まれず、ダブルチェックは入れられない。だから、梗概はちゃんと書いたほうがいい（笑）。**

大森　文學界新人賞に来るものは、梗概はちゃんとしているんですか。

円城　していない（笑）。「どうなるのか?!」型が多いですよね。煽り文タイプ。**梗概は三枚で終わる短篇にして、それを五十枚にするのがスタンダード**ですよ。それか本篇を書いてから、改めて短篇を書く。

大森　あらすじが短篇になっているということですね。

円城　あらすじなんだから、オチまで書いてあるべき。この講座の場合は、実際にはまだ先を思いついてないかもしれないから、「こうしたい」でもいいんですけど、一応お話として始まって終わっていないと。

大森　それだけだとわかりにくいところがあるので、適宜設定の説明や作品の狙いを入れつつ。円城さんは創元SF短編賞のゲスト選考委員もおねがいしましたけど、SFの短篇と文学の短篇で何か違いはありましたか。

円城　アクはSFの人の方が強いです。純文に来るのは、ヴァリエーションがあっても純文なので、ジャンルとしての純文学のほうが狭いと思います。ただ、たまに変なのもあって、このあいだの文學界新人賞を獲った作品はひたすら行軍する話でした。基本的に自衛隊が歩いているだけの話で、暗闇の中で自販機を見つけて「うわー！欲しいー！」ってなるけど、買えないんですよね、行軍してるから。あとはやたらムカデがいる野営地とかが出てきて、著者の職業は伏せてあるんだけど、きっと、ただの本当の話だよねって（笑）。でも素晴らしいんですよ。通せる感じの変なものはそれくらいかな。SFの変さ具合とはちょっと違うんですよね。ものすごく型破りなものは、あったとしても多分、上がってこない。
大森　編集部のフィルターを通して、残ったものが来るわけですからね。SFで五本とか六本選ぶのは、ある程度ジャンルの型がはっきりしているから、その枠組みの中で変なものがあるとしても選びやすい。ジャンル純文学、文芸誌の場合も、自然とそういう型に沿って選ばれるということですかね。
円城　見ればわかる的な雰囲気はありますね。
大森　〈文學界〉も、ずっと純文学を読んできた人が編集しているわけではなくて、去年まで週刊誌やスポーツノンフィクション誌にいた、「文学とかほとんど読んでないんですけど」みたいな人が、いきなり人事異動で配属されてくる。にもかかわらず、純文学的なものが、曖昧模糊とした共通了解としてあって、伝統的に守られている。このあいだ『アメトーーク！』で読書芸人特集があったんですが、それを見て思ったのは、小説好きの芸人のあいだで、芥川賞候補作がものすごく読まれている。たとえば、オードリーの若林さんは、西崎憲さん編集の小説誌〈たべるのがおそい〉をわざわざ買ってきて、今村夏子の「あひる」を読んで、これは素晴らしいとテレビでアピールしている。それはやっぱり芥川賞候補になったからだし、たぶん、読書芸人アピールの早道として、芥川賞候補作を全部読もうみたいなことになってる。そういうのを見ると、やっぱり芥川賞のご威光はたいしたもんだなと。
円城　変わらないのはなぜでしょうね。有名になるパスがあまりないので、芥川一本じゃなく、広がってくれるといいんですけど。そういう番組に（作家の側から）出ていくとか（笑）。
大森　それは羽田圭介さんがやっていますね。
円城　羽田さんが出ることによってどうなっているかはわからないですけど、**価値基準を変えていかないと、幅が変わらない。**リーディングパフォーマンスに特化する人が出てくるとか、もっといろいていいと思うんです。以前、柴崎友香さんと、書き手の側が文芸誌に特化して萎縮しているところがあるよねと話したことがあります。昔の有名な作家の有名じゃない作品を読むと、とんでもないことがいっぱい書いてある（笑）。昔の小説は滅茶苦茶だったのに、書き手が枠にはめてきちゃったよねという話をしました。作家が新人賞でデビューして、ある程度売れると選考委員に入ってという護送船団方式も良くなくて、みんなで小っちゃくなって作っているイメージはありますね。

大森　いちばん違うなと思うのは、昔は、文士の私生活が週刊誌に載ったり新聞で報道されたり、三面記事的な興味と文学の距離が近かったたし、作家の知名度もそれだけ大きかった。

円城　いまはみんな生活が貧乏臭くなったんで、オープンにしても楽しくないんですよ。もっとどっか行かなきゃ、料亭とか（笑）。温泉旅館に泊まってお金を払わないで、かわりに揮毫《きごう》して許してもらうみたいな。

大森　時代によって文豪生活も変わるわけで、昔だったら、小松左京は、一九七〇年の国際ＳＦシンポジウムのとき、祇園のお茶屋さんにスポンサーを頼んで、何十万か出してもらったという話がありますけど、いまだと、六本木ヒルズの上の方で開かれたＩＴ社長のパーティーに呼ばれるとか、芸人とカラオケに行ったとか、六本木つるとんたんの個室でどうこうとか、そういうのじゃない？　そういう交友録をがんがん書くべきかもしれない。

円城　べきかはわからないけど、あまり読みたくはないな（笑）。昔の人は赤坂の料亭とか、「そういう世界があるんだ！」っていう興味があるじゃないですか。書店の棚を見ると昔の文豪で残ってるのは食べ物と旅行ばっかりですよ。みんな小説なんて読んでない。そういう、もうちょっと普通の文士パフォーマンスみたいな……

大森　いまは又吉効果で、西加奈子とか中村文則とか、作家の交友関係に多少の関心が集まりつつある。

円城　そういう方向性をいっぱい作るといいんですよ。**いま、現実の世界と本屋大賞くらいしか小説の世界を接続させる回路が、芥川・直木賞と本屋大賞くらいしかないんですよね。**芸人のひとが芥川賞の候補作を読んでいるのも、芥川が実世界と小説界とのリンクになっている道具だからです。けれど、それが文學界新人賞を読もうというふうには絶対ならない。

大森　市川真人が『王様のブランチ』に毎週出てがんばってるけど（二〇一七年三月まで、ＢＯＯＫコーナーのレギュラーだった）、純文学プロパーのプロモートはなかなかたいへんだと。ＳＦだと、現実世界とのリンクはさらに小さい。日本ＳＦ大賞を受賞すると新聞には載るけど、世間への訴求力は弱い。ヤフートップにはならない。昔は小松左京みたいな、テレビにしょっちゅう出てて、写真を見れば誰でもわかる人がいた。そういう効果は大きかったですよね。だからもう、二〇二五年だかの大阪万博で円城さんがプロデューサーをやるとか。

円城　そのあと映画をつくる（笑）。でも、ＳＦは（日本ＳＦ作家クラブ会長の）藤井太洋が頑張ることになっているので。藤井さんが頑張ってくれないと、日本ＳＦは中国の陰に隠れちゃう。

大森　中国ＳＦは、パピーズ騒動（候補作選出の段階から保守的な勢力による組織票が大量に投じられ、辞退者が続出した）とケン・リュウ効果でついにヒューゴー賞を獲りましたからね。円城さんだって、もともと、ヒューゴー賞を目標に……

円城　目標というか、外国人でも獲れるんじゃないのと言っていたら、中国人にとられちゃった。「出遅れてるよ！」という感じですが、そもそも（ワールドコンに）行かせている人数が違う。

大森　公的なお金が出てるという話ですよ。ワールドコン以前に、全米各地のもっと小さなＳＦ大会を回って、草の根的に中国ＳＦをプロモートするロビー活動をしている。一九七〇年の国際ＳＦシンポジウムのときにソ連の作家がいっぱい来たのも国からお金が出ていたからで、帰国後にレポートを書くことを義務づけられていたそうですが、いまは中国がそういう活動を積極的にやってる。その結果——というわけでもなく、いろんな偶然が重なってのことだけど——劉慈欣《リュウジキン》の『三体』をケン・リュウが英訳した「The Three-Body Problem」が二〇一五年のヒューゴー賞長篇部門を受賞して、中国本土で『三体』はものすごいベストセラーになった。

円城　そういう**制度の問題**なのかなという気がするので、制度をハックしていくといいと思います。持続可能性の話だと、僕はいま、近畿大学で創作文芸の講座を持ってるんですが、そこは創作文芸専攻で、年五十人くらい採るんです。どうするんだという話ですよ。アメリカのクリエイティブ・ライティング講座もそれなりに人を採ってるけど、何人かがピックアップされて、回帰魚のように帰ってきて講師になるという、ギリギリの、鮭みたいなサイクルがある。日本ではクリエイティブ・ライティングから上がるという回路がないから、鮭は帰ってこれないわけです。その鮭はどうすればいいのか。

大森　近大だけの問題じゃないですよね。アメリカだとレッスンプロみたいな作家がたくさんいて、教えることでお金を稼ぐキャリアパスがあるけど。

円城　いま、アメリカの作家はかなり教えているじゃないですか。スティーブ・エリクソンだって、「教えちゃったら俺は書けなくなるから」とか言っていたはずなのにいまは教えてるとかいう話。生活には勝てない。そういうパスがあるんですよね。

■文体論——あなたの作品は何ミヤベ？

大森　授業では何を教えてるんですか。

円城　句読点の打ち方とか（笑）。**『吾輩は猫である』の冒頭部から句読点を抜いて、学生さんに打ってもらって、結果がどうなるか**を見たら、結構一致したんです。漱石はうまいなと思いました（笑）。いまの未来を予見して、いまの人の区切りで打てるんだなと。最近はそんなことばかりやっていて、改行の数とか鉤括弧の中の文字数とかをいろいろ数えて勝手に喋るというのをやっているんです。全文章の文字数の、二十パーセントから四十パーセントくらいが鉤括弧の中に入っている人が多い。と思ったら『モルグ街の殺人』が八割くらいの比率で入っていて、「あ!?」と思ったら新聞記事型の語りだった（笑）。こんなに新聞記事でできてたんだ、とちょっと驚きました。他にも、片岡義男の作品を統計的に分離する統計量はないかと調べたり。改行の数と鉤括弧の割合とかにすると、ちょっと分離できる。でも「うん」「はい」「ああ」みたいな会話しかしてないのに、意外と鉤括弧の中にある文字数は変わらなかったりするんです。その後ガーッと喋ったりするから。

大森　昔のライトノベルは、よくページの下側が白いとかいう話があったけど、白さを測定するとか。

円城　授業で見せるために『スレイヤーズ』（神坂一）を持っていったんですけど、『スレイヤーズ』の冒頭はあんまり白くないんですよ。

大森　そこはやはり、あかほりさとるじゃないと。

円城　そう、あかほりさとるを持っていくべきだった。このあいだは田中哲弥さんの訳を見せました。かなり自由に訳してあって、これくらい自由になっていいんだと。大学生は文章が堅いんですよ。こんなに書けると思わなかったというくらいちゃんとしてるんですけど、逆に崩しようがなくて、なんとか崩そうとしているんだけど崩れない。

大森　L・スプレイグ・ディ＝キャンプのファンタジイ『悪魔の国からこっちに丁稚』を田中哲弥が電撃文庫で翻訳してて、訳文の途中に訳者からのツッコミが入ったりする。あとがきには、「特に英語ができるわけではないので、今回の翻訳にあたっては、わからないところはばんばんとばすか、あるいは適当に想像して書くという手法に徹した。調子のいいときなど勝手に話を増やしたりまでした」って書いてあるんだけど、これがすばらしい名訳なんですね。まあ、プロの翻訳家を目指す人は真似しないほうがいいけど、作家志望の人はおおいに参考にしてほしい。

で、その近大の授業では、学生が書いてきた小説を読んだりするの？

円城　九十分の授業のうち最後の三十分くらい、毎回何か課題を出して、その場で書いてもらう。だから短いんですよ。**三十文字、六十文字、百二十文字で世界の歴史を書きなさい**とか、そういう課題を、長さによって書けるものが変わる実感を持ってもらうみたいなこじつけでやってもらってます。エドワード・ホッパーの『ナイトホークス』の絵を見せて「描写しなさい」というと、けっこう、カウンターに座っている男と女の内面を書いちゃう。勝手な設定はつけなくていいと言っても、お話をつけちゃうんですよね。描写しない。

大森　学生を使って実験してるみたい。

円城　してます。過去形の「た」はかなり謎ですよね。日本語の文章は現在形と過去形が交じるじゃないですか。英語のような過去形ではなくモーダルなんですけど、なんで変えてるかはよくわからない。どこか一箇所変えると、ぱたぱたぱたと変わることがあるので、次はその統計を取ってみようと思っています（笑）。主にそんな授業ばっかりです。

大森　教科書的な文体の話だと、**語尾が常に同じになってはいけない**とかよく言いますね。翻訳の場合でも、「～た」は三つくらいまで大丈夫だけど、「～ている」や「～ていた」は二つ続くとすでに悪目立ちする。「～ている」の次は、せめて「～ていた」にしたいとか。ほとんど機械的に語尾を変えてしまう。

円城　一応、それがきれいな文章、工夫した文章ということになぜかなっていますね。けど、井上靖は「～だ」「～だ」「～だ」をやたら連打する。だから語尾に違和感のある小説でもそれはそれでいいらしい。読み手が慣れる。他にも体言止めを駆使するとか、文体にはいろいろあるんですけど、それがなにかはわからない。そういうふうに**純文学と、SFやエンタメの違いとして、文章を素直に読めるか、ずっと行きつ戻りつしなきゃいけないか**というのはありますね。いまは目の動きを測れるので、それで差は測定できるんじゃないかと僕は思う。例えば『abさんご』（黒田夏子）を読むのにどれくらい戻るのか。ページ数じゃなくて目の動いた距離で原稿料を決めるとか（笑）。

大森　万歩計も、最初、自分の一歩を測って、それを基準にするじゃないですか。だから最初に、例えば宮部みゆきを一冊読んで基準値を出して、そこから1・7ミヤべとか0・5ミヤべとか計測する。

円城　そういうことですよ。「SFは3ミヤべ未満、3ミヤべ以上は純文」みたいに。

大森　いや、SFだとミヤべ係数が高くても許容されるものがあるんじゃないの。酉島伝法とか、ものによっては5ミヤべくらいあるかもしれない。

円城　『皆勤の徒』の朗読がオーディオブックで出るらしいですよ。本当にわからないんじゃないかと思うけど（笑）。

大森　英訳した場合に起きる問題と一緒ですよね。英訳した場合は意味のほうを取ってるから音が落ちちゃうんだけど、朗読の場合は逆に意味が落ちてしまうので、漢字を見ないと何を言っているかわからないということが起きる。**ふりがなが異様に大きな役割を担える**のが日本語の特性で、『皆勤の徒』を英訳すると、情報量がたぶん二割くらい落ちる。

　話はずれるけど、**翻訳による情報量の変化**というのも複雑な問題で。今年ぼくは、マイクル・コーニイ『ブロントメク！』、バリントン・J・ベイリー『カエアンの聖衣』、オルダス・ハクスリー『すばらしい新世界』と、既訳のある長篇の新訳を三冊やったんだけど、昔の翻訳にくらべると、だいたいバイト数が減る。文字量が二割くらい少なくなるんだけど、その二割はどこへ行ったのか（笑）。ぼくの翻訳が極端に短いわけじゃなくて、たとえば『すばらしい新世界』だと、光文社古典新訳文庫の黒原敏行訳とはほぼ同じくらいの文字量です。だからたぶん、いまの翻訳の標準レベルだと思うんだけど。SFでは、亡くなった黒丸尚さん、伊藤計劃の文体にも影響を与えたウィリアム・ギブスン『ニューロマンサー』で有名な翻訳者ですが、彼の翻訳がいちばん短いと言われてましたね。だから、いちばん長い人と短い人だと、同じ小説でも、訳文の長さが三割くらい変わってくる。

　それにしても、さっきのミヤべ系数で行くと、円城さんのSFと純文は、区別がつきませんよね。『プローグ』と『エピローグ』なら、純文学のはずの『プロローグ』のほうがミヤべ係数は低いんじゃないかな。

円城　出てくるものがわかっていて、何が起きているのかを考えなくてもいいですからね。文学とエンタメの差があるかはわからないですけど、**文章を気にするかしないかは大きな違い**としてありますね。**文章とは何かというのを考えつつ書くのか、情報を速やかに流し込むことを目的にするのかというのは、意識して切り替えられたほうがいい。**

大森　ストーリーやテーマやキャラクターではなくて、文体で勝負しようと思った瞬間に、文章のハードルがぐっと上がるので、そこはすごく大変ですね。

円城　だから、どういう文章で書けるのかというのをコントロールできるようになったほうがいい。僕はコントロールできなくていつもこんがらがるんですけど。

大森　円城さんは、いわゆる説明にあたる文章も面白く書く技術がある。逆に、ここは読み飛ばしてくれ、みたいな感じで書くところはありますか。

円城　読み飛ばしてくれ、はないですね。Scrivener とかを使っている人は大枠を決めてから間を詰めていくので、飛ばしてもいい作りになっていますよね。そういう考え方もあると思います。ただ、僕は頭の方からずーっと書いて枚数になったら終わるという書き方なので、何枚の中に何を収めるかしか考えないです。読み飛ばすなら書かない。このあいだ『ハイキュー!!』のアニメを見ていて、「日本のスポーツアニメはこんなに省略できるようになったのか」と、かなり感動しました。全然つながって動かないんですよ。カメラがガンガン切り替わりながら、ものすごく間を取っていく。アニメの省略の仕方はすごいなと思いましたね。

大森　SFだと、キム・スタンリー・ロビンスンの『2312』が画期的でしたね。向こう三百年間の未来史や細かいSF設定は本文の合間に挿入される資料集でぜんぶ説明する。別ブロックになってるから、背景に興味がない人はそこを飛ばして読んでも、ストーリーを追うにはまったく不都合がないという。円城さんの場合は飛ばしちゃうと意味がないというか、飛ばしはじめたらぜんぶ飛ばすしかない（笑）。そういうアニメの省略は、小説の参考になったりするんですか。

円城　**どういう省略の仕方が可能か**とか、**メディアを移す時にどういうアレンジが可能か**とかは見ていると面白いです。ただ、僕は映画見ではないので、ここでカットが切れたとかがわからない。僕がストーリーものをちゃんと書けないのはそのせいじゃないかとやや思っています。場面転換という発想がなかったので、長く書く時はぜんぶ繫がって大変なんです。伊藤計劃の文章はほとんど引っかからない文章なんですよ。リーダビリティが異常に高い。視線がそのまま、スーッと行く。けど一文は長いんですよね。それは不思議だなといまだに思います。当たり前なんですけど、何を書くかを決めてからちゃんとわかりやすく書き直している人で、あれはあれでかなり特殊な才能です。

大森 しかも、すごいスピードで書くのに、あとでほとんど直さないんですよね。書きはじめるときにはほぼ頭のなかで出来ているから、あんなに速く書ける。『屍者の帝国』も、プロローグが終わって円城塔パートに入ったら読む速度がガクッと落ちる（笑）。

円城 1・5ミヤベぐらいになってる（笑）。語順とか、読むときのリズムがぜんぜん違うんですよね。そういうことは意識するといいと思います。特にSFの場合は変な生き物が喋ることがあるので、そういうときに使える。

大森 有栖川有栖の短篇で、作家志望者のところにセールスマンがやってきて、誰でも『黒死館殺人事件』みたいな文体で書けるようになる衒学ミステリ専用のワープロソフト「虫太郎」を売りつけるという話がありましたけど（「登竜門が多すぎる」）、語彙からして違ったりする。円城さんも、『屍者の帝国』のときは、伊藤計劃の文体を相当研究したわけですよね。で、最終的にそれでは書けないという結論になった？

円城 読んでるだけで、考えるまでもなく書けない（笑）。

大森 文体模写もできない？ たとえば村上春樹だと、文体模写じゃないけど、村上春樹的な文章を書く人は多いじゃない。

円城 あれは特徴の強調なのでちょっと違いそう。村上春樹は村上春樹っぽい文章を書いてない（笑）。でも、伊藤計劃より伊藤計劃っぽい文章も難しいですね。本人が伊藤計劃の模倣みたいな文章なので、そこまで織り込み済みみたいな感じで。ただ、書くときにはあんまり考えてないのかもしれない。

ちょっと話がずれちゃいますけど、最近、「て」と「で」を打ち間違えることが頻繁に起きるようになったんです（笑）。手で書いたような誤字がたくさん出てくるようになった。昔はキーボードで打ったとき特有の誤字、「はは」と「がが」とかだったのに、最近はローマ字打ちなのに濁音が落ちる。メカとの融合が進んでるみたいな感じで、ちょっと怖かったんです。そうすると、本当に頭で文体を考えられるかどうかわからないんですよ。手癖で書いてるのかもしれない。なので、**日々の生活がイコール文体**という、怪しい方に行くわけです。

大森　人は文なり。

円城　本当にそうで、自分が好きな文章を考えてみたら、書き手がみんなおばあちゃんなんですよね（笑）。幸田文とか。そうすると文章がうまくなるのは、おばあちゃんになること、自分を全部組み替えていくことなのかなと、最近とみに思うようになりました。それをAIに移すとかいい始めるので余計わからなくなる（笑）。おばあちゃんAI。でも、そういうふうにして、**自分を変えることで文章を変えていく**ほうが文学っぽい雰囲気はあります。エンターテインメントはまずは読みやすいことが重視されるので、AIでガンガン「読みづらい」とか判定すればいいんですよ。それでいくと、今度の文藝賞の受賞作（町屋良平『青が破れる』）みたいに、変な句読点のものは落とされるわけじゃないですか。それを、あえて人間が、読みにくいのに拾い上げるというところに文学の謎がある。**小説はクイズのような正解がないので、AIに判定されようが何しようが、結局人間が入ってきていいと言ってしまえば、いいものなんです。**その辺の変な隙間を突いていくというのは大事なことで、SFのある分野のノリと繋がるところがある。SFも物理化学数学ができるかとは関係なくて、**ほら吹き能力と、ほらで笑う能力**ですよ。物理法則が唯一世界の原理かというとそんなことはないわけで、一つの理屈だけでは世界を捉えられないという軸をもうひとつを立てる。

大森　一個の原理で完結してしまってはダメですよということですね。円城さんどうもありがとうございました。

課題その9　決して相容れないものを並立させよ

円城　塔

　ＳＦの作品内では、作者が自分にとって都合のよいように世界を支配する原理を設定して話を進めることができます。

　しかし現実世界は必ずしも、ひとつの原理で理解しきれるものではありません。たとえば宗教と科学技術が対立するという見方もあります。科学が唯一の原理かと言い切るのも極端でしょう。同じ科学者でも、宇宙論の専門家と天文学者では相性が悪かったりします。

　今回はそういう「相容れなさ」を、相容れないままに描く作品を作ってください。根本的に対立するような原理が対立を残したまま終わる話です。

　対立しているのは科学法則でもいいですし、物語構造でも、登場人物同士でもかまいません。ガソリンで動く車と魔法で動く車があり、それが対立している、というようなシュールな設定でもいいでしょう。

　一本の軸としては把握しきれない現実を参考に、破綻や対立軸を設定し、そこからリアリティを生み出す訓練として取り組んでみてください。

〔参考文献〕
『都市と都市』チャイナ・ミエヴィル（日暮雅通訳／ハヤカワ文庫ＳＦ）

課題その9　講評レポート　大森　望

参考文献に挙げられた『都市と都市』は、まったく性格の違う二つの都市国家がほぼ同じ場所に重なって存在し、たがいに相手の国を見えないものとして暮らしているという設定の捜査小説。まさに相容れないものが両立しているわけだが、短篇でそういう話を考えるのはなかなかハードルが高い。結果的に、課題に応えているのかどうかよくわからない梗概が多くなった。

高橋文樹「マーシャル・テオの分解」は、輪廻転生式の長期刑（二千年）がモチーフ。実作では、コネクトーム・マップを分割してイワシの脳にコピーして群れ全体として人格を持たせるパートの評価が高かった。音依真琴「分離」は、「波動関数の収縮が起きない人間」というアイディアを軸にしたベイリーばりの奇想SF。作者は中学二年生（受講時）で、本講座の最年少受講生ながら、発想面では一、二を争うSF力の持ち主。梗概審査をパスしたのはこれが四本目となる。最終課題として提出された実作は、ゲンロンSF新人賞の最終候補六作に残り、とくに編集者から高い評価を得た。

課題その9　梗概例①

「マーシャル・テオの分解」　高橋文樹

「私」の手元には古い写真がある。凡庸な先祖の顔が写っている。とてもあんな悪事を働いとは思えないほど凡庸な老婆の顔だ。まるで、悪そのものだ。

「私」は長い間、裁かれ続けている。そもそも罪を犯したのは八世代、九百年前の「私」だ。かつての「私」は中脳変異に関する機能低下疾患の治療法を確立したことによって、結果的に人類の進化へ大いなる劣化をもたらした。その刑罰として課されたのは二千年の禁固刑である。器質的に異なる存在へ記憶を転移することによって同一人物と認められた宇宙飛行士マーシャル・テオの裁判以降、あらゆる罪は緩慢な時間をもって贖《あがな》われなければならなくなった。これまでの「私」は何度か脱獄や自殺を試みている。詳細はほとんど覚えていない。転移する記憶容量が増えるたび、苦しみと痛みの記憶だけが残るような仕組みになっている。

ある日、「私」に対して北アフリカ連邦更生局の研究員カミーユ・マンソンが接触を図る。長期反復刑囚の釈放プロジェクトが始まったという。「私」が課されている刑の根拠は、別個体における同一人格の認定とともに、ピークアウト定理があった。地球の可用性――技術的および経済的発展――は人口増加によって支えられているが、地球表面積という限界によって人口増加がピークアウトしたことで可用性の増加は見込めず、せいぜい微増して平均を保つ程度、最終的には地球の高温化によって死滅するという宇宙理論。「許し」はあくまで可用性の増加が見込めた時代の遺物というわけだ。

カミーユの伝えるところによれば、そのピークアウト定理が覆る仮説が生まれたという。同一の人格を転移させ続けるよりも、あらたな人格を生んだ方が、魂の総量が増えるというのだ。「魂?」と、「私」は驚くが、カミーユは生真面目な金色の眉をひそめてうなずきかえす。カミーユは海洋生物への人格転移を提唱した。水産資源の増加は喫緊の課題であり、なおかつ、群れに対して人格を転移することははじめての試みだからだ。「私」は複数個体への人格転移という馬鹿げたアイディアに同意する。失敗に終わったとしても、罪からは逃げられる。

イワシの群れに人格を転移された「私」は使命であるペルー海流深海域での繁殖に邁進する。明確な意思と呼べるものはない。ただぼんやりとした原初的な使命感だけで、寒流の下を目指す。その後、二十世代に渡って人格を転移され続けた「私」は再び人間へと戻る。結局のところ、何十年かでカミーユの仮説は失敗の判断を下されており、再び当初の長期反復刑に戻ったというわけだ。魚にまで堕ちた囚人を人間に戻すというその官僚的な努力に辟易しつつ、「私」はほの明るい記憶が残っているのを感じる。何度も経験した群れの絶滅が、これまでの苦しみを違った形に変えていたのだ。えも言われぬ恍惚。あまりにも優れていた故にそっくりそのまま生まれ変わったマーシャル・テオはこうはならなかっただろう。一度魚の群れに分解された「私」は、もう許されたようなものだ。罪は消えないが、許しは増えるのだ。「私」はふたたび放り込まれた独房の中でほくそ笑む。

やがて「私」は二千年の刑期を終える。たまたま、凡庸な老婆の顔で、「私」は呟く。罪は贖われた。

■内容に関するアピール

罰と赦しというテーマを選びました。私は昨日、アメリカ旅行から帰ってきて、その日は妻の誕生日でした。私は人の誕生日を覚えないたちなのですが、妻はそうではなく、私がプレゼントを用意しなかったこと、そして、「おめでとう」と言わなかったことを「それはそんなに難しいことなの？」と責めました。私は私で、参加すべきイベントを中座してフィラデルフィアを駆け回ったこと、帰ってきた日は時差でフラフラになっていたこと、フィラデルフィアの美術館でフリーダ・カーロの靴下を「つなぎ」として買っておいたことなどを理由にあげましたが、妻の怒りは収まらないようでした。私は今日、あらためて三時間ぐらいかけて妻のプレゼントを探し回り、挙句散財しました。

罰を与えることは結局のところ、赦していないのと同じです。さりとて、すべてがあらかじめ赦されているということも想像しがたい。そんなわけで、今回は罰すべきか赦すべきかという対立を軸にしてみました。幸いにいたる道はありません。

課題その9　梗概例②

「分離」

音依真琴

〈0〉

マクロな系の生物の状態は、必ず収束する。

状態数が収束すること（波動関数の収縮）を量子コヒーレンス（量子のかさねあわせ状態）であると解釈すると、コヒーレンスは外部環境からの熱揺らぎが主な原因である。マクロな系は本質的に孤立系とはなり得ず、常に「外部環境」からの熱揺らぎに晒されている。それゆえ状態数は収束するのだ。「外部環境」には空間の外側も内側も入るので、ミクロな系以外の完全な孤立系は、空間の外側が定義されない宇宙空間以外には存在しない。

しかしマクロな系であり完全な孤立系かつ、外側には物質も熱も通さない「剛体壁」をもつ細胞があると仮定したらどうだろう。

マクロ系なのでエネルギーや振動が外に出せない。しかし内部に振動があればそれは孤立系とは言えない。細胞内の器官として量子コヒーレンスがあれば空間的に完全に隔てられていてもエネルギーや振動を外へ転送できる。つまり量子の重ね合わせ状態によってのみ代謝が存在し、体を存続させる事ができる。意識は量子の情報の転送によってのみ存続するため、通常より高精度な量子コンピュータ並のスペックになるだろう。ただし量子が代謝を行なわないと自らの熱量で消滅する。そうして細胞は完全な孤立系のまま人の形を維持する。細胞は変形しないので成長したふりを続けるしかないだろう。孤立系という点では人体というより宇宙空間である。かつてそういった完全な孤立系の細胞のみで肉体が構築されていた人物がいた。名をグレゴール・ヨハン・メンデルという。

〈1〉

人間の条件を機械的に再生・模写するだけの機械は人間と言えない、とメンデルは考えていた。

さらにメンデルは自分が「非人間」として「存在する」かもしれないという強迫観念を抱いていた。発端は一八三七年、当時十五歳のメンデルが実験的な興味から足の小指を切り落としたことに始まる。

断面に骨はなく予期に反して視認できる程の均一な大きさに分かれた、透明な膜に覆われた赤い細胞が詰まっていた。皮膚は肉の表面が変色したものだった。メンデルは自分の体が全てこの細胞なのではないかと思い胴体を裂いた。余りに機能的で、人間の模写の為に作られた必然的な体のように思えた。自分の体が全て肉だけでできているという経験は成長とともに脅迫観念ひいては自分が人間的な偶然性を持ち得ると証明したいという（具体的には自発的な意思決定ができることの証明）目的意識にも繋がった。

修道士となり学問の道に入ったメンデルだったが小指の一件以来古典物理学にさえ行き詰まりを感じた。自分の細胞の構造を解くために現代での量子力学の論理を構築した。メンデルが実験場所にした教会旧棟の祭壇は機械で占められた。メンデルは量子力学の原理と法則が直接個体に反映する定量的な因果律を導き出そうとしていた。自分が自発的な意思を持つことを証明するという目的の糸口になると考えたからだ。自分が「非人間」として存在するように思え、それは目的への原動力になった。

メンデルは精細胞内部で量子コヒーレンスが起こっている事を見つけ、自分の細胞の構造を解いた。同時に、自分の行動は全て可能性と機能の範囲に収まっていたのでありまさに機械といった意味で「非人間」であると解り、ある決断をする。

〈2〉

レンツはメンデルと同じ聖トマス修道院に所属する二十一歳の普通の修道士だった。修道院長ナップから礼拝器具を取りに行くように言われ礼拝の渡り廊下に続く使われていない旧棟に向かうとそこは巨大な生物群で占拠されていた。その時祭壇で巨大機械を操作していたメンデルから口止めされ、それを契機に二人は知り合う。

メンデルはレンツを信用し決断の協力をしてもらうつもりだったが、修道院長ナップに旧棟の中身を見られてしまい二人はナップを撲殺した。メンデルは後処理を請け負う代わりにトランクを必ず受け取るという交換条件をレンツに提示、レンツは意図がわからないまま承諾し、その日のうちに修道院から逃げる。レンツが宿舎に届いたトランクを開けるとそこには折りたたまれた半分に切られたメンデルの体と手紙があった。

「私は自らの細胞の構造に気づき全ての細胞の機能を停止させたのち、細胞内の量子がやり取りする情報を五十兆の細胞の数だけ書き換えた。書き換えた情報に従って自己増殖を行うように設定し、お互いに入力された情報がかち合うと、尋常ではない処理量をこなす演算装置になるようにした。もしも予測が間違っていないければそれで世界の全てが終了する」

〈3〉

起動されたメンデルの体は、メンデル自身が打ち込んだ文字に沿って癌のように増殖し、波形を作り、物理演算装置となって凄まじい情報量の演算を叩き出した。演算は熱揺らぎと打ち消し合い、全てを彼と同一の孤立系にした。地球は「最小単位」に分解され、完全な孤立系が無数にある状態となった。完全な孤立系になった地球はメンデルと同じように崩壊しはじめた。生物がまず最初に消失した。生物の機能はかさねあわせ状態の量子が細胞内に発生する事で、細胞に代わって細胞の機能を持続させている。細胞の中の量子の重ね合わせ状態は三十秒から一分で寿命を迎える。それと同時に細胞は孤立系を保てなくなり自らの熱量により地球生物の体は消滅した。

宇宙のあちこちに細胞内の量子とペアの量子がちらばっている。量子コヒーレンス状態が、どうやって『意識』の機能を保ったかについていえば、細胞内の量子同士で、情報のパスをつないでいき、渡す渡さないの1、

０の繋がりで意識は形成されていた。崩壊する直前の生物は全体が脳状態だったということである。そのため意識を形成していた量子のペアの方のつながりは持続し、運がいい生物は宇宙のどこかで意識だけ存続できた。量子は消滅し思考回路の大半が欠けたが、それでもメンデルの意識は非人間／人間の空虚な判定を受け続ける事から逃れた事を喜んだ。メンデルは人間からかけ離れた超越した宇宙規模の存在になったのだ。

一方の地球はどんどん崩壊していき、残された「完全な孤立系のもの」だけが静かに消滅していった。レンツは運悪くただ爆発に飲まれそのまま普通に死んだため意識は存続しなかったし体も崩壊しなかった。メンデルも体だけは残っていた。

しかし、地球があったはずの場所では崩壊と同時に再生が起こっていた。地球自体や元々あったものがメンデルの細胞で体だけ再構築され始めたのだ。レンツの体を触媒にしてメンデルの細胞は、増殖した。レンツが「起動」させた命令が残っていたからだ。見た目上は彼らの周りには何もなかった。しかし物質が一つもなくなった地球には収束しない状態数、波動関数だけが残り、波動関数の前に熱揺らぎによって生じる磁性軸があった。

メンデルの細胞は磁性軸に反応し軸が出ている方向をなぞりながら増殖し形を作った。作られた形は状態数の収束に従って機敏に動きを変え、肉のように赤い細胞で全てが再構築された。レンツだけが再生されなかったが皆、ただの機能の再生であるため彼がいるように振る舞った。

存在していたものは全て細胞で形だけ構築された為、豆もメンデルの修道院も人も洋服も全て表面を擬態していないメンデルの体のようだった。メンデルは植物を育て、修道院で平和に生活し、レンツの存在を知ることもなく気象学と遺伝の法則の発見をして平和に死んだ。

■内容に関するアピール

1　この話はどんな話か

〈機能〉とは生産される時点で目的が決まっておりなんの偶然性もない。その目的がもし「偶然性」の模写であったとしても模写が成立した時点でそれは「必然性」になる。メンデルは自分の体が兼ね備えている人間の条件が〈機能〉に過ぎないのではないかと怯えていた。メンデルは特異な体を持ち機能的な側面が見えやすい立ち位置にいたからだ。しかし〈機能〉であると認めてしまうことは「彼の持つ偶然性の徹底的な破壊」であり、自らを非人間と判定することは主体を抹消することでもある。だからメンデルは論点をずらすことでそこから逃げた。人間の条件は自発的な意思であるという命題を立てその証明に埋没しようとしたのだ。ここには大きな捻れがある。しかしそれも否定され、さらに自分の体の構造はやはり機能であると突きつけられる結果となり逃れられないと悟ったメンデルはある決断をする。決断の結果メンデルは人間的／非人間的の範疇から逃れた超越的な存在となります。

以前の課題「破壊」で書こうとしたことは、知性を崩壊させてもここから抜け出すという一種の矜持でしたが、今回の作品「分離」では逆に、抜け出ることによって初めて「非人間として存在する」ことができるという話です。超越した存在になり判定から逃れて初めて、機能に押し込まれた人間は主体性と偶然性を得るし、存在できる。というテーマです。

レンツは最後まで意味がない存在のようですが、ただ殺され再生されない、機能が分離しない唯一の存在ということでメンデルとの対比をさせようと思いました。

2　相容れないものを並列させよ、という課題について

〈機能〉の内に全てが収まりきり解決されてしまうということは、メンデルの思う「人間の条件としての偶然性」がなく全てが必然的なもので埋め尽くされることである。ここには以下の三つの相容れない対立が、分離したまま並立している。

第一に、決して相容れないまま同じ場所で並存していた「生まれながらに必然的である機能」（機能である時点でそれはなんの偶然性も保てない）と「偶然性」。第二に「人間であること」と「非人間としてここにあること」。第三に、第二の対立全体にかかるものとして「非人間としては存在できないこと」（存在意義や可能性に含まれないという意味で）という対立である。第三の対立は分離することで並立したのではなく解決されました。そもそも第二の対立と一緒にあるものだったからです。したがって最後まで決裂した対立は他の二つです。

メンデルは自分の体が兼ね備えている人間の条件が、機能に過ぎないのではないかと怯えていた。メンデルは特異な体を持ち機能的な側面が見えやすい立ち位置にいたからだ。メンデルは「非人間」として「存在する」と判定される事を恐れた。「非人間」として「存在する」

ことはありえないことであり、存在すること自体が抹消されてしまう。メンデル本人が争ったことに関係なく「非人間として存在し続けたこと」と、「人間として存在する」以外の可能性が認められないこと、の二つ、つまり世界とメンデルは並立し続け、決して相容れないまま分離したと思います。機能のみが物質の形をとって残った地球と、それらを超越した存在となって初めて「非人間として存在できた」のだと思います。そもそも超越しないと非人間として存在できなかったということです。

3　タイトル『分離』の意味について

相容れないものが最後分離することで並立したからです。

4　どうして主人公をメンデルにしたのか。

メンデルでなくても良さそうに思えるかもしれないですが、実際のメンデルとのギャップをつけようと思いました。ラストでひたすら豆と気象学と教会の仕事をしているさえないメンデルを書くのでそことの対比を出したいが為の人選です。

5　アピールポイント

〈3〉です。メンデルの決断の内容と結果というクライマックスなので、この物語の主軸です。

第9回
講師 小川一水
テーマ 宇宙

■リアルな宇宙と幻想の宇宙

大森 今回は宇宙を書くことについて、また宇宙SFの魅力について、小川一水さんに伺います。宇宙SFを書くことは、いつごろから意識しはじめましたか?

小川 最初に入賞した小説が太陽系を宇宙船で飛び回るお話の「リトルスター」(一九九三年の第三回ジャンプ小説・ノンフィクション大賞で佳作受賞)なので、デビュー当時から意識していました。宇宙をホームグラウンドにSFを書きはじめた動機のひとつは、観測範囲で専門の書き手をあまり見なかったからです。

大森 もともと日本では伝統的に、宇宙SFがたいへん少なかったですからね。宇宙をホームグラウンドにしているとまで言えるSF作家は、**光瀬龍**と**石原藤夫**、**堀晃**、**谷甲州**ぐらいではないでしょうか。そんななかで、宇宙ものの新たな潮流が、SFプロパーの出版社からではなく、ソノラマ文庫や富士見ファンタジア文庫といったライトノベル系のレーベルから出てきたのは面白い。

小川 デビュー前に**野尻抱介**さんや**笹本祐一**さんもいらっしゃったので、その影響をばんばん浴びてきたというのもあります。ソノラマには宇宙ものがけっこうあったんですよ。《オペレーションMM》(安芸一穂)や、『ラストリーフの伝説』(秋山完)のような作品が。

大森 **ライトノベルの出発点を高千穂遙の《クラッシャージョウ》とする説をとるなら、ライトノベルは最初からスペースオペラと親和性が高かった。**八〇年代には田中芳樹《銀河英雄伝説》があったし、富士見ファンタジア文庫では、九〇年代に吉岡平《宇宙一の無責任男》や庄司卓《それゆけ!宇宙戦艦ヤマモト・ヨーコ》が人気を博しました。さらに遡ると、一九七〇年に創刊されたハヤカワSF文庫も、初期は翻訳もののスペースオペラが大きな柱でした。中高生に大人気で、初版五万部がたちまち売り切れるようなジャンルだった。なのに、その後の日本SFではあまり主流にならなかったのが不思議ですね。小川さんはどういう宇宙SFが理想だったのでしょう?

小川　とりあえず、ロケットがまともな理屈で飛んでいる話です。

大森　Ｅ・Ｅ・スミス『宇宙のスカイラーク』に始まるような、一人の天才の超科学的な発明で宇宙に行けてしまうようなものではなくて――ということでしょうか。

小川　そうなんですが、ただわたしが歩んできた九〇年代の宇宙に行くＳＦも、肝心の部分にかぎっては、一人の天才科学者の発明が……という前提から始めているのも多い。やっていることは昔と変わらないんだけど、現実の基盤技術が追いついてきて、なんとなく本当にできそうな気がするな、と思えるようになってきただけかもしれません。

大森　ＮＡＳＡがある世界とない世界というか、巨大ロボットアニメにスーパーロボット系とリアルロボット系があるようなもので、**宇宙ＳＦにも、リアル系と幻想系がある**ということですね。どうやってロケットが飛んでいるかの仕組みを把握したうえで書くＳＦと、現実のテクノロジーとは関係なく書いてしまうＳＦ。

小川　舞台が太陽系の外になって、超光速航法とかが入ってくると幻想系が増えてきます。物語を成立させるため、みんないろいろ嘘をついていく。

大森　ワープ航法が使われるような距離だと、通信や情報共有で問題が生じそうですよね。

小川　相対性理論で、地球とは流れている時間そのものが違ってくるはずですから。

大森　「一方そのころ」みたいな表現が使えなくなり、『銀河英雄伝説』が成り立たなくなってしまう（笑）。それをどこまでごまかして、リアルに受け取れる絵空事を作っていけるかが最近の宇宙ＳＦの眼目という気がします。

小川　最新の科学から用語だけ借りてきて使うことで、それっぽく見せる。映画やアニメに多い手法ですね。

大森　端的に言うと、『スター・ウォーズ』的なＳＦ映画と、『ゼロ・グラビティ』とか、アンディ・ウィアーの『火星の人』を原作とする『オデッセイ』的なＳＦ映画の違いでしょうか。映画でいうと『インターステラー』のような、キップ・ソーンが監修していると謳ってすごくリアルな話であるように見せつつ、実は思いきりファンタジイという作品もある。

小川　リアルに書こうとするとどうしても話が貧乏くさくなるので、楽しく派手に見せるため、いろいろな面でフィクションが入ってくる。

大森　そういう意味では『オデッセイ』はいかがでしたか？

小川　あれは貧乏くさいところが良い映画だったと思うんですが（笑）、そういう設定に限らなくてもいいとは思いました。たとえば、あらかじめ火星にいろんなロケットを打ちこんでおくとか、地球の政治状況を最初から一変させておくとかすれば、同じサバイバルものでもまったく違う話にできたはずです。そちらにはいかず、現実に対してものすごく誠実にやった結果、ああいう話になったということですね。

大森　それでいえば、ロバート・チャールズ・ウィルスン『時間封鎖』のテラフォーミングはすごかったですね。地球がすっぽりシールドに覆われて、その内部での一年は外側の一億年になってしまうという設定を作りだした。地球で五十年が経つと太陽の寿命がきてしまうから、どこか外に移住しないといけない。その足掛かりとして、火星に環境改造用のタネみたいなのを打ち込んで一年待つと、向こうでは一億年経って、すっかり地球化されていると。

小川　リアルなスケールで宇宙開発ものを書こうとして調べていくと、地球の重力井戸がめちゃくちゃ深いということがわかって二の足を踏むんです。軌道エレベーターを作るにしても、仮に赤道あたりに一本建てて一回で百人運べるとしたところで、静止軌道の三万六千キロまで行って帰ってくるだけでも大変ですよね。音速の時速千二百キロで行っても三十時間、往復で二、三日かかるわけです。一年かけても一万五千人しか宇宙に運べず、ジオン公国の一億五千万人にはほど遠い（笑）。こうやって現実的な計算を始めるとすぐに行き詰まってしまうので、何かひとつ**現実を越えた仕掛け**が必要になってくるわけです。

■宇宙開発の隆盛が生んだ作品たち

大森　小川さんは宇宙のどんなところにいちばん惹かれますか。

小川　**この地球の文明や生物が、宇宙で唯一ではなく、ひとつの例に縮んでしまうような普遍的な存在がいるかもしれないところ。**平たくいうと宇宙人ですね。そこに興味があるから、宇宙や天文学が好きなんです。

大森　小川さんが子供のころって、宇宙開発はどのくらい盛り上がってました？

小川　ちょうどスペースシャトルが出てきたころで、まだ未来がありましたね。学研まんがで『宇宙のひみつ』『宇宙生活・スペースシャトルのひみつ』といった本が出ていて、人類は将来スペースコロニーで暮らすはずだと描かれていたりしました。

大森　スペースシャトルもわりと素直に「かっこいい！」と思っていたのでしょうか。

小川　松浦晋也さんが「スペースシャトル、翼が邪魔じゃん」と言い出すまでは、あれは素晴らしい発明だと信じていましたから（笑）。降りるときはパラシュートを使えばいいので、降下用の翼は本当はいらないんですよね。何度も使えるからといって翼を作ったけど、直すために五百億円かかることが後からわかった。しかも翼の質量分だけ、打ち上げの負担が増す。

大森　宇宙計画はとにかくお金がかかる。だから先進国ではだんだん勢いがなくなっていく。

小川　かわりにいまは中国が出てきていますね。わたしとしてはこの後に、インドネシアやインドやブラジル、アフリカあたりが進出してきたら面白いと思っています。

大森　インドネシアなら宇宙船より軌道エレベーターのほうが先かもしれない。

小川　そうなったらいいな、と思って書いた小説が『妙なる技の乙女たち』です。インドネシアがやる気を出したらいけるんじゃないかと、未来のリンガ島を舞台にしました。

大森　あれもSFとしては異色でしたよね。軌道エレベーターのある赤道直下の街が舞台なのだけど、描かれるのは宇宙への旅ではなく、そのまわりで働く保母さんとか、エレベーターガールの生活だという、お仕事小説。

小川　大ネタを作ったらその周辺のディテールを詰めたくなるんです。大石まさるさんの『水惑星年代記』という漫画でも軌道エレベーターで働く女の子の話が出てきましたね。

大森　宇宙開発そのものを話の中心に据えるよりも、周辺で仕事をしている人の日常から入ったほうが一般読者にも通じやすいということでしょうか。

小川　そう思いますし、わたし自身の感覚としても、**宇宙人が本当にいるなら何よりも最初に日常生活を知りたい**ということなんです。代謝からして人間と違うはずですけど、じゃあ何を食べて、何を着て、何を喋っているのか、という。

大森　宇宙人への興味と宇宙への興味は同じものです

か？

小川　わたしにとっては地続きですね。『スペースシャトルのひみつ』を読んでいたのと同じころに、フラットウッズの「三メートルの宇宙人」がブームになったりしたので。あと、九九年にSETI@homeという宇宙人を探すプロジェクトがあったんですよ。海外の天文台が宇宙から膨大な生データを拾ってくるので、それを世界中の有志のパソコンに小分けに配り、データを走らせてもらうことで特異な信号があるかを調べるという企画で、わたしが初めてパソコンを買ったのもこれに参加するためでした。

大森　野尻さんも熱中していましたね。思えば『南極点のピアピア動画』も、みんなで協力して、世界の知恵と力を合わせればなんでもできる！　という話でした。野尻さんは昔から「野尻ボード」というウェブ掲示板をやっていて、それが日本の宇宙開発関係者とSF作家の交流の場所になっていた。

小川　個人の草の根的な活動が結びついているのを初めて見たのが野尻ボードでした。あるとき「月に水があるか」というトピックで盛り上がっていたのを覚えていますね。月面に彗星が落ちても、普通は太陽光で水分は蒸発するんですけど、月の自転軸の立ち方からすると、南極と北極のクレーターには太陽が当たらない場所がある。そこに凍りついた水があるかもしれなくて、それなら宇宙開発は進みやすくなるはずだという話が繰り広げられていた。その議論を参考にして書いたのが『第六大陸』だったりします。

遠く遠くへ思いを馳せて

大森　SFの話にもどりますけど、九〇年代後半からリアル系の宇宙SFがじょじょに盛り上がってきて、二〇〇二年創刊の《ハヤカワSFシリーズ　Jコレクション》で野尻さんの『太陽の簒奪者』が刊行され、小川さんの「次世代型作家のリアル・フィクション」と銘打たれた『第六大陸』が出てきたことで、ゼロ年代前半は、宇宙SFが一気に日本SFの主流となりました。

小川　ちゃんと一本の流れになったのは、ハードウェアとサイエンスの発展がその横にあってくれたおかげだと思います。新しい惑星が見つかったり、定期的にNASAが打ち上げている衛星が、木星や火星の詳細な映像をもってきてくれたり。小惑星探査機はやぶさのこともありましたね。**「宇宙はそばにあるんだよ」ということが、昔より感じやすくなったなかに生きている。**

大森　ＪＡＸＡ主任開発部員の野田篤司さんのようなＳＦマニアが、日本の宇宙開発の最前線にいるというのも大きかった。

小川　現役のＪＡＸＡの方が人工衛星の作り方を喋ってくれたりしたので、手が届くな、と知ることができました。あとは大成建設や大林組とかの大手ゼネコンが、バブルの直後くらいまで巨大な宇宙港や月面基地みたいなものの青写真をよく発表していたんですよ。そういうデータも創作にリアリティを足す助けになっています。たとえば赤道のところに巨大な打ち上げ台みたいなものを建てる構想が広報誌に載ったりしていた。

大森　前田建設ファンタジー営業部みたいなことをリアルにやっていたんですね。

小川　あるいは月にトンネルを掘る方法や、月面車の設計なども実際に調べていました。月にトンネルを掘るのは何が大変かというと、真空だから熱が逃げないので、掘るとどんどん温度が上がってドリルが溶けちゃう。他にも、月面車は地球と同じように作ると重力が軽すぎるので安定しなくてすぐに倒れてしまう。なのですごく平べったい形にしないといけない……といった情報を出してくれていたので、そういう要素を拾って組み替えていくだけでもけっこうSFの話になる。

大森　宇宙旅行についてはどうでしょうか。昔、小野不由美さんが言ってたんですが、**「有人宇宙探査は宗教だ」**と。小野さんもロケットが大好きなんだけど、なぜ人間が宇宙へ行かなきゃいけないかと言えば、いろいろ考えたけど理屈はない！　と（笑）。

小川　そうですね。たとえばわたしはバイクが好きで、ツーリングで九州や四国や東北にも行ったことがあるんですが、車やバイクの良さって、それまでは行けなかったところまで足を伸ばせることだと思うんですよ。宗教と言えるかはわかりませんが、単純に**「遠くへ行きたい！」という気持ち**が、人間にはあると思うんです。だっていまこうしている瞬間にも冥王星は自転しているし、未知の恒星のまわりを未知の惑星が公転していると思うと、我々が普段みている世界は小さいなあ、というふうに意識が飛んでしまうじゃないですか。

大森　ここで話している間にも、ボイジャー1号は太陽系を離れて航行を続けていると。

小川　ボイジャーでもせいぜい二百億キロぐらいなわけ

で、もうちょっと長く飛ばしたいじゃないですか。わたしは昔「老ヴォールの惑星」という短篇を書いたのですが、あの作品のもとになったのは、井田茂さんの『異形の惑星』というノンフィクションです。地球から百光年くらい先にある惑星を見つけ出そうという話で、**天文学の発展によって系外惑星の探査が現実味を帯びてきた**ことが語られています。光の波長の変化を観測することで遙か彼方の恒星の大きさや惑星との位置関係がわかってくる。これは面白い！　ということで刺激を受けて、SFの理屈に使うことにしました。ただそれだけだと話にならないので、ホット・ジュピターに知性体がいたという設定を足したんですけど。

大森　宇宙人を出したほうが話を作りやすいということ？

小川　出さない場合だと、地球人をそこに関わらせないといけないので、かえってむずかしい。惑星も人がいないと、ただ単に石と光が回っているだけですから。

大森　なるほど。ともあれ、こうしてゼロ年代を経てリアル系宇宙SFもすっかりメジャーになったわけですが、そうはいっても、いまだにSF専門出版社や〈SFマガジン〉以外の一般小説誌にはちょっと載りにくいですよね。

小川　「地に足がついたものを書いてくれ」とよく言われます。

大森　宇宙SFの書き手にとってライトノベル文庫が良かったのは、書き下ろしで本がいきなり出せる環境だったということですね。文庫で出せば確実に一定の需要があるんだけど、じゃあ一般小説誌に連載を、となると「宇宙ものはさすがに……」となってしまう。

小川　どうしてでしょう。みんな宇宙がこわいんですかね。

大森　まだ遠い感じがするのかもしれません。

■宇宙SFを書くために・実践篇

小川　ここでいきなり皆さんに質問したいんですけど、**自分オリジナル宇宙戦艦の設計**をしてみたことってありますか？　全長とか、何人乗れるかとか。子どもの時代の落書きでもよくて、とにかく「好きな宇宙戦艦はこれだ！」と考えたことがあるかどうか。

大森　（会場を眺めて）おずおず手を挙げてる人が二人いますね。ゼロではない（笑）。

小川　わたしが小学校のころにはじめたときのとっかかりは、すでにあるものの模写でした。『ファイブスター物語』に出てくるベル・クレールという宇宙戦艦を描き写して、定規で長さをはかって左右の比をとり、全長と全幅が何メートルか、重さは何万トンかを計算したり、エンジンの構造に自分で勝手に格好いい理屈をつけたり……という感じ。あとは浮遊して動く巨大都市とか、宇宙都市とかの設定も考えました。見た目よりもスペックから入りましたね。全長全幅、重さとパワー。それから武装。

よく軍事雑誌に実在する艦船や戦闘機の設計図が載っていますが、それと同じ調子で宇宙戦艦を設計する。本当に組み立てようとするとプラモデルの趣味に進む人もいますが、わたしはあくまでフィクションとして数値と形だけを考えていました。そういった細かい好みがあわさって、いまの仕事になっていったんです。だからどちらかといえば、SF小説を読んでSF小説を書いている、というタイプではないですね。設計とか計算とか、もっとごちゃごちゃした要素をたくさん考えてきましたから。

大森　これから宇宙ものを書こうと思っている人にアドバイスはありますか？

小川　むしろ、思っていない人に「宇宙はいいぞ」と言いたいですね。

大森　一言に宇宙と言ってもだいぶ摑みどころがないというか、初心者にとってはハードルが高い気がします。最初は何をとっかかりにすればいいんでしょう？

小川　生物学かな？　**「かわいい生き物を書く」**というのはどうでしょう。海へ行って、干潟を漁るといろんな生き物が出てくるじゃないですか。その想像と変わらないですよ。ただそれが、ほかの惑星を想定して、というところからになるだけで。材料になるデータなら図書館やネットでいくらでも出回っています。たとえば海底のブラックスモーカーには酸素ではなく硫化水素で呼吸する生物が実在していたりするわけで、それなら宇宙生命も普通にいそうじゃん！　とか、SFできそうなネタもたくさん見つかると思いますよ。

大森　いまは現実の宇宙開発が高度になりすぎていて、何も知らない素人が宇宙をいきなり書くといろんなツッコミがありそうだとか、間違えたら恥ずかしいとか、そういう気持ちが足かせになっている可能性もありますね。

小川　そんなことはありません。SFは基本的に、**物質と運動についての興味**さえあれば誰にでも書けますよ。

（壇上の机を指して）たとえばこれが何からできているか、わかりますか？　たぶん、木にメラミン化粧板で表面処理がされている。（ペットボトルを手に取って）これは文字通り、ポリエチレンテレフタレートですね。（コップを指して）ガラスは珪素の非晶質固体であって、つまりこれは結晶ではないわけです。結晶だと石英になるわけですから。（手を眺めて）じゃあ肉は何からできているかといえば、タンパク質であり、アミノ酸であり、と挙げていける。（指輪を眺めて）これはホワイトゴールドで、金と銀の合金。ダイアモンドが何かは言うまでもなく知っていますよね。それから腕時計。風防にはサファイアガラスが使われていて、これは硬度9、ダイヤより硬いので八年間傷ひとつ付いていません。あるいは（上着の襟を引っ張り）これって何、とかね。綿やアクリルの繊維はどのように伸びたり縮んだり、あるいは絡まったりするのか、顕微鏡で見たらどういう構造になっているのか……と、こういうような、物質と運動についての興味が基本です。**密度とか硬度、ヤング率、熱伝導率、導電率。日常的にそういうものを意識すると、宇宙SFだってものすごくリアルに、かつ簡単に書けるようになると思います。**砂とは何か、水とは何か、あるいは植物の茎、骨とは何か。それを調べていくだけでも、ものすごく楽しいですよね。

大森　しかし運動となると、物理が苦手だった人には急にむずかしい感じになる。宇宙だと、重力も考えないといけないし。

小川　よく突っ込まれるのは、**軌道力学**ですね。宇宙のたとえなら、地平線の向こうまでボールを投げて、それが落ち続けるとどうなるか……という仮定から話をします。宇宙船の設定でミスをすると、宇宙オタクには軌道力学的にどうかということになるので、気をつけないといけない。

大森　やっぱりハードル高いじゃん（笑）！

小川　それも実際にやってみればいいんです。（携帯電話をストラップに指を入れて回し始める）こんなふうな運動が、宇宙の軌道力学のすべての基本なわけですよ。人工衛星は地球の周りを回っているから落ちてこないし、地球は太陽の周りを回っているから落ちていかない。回転速度と距離の変化も、実際にボールに糸を結びつけて回してみれば感覚的にわかるので、そういう身近なところで確かめていく。それから、大きさと距離についての最適な理解も必要ですね。太陽の直径が約百四十万キロ、それが地球から一億五千万キロのところにあるというのは、比で表すとどのくらいかをイメージする。
あとは、宇宙戦艦が撃ち合うシーンで、相手が自艦からどのくらいの大きさに見えているか、真面目に考えてみるのも面白いかもしれません。たとえば百キロメートル向こうにある全長千メートルの宇宙戦艦は、十メートル向こうにある十センチの物体と同じように見えるわけです。ちょうどこの会場の対角線の向こうにある一個のコップ、ぐらいでしょうか。がんばれば当たりそうですよね。そういう感覚を養っていくと、宇宙戦闘は書きやすくなると思います。もしこれが地球上から火星軌道にいる宇宙船を撃つという話になると、ざっくり七千万キロの位置として、長さ千メートルの宇宙船の見かけの大きさは……パッと出ませんが、七百キロ向こうの一センチのハエと同じぐらいか。と、考えていくだけでも楽しい。SFに必要な計算は四則演算だけでも十分何とかなりますよ。
大森　小説を書くのに計算する癖がついていない人がほとんどだと思いますから、まずはそこから始めるということですね。
小川　お金の計算だったらみんなちゃんと考えるでしょう。原稿用紙一枚あたりいくらで、書籍一ページあたり何枚分か、みたいな。それと同じことですよ。
大森　とにかく大事なのは物質と運動で、その二つさえ考えておければ宇宙SFは簡単に書ける。好きになれる！　ということですね。
小川　理解を手助けする、ナイフやフォークみたいなものだと思ってください。宇宙SFの魅力をバラバラに話してしまった気がしますが、とにかくわたしが楽しんでいるということだけはわかっていただけたのではないかと（笑）。わたしはこうやって、宇宙で食べて暮らしています。

第10回

講師

山田正紀

テーマ

神

■時代にあわせた書き方を

大森　山田さんはSF作家デビュー四十四年。今回のゲスト作家陣でも最年長のベテランですが、最近はiPhoneや音声認識ソフトを駆使して小説を書かれているとか。

山田　机に座ってものを書くことが一大事業になってきまして、ストレスを減らすためにいろいろ試してみています。まあ、基本は遊んでいるようなものですが。

大森　書き方を変えると、執筆も弾みがつくものですか？

山田　最初のうちだけね。すぐに飽きちゃって元に戻る。作家には何種類か型があって、アイディア出すのに苦労する人、プロットを作るのに苦労する人、キャラクターを考えるのに苦労する人……と分かれている。僕の最大の弱点はキャラを作るのにほとんど興味がないことですが、それ以外にもプロットを作るのにすごく苦労するという弱点がある。弱点ばかりですが。それでまあプロットメーカーみたいなツールがあると助かるんですよ。それを探しながら、いろいろなアプリを試しているという感じですね。

大森　藤井太洋さんも、この講座でScrivnerというソフトのお話をされていました。

山田　アプリにもいろいろあって、参考文献やウェブページ、写真、動画といった資料を読みこめる多機能なものもいいんですけど、そういうものは結局、読みこませるほうが面白くなっちゃって遊んでしまう（笑）。あとは、一番の難点として、パソコンの場合は画面がどうしても小さいので、読みこんだ情報を一望に見渡せないんですよ。昔ながらの方法で、大きなホワイトボードに書いていくか、付箋に書いてスケッチブックにぺたぺた貼っていくほうが楽ですね。そのほうが考えがまとまりやすい。

最近、これは楽でいいなと思った方法は、**ホワイトボードに思いついたアイディアを書いてから、スマホでそれを写真に撮っておき、プロットを作るときに画面を見**

ながら自分の頭を整理する。これが一番早いです。昔ながらの原始的な方法で走り書きしたものをスマホに保存する。手応えがありつつ、コンパクトにまとめられます。ノートに清書をしたりするとその作業に時間をとられちゃうのですが、ボードだと走り書きでいいし、大きい字で書けるので、スマホの画面でもけっこう読めるんですよ。

大森　ひとりで捜査会議をしてるみたいな書き方ですね。ホワイトボード使ってる作家は珍しいんじゃないでしょうか。

山田　画像はみんな**Evernote**というアプリに保存しています。新聞の切り抜きでも何でもそうなんですけど、下手に整理するとそれで安心して、後で見なくなっちゃう。なので、大きい封筒に入れておくのがいちばん扱いやすいんです。**全部一カ所にまとめておくと、まったく別の記事と記事がぶつかって思わぬアイディアが出てくることがある。整理整頓にあまり時間をつかわないほうがいい。**メモを全部机の上に広げておけるような、そういう原始的な方法に近いアプリの使い方がいちばんいいみたいです。

大森　広げておいても、プロットに落とし込むときにはまとめるわけですよね。

山田　新聞の切り抜きは、僕の場合はアイディアの材料ですから、プロット作業のときは必要ないんです。SFの場合、いろいろな切り抜きを入れておくと——たとえば文化面の「この作曲家のこういう音楽がすばらしい」という記事と、情報面の「パソコンでこういうシステムが生まれた」という記事が同じところに入っていたとすると——それは本来は全然関係ないものなんですけど、SFのアイディアとしてつながることがある。「解剖台の上でミシンとこうもり傘が偶然に出会う」みたいな効果があるんですよ。

大森　それは「この作品にはこれが使えそうだ」ということで意識して資料を集めていくわけですか？　それとも、何になるかわからない情報もとりあえずどんどんためておくボックスみたいなものがある？

山田　半々ですね。ただ関心があるから切り抜くものもあれば、これはいま考えているものの役に立つかなっていう記事もあって。それも切り抜く。とにかく乱読をして、気になる記事は片端から放り込んでおく感じですね。

大森　たとえば二〇〇八年の『神獣聖戦　Perfect Edition』は、山田さんが三十代前半で書いた連作短篇集のリミックス版ですが、そのときは、レトロポゾン法という新しいDNA解析によって得られた科学的な知見を使って、ペガソフェラエという架空の生物を新たに導入したりされてますね。それも、そういう方法で集めた資料を活用したと。

山田　**最初に決めたプロットがあっても、何か新しい資料が出てくればそれを臨機応変に入れる**ということはあったほうがいいと思うんです。半村良先生が『石の血脈』という大長篇を刊行されたときも、書いているうちに膠原病という病気のことを知って、吸血鬼の設定の参考にされたということがあった。

　ただ、これらは長篇を書くときのコツの話です。**短篇はできれば最初の設計図どおり、もしくは設計図もたてず一気呵成に書いた方がいい。**いや、いいとは言い切れないか、いい場合が多い、といいましょうか。長篇の場合はいろんなものを放り込めば放り込むほどいい作品になる可能性がある。もちろんその逆もあります。シンプルに一直線に書き進む長篇もあるわけですけど。まあ、ケースバイケースではありますけどね。

大森　「こういうSFが書きたい」という話とは別に、さまざまな科学的発見や社会的な現象なり事件なりに興味を広げておけば、意外なところで役立つと。

山田　いま、ぼくはいろんな本の気になる箇所を、スマホに音声で保存しています。音で入れることには二つ理由があって、ひとつは喋るほうが書くより楽だということ（笑）。もうひとつは、声に出しておくと、あとで使うときに、書いてあることを思い出しやすい。自分の記憶のためにも、文章を音声で入れるというのは役に立ちますね。

大森　スマホはメモ帳代わりとしてたいへん便利に使えますよね。

山田　パソコンでも**「ドラゴンスピーチ」**というソフトを使っていまして、そちらは学習機能があってスマホよりもさらに便利。僕は筆が非常に遅くて、原稿用紙十枚ぶんを書くのに一日がかりということも多いので、最初のとっかかりとして音声認識の文章があると執筆に入り込むのも早くなって助かります。いや、たぶんこれも飽きるまでの話でしょうが。

大森　手書きのメモを取られることもまだあるんですか？

山田　筆圧が強いのですぐに手が痛くなってしまうんですが、それさえなければ手書きがいちばんいいと思います。タブレットで「7notes」という変換アプリを使って手描き入力をやっていたこともありましたが、音声認識のほうが楽ですね。

大森　スマホの音声認識はATOKが使えないんですよね。僕はMS−DOS時代から育ててきた辞書をATOKに入れて使ってるので、なかなか移行できない。

山田　僕は、一作終わったら辞書は全部消しちゃうんだよね。

■読者を想定し、「面白さ」と言葉を作る

大森　山田さんのいちばん新しいSF長篇は、二〇一六年の十月に東京創元社から出た『**カムパネルラ**』ですが、これもけっこうな紆余曲折があったのでしょうか？

山田　前にも言ったように、アイディアにはいまもぜんぜん困っていなくて、どんどん出てくるんです。ただし、これはいいアイディアだと思って何も考えずに書いちゃうと、あとでプロットに苦労する。『カムパネルラ』もそういう作品でした。

大森　『カムパネルラ』の原型になった「スワン・ブック」という《ミステリーズ！》に連載された作品は、黙《もだし》忌一郎ものの〈ミステリ・オペラ〉のシリーズで、宮沢賢治ネタの本格ミステリだったんですよね。いったん完結してから全面的に書き直して、まったく違うSF長篇になってしまったと。

山田　さすがにもうやめますけどね、こんなこと。あまりに不経済で。書けば書くほど貧乏になっていく（笑）。自分でも一種の病気だと思っています。僕のなかでひとつ、若い頃からどうしても答の出せない問題があるんです。それは、**プロットはハリウッド式のセオリーに則ったものがいいのか、それとも常識から逸脱した、誰にも先が読めないもののほうが面白いのか**ということ。作品によって分ければいいのかもしれないですが、百何十冊書いていると、だんだん自分でもよくわからなくなってくる。揺れ動いていますね。

　ひとつ申し上げておきたいのは、コンテストで、作家を選考する立場の人は、かなりすれっからしの読者なんです。その人たちは選考では「これはセオリー通りでつまらない、もう少し思いがけないものがほしい」と絶対に言うんですよ。「完成された作品より可能性のある作品、新しい作品を」と。でも普通の読者もそう思うとはかぎらない。自分の予想通りにお話が進んだほうが面白

いと思うかもしれない。「いつか読んだ面白い話をもう一度」という志向はかならずある。つまり、**自分の小説を読む対象としてすれっからしの読者を考えるのか、それとも年に一、二冊しか本を読まない人を想定するのか。**それは最初に決めちゃったほうがいいと思います。両方を求めるのはなかなか難しいので、どちらかに路線を決めて、たまに逸脱することを考えるほうがいいですね。たとえば「紙の動物園」という短篇がありますが、ケン・リュウはハリウッドの様式をできるだけ逸脱しようという意識があると思うんですよ。どこへ作家としての座標を定めるか。僕のようにアンカーもなしでフラフラしているのはいちばん効率が悪い。迷わないで先に決めるのがいいと思いますね。

大森　山田さん自身がハリウッド式を意識して書かれた作品というのは？

山田　初期の『謀殺のチェス・ゲーム』がそうですね。自分はどこか自分の作家性というものを信用していないところがあるので、普遍的な面白さに徹することへの憧れみたいなものが強い。ただ僕にははたして自分が面白いと思うものが普遍的に面白いものなのかどうかという懐疑があります。いろいろと迷いの多い作家なんですよ。

でも、みなさんは、基本的には自分が面白いと思えるものが、同時代の読者にとっても面白いはずだと考えたほうがいいと思います。もちろん、この場合の「面白い」というのには多義的な側面があって、必ずしもエンターテイメントにかぎった話ではないのですが。

大森　さきほどの話は、『カムパネルラ』がミステリとして一度連載されて完結したものが、書籍化にあたって同じ部品からまったく別の本格ＳＦになったということと関係していますか？

山田　あの作品に関しては、宮沢賢治という人があまりに魅力的なのと、あまりにも誤解されているということで、多少の義憤みたいなものも入ったと思います。彼はものすごく純真な人としてもてはやされるか、日蓮の流れをくむ軍国主義者の危ない人という評価にいくのか、どちらか両極端に流れてしまう、毀誉褒貶の激しい人なので。ひとりの人間なのだから、揺れ動くのは当然ですよね。なのに評者はみんな、都合のいいところだけを切りとって、それを自分の論評に使う。彼のことを勉強していて、そのことがすごく頭にきたんです。だからああいう形になっちゃった。

大森　宮沢賢治の『銀河鉄道の夜』にはヴァージョンが

いくつもあって、いま知られている第四次稿には出てこないブルカニロ博士というキャラクターが第三次稿にはいる。第三次稿までは、マッドサイエンティストSFのような側面があったというか、そういうふうにも読めた作品だったんですよね。

山田　まあ、ファンタジイですよね。

大森　一種のビッグ・ブラザー的な存在だったブルカニロ博士がなぜ『銀河鉄道の夜』の第四次稿で消えてしまったのかが、『カムパネルラ』の焦点のひとつになっている。面白いのは、雑誌連載版に存在した黙忌一郎が書籍化によって消えたことと、原作でブルカニロ博士が消えることが重なっているように読めたことです。一方、先行テキストを下敷きにして小説を書くというのは、超越者に歯向かっていくという構造とともに、『神狩り』以来ずっと、山田さんの作品の特徴のひとつになっている気がします。先行する物語を想像力のエンジンにすることは、『エイダ』ではモチーフにもなっていましたが。

山田　**先行する作品は、想像力のスプリングボードになってくれる**んですよね。竹馬で背を高くするみたいに、自分だけでは背が足りないところに手を届かせることができる。

大森　『カムパネルラ』では、『銀河鉄道の夜』の名台詞が要所で使われたり、作品の中身と、宮沢賢治自身の物語が行き来しながら、小説の豊かさを後押ししています。

山田　基本的に、小説や映画はコラージュなんですよ。文学者も映画監督もみんな、これまで生きてきたなかで見てきたものを、自分のなかでコラージュして作品を作る。完全なオリジナルの作品というのはありえないんですよね。**どんな小説家も、漫画家も、アニメーターも必ず、先行する作品を自分なりに継いでいる。**僕はそのことに自覚的なほうがいいと思います。そのほうが遠くまでいけるような気がする。

大森　山田さんはそうやって先行作品をSFに取り込む手つきがものすごく鮮やかですよね。実際、『年刊日本SF傑作選』の一巻目の「虚構機関」というタイトルは、山田さんの『エイダ』から拝借したんですが、「物語だけが光速を突破する」みたいな決めフレーズもすばらしくかっこいい。『地球《エルド》・精神分析記録《アナリュシス》』とか『宝石泥棒』とかのネーミングもそうですが、物語をSF化するさいの手続きというか、山田メソッド的なものはあるんでしょうか？

山田　言葉の力というのは大切で、**まず最初にかっこいい言葉を作る**んです。それを自分のなかにちりばめておくと、その言葉が持つイメージが物語を動かしてくれる。どうしても物語がうまく構成されないときは、言葉を先に作り、その意味を考えるという手はあると思います。たとえば山尾悠子さんも若いころは、美しい言葉をたくさん拾い集めて、そのなかで自分のイマジネーションを造形する、みたいなことをしていたらしい。方向性は違いますが、僕のやっていることと同じなんですよね。言葉の持つ魔力は、ＳＦの場合はとくに大きいかもしれない。

大森　造語を考えるのには苦労しないのでしょうか？

山田　あまりないですが、明らかにダジャレにしかならない言葉ばかりが出てくるときはあります。そういうネタは、ツイッターに書いちゃう（笑）。

■フィクションと現実の距離感について

大森　言葉と直感的なイメージでいえば、たとえば『神獣聖戦 Perfect Edition』では、渋谷の東急文化会館と東急プラザが量子的な重ね合わせ状態のメタファーに使われています。a-ha のデビュー曲「テイク・オン・ミー」のサビの歌詞の〝テイク・オン・ミー〟と〝テイク・オン・ミー〟もそうですね。こういうイメージはどうやって見つけてくるんでしょうか。

山田　『神獣戦線』はけっこうめちゃくちゃな話で、イマジネーションだけで成り立っている部分が大きいんです。そういう小説は書いていると不安になって、現実との足がかりがほしくなる。岩場をのぼるときのとっかかりみたいなものです。

大森　**物語を現実につなぎとめるアンカーとして、読者がよく知っている事物を持ってくる**わけですね。たしかに、ＳＦ専門読者でも、小説の軸足が想像上の世界にずっとあると、現実との具体的な接点が何かほしくなる。異世界を構築する想像力も大事ですが、いちばん必要なのは読者を迷子にさせないことかもしれませんね。

山田　竹馬も大事だけど、それでどの「現実」に足場をさだめるか、という模索のようなものは、読者にも書くほうにも必要だと思うんです。いまいちばんそれが活用されているのは、タイムトラベルと恋愛ですよね。過去や未来へ行くことを、恋人を取り戻したいという動機とつなげると、すごく話がわかりやすくて、美しくなる。

ラブストーリーとタイムトラベルを最初に結びつけたのって、筒井康隆さんかな？　海外だとロバート・F・ヤングの「たんぽぽ娘」か。要するに、タイムトラベルという現象だけを説明されても実感がもてない。そこで、昔会ったあの人を助けたいとか、そういう物語とつなげるとわかりやすくなるんですよね。さすがに手垢がつきすぎてどうかと思うんですけど。
大森　七月隆文の『ぼくは明日、昨日のきみとデートする』は、実写映画にもなって、もう百万部を超えていますね。『君の名は。』もそう。
山田　やっぱり強いんだよ。そういう意味でも足場は必要なんですね。
大森　SF作家はそういう手垢のついたものを嫌う傾向がありますけど。
山田　いやいや、僕はすごく反省していて、もう一度やり直そうと思っているんですよ。ここまでめちゃくちゃやっちゃったらもう遅いかもしれないけど（笑）。というのも、「何だかよくわからないけど面白い」というSFを書いてみたくて、何作か失敗したんですよ。その経験で、これはマズいなと、自分の中でブレーキをかけないとうまくいかない。言葉のきらびやかさだけで物語を作って、実際に何が起きているか、読者も作者もよくわからないけど、でもとにかく面白い、カッコいい、みたいなことを狙ってやってみたんですけど。いまの読者のキャラ志向、パターン化志向の強さを考えるとどうも僕のやろうとしていたことは魚のいない池で釣りをしていたようなものだな、と。本人はけっこうそれでも楽しんでいるんでいいんですが、現実に魚が釣れないと、まわりがどんどん離れていってしまう。釣れてこその釣りですから。多少、反省してるんですよ（笑）。
大森　SFの場合は、そういう言葉のきらびやかさに合わせて現実世界も改変することができてしまうので、よけいに、言葉遊びから世界を作れてしまう。
山田　はい。ただ少し無粋なことを言うと、いまの時代、現実そのものが改変されつつあるので、そうしたフィクションの歴史改変ものにうつつをぬかしていていいのかということも思うんですよ。ちょっと不謹慎なことを言ってしまえば、いま実際に世の中で起きている現実改変のほうが、小説のテーマとしてははるかに面白いんじゃないかと。
大森　『カムパネルラ』でも、物語を使った政治的な動員のシステムに対する警鐘というテーマが入っていました。

山田　ビッグ・ブラザーみたいな言説は手垢がついているのだけど、古典を扱ったつもりはなくて、僕としてはいまのことを書いたつもりなんですよね。

大森　ヒーローを作ることに対する疑問、というふうにも言い換えられますね。

山田　美しい物語、勇ましい言葉。そういうものへの疑問はありますね。だけど、ＳＦというのは一面、そういう、何て言えばいいかな、生真面目な言葉を生理的に嫌うんですよ。「野暮を言うな」という感じで。

大森　メッセージを出すことを嫌うと。

山田　ただ面白くて読んでいるだけなのだから、そういう野暮なメッセージを出すな……と。けれども、今はそういう野暮なことを言う人もすっかりいなくなりました。ここまでくると逆に危険かな、とも思う。ハインラインの『宇宙の戦士』が出たとき、石川喬司さんがそういう野暮な評論を書いたり、もしくは筒井さんの「ベトナム観光公社」のときもいろいろ言ってくる人がいたじゃないですか。僕もふくめて当時はみんな、「これはただの作り話で、面白いからいいんだ」と思っていたものですけれど。野暮なことをいう視座もあったほうが、作品世界も豊かになるかもしれないと、いまはそうも思っています。両方の視座があるほうが、当然のことながら視野も広がると思うんですよね。

ＳＦの書き方

実作篇

実作例①

二本目のキュウリの謎、あるいはバートレット教授はなぜ時空犯罪者を支持することにしたのか？

（課題その７「〝謎〟を解こうとする物語の作成」より）

崎田和香子

その朝、緑川百合子は朝食のトマトサラダを作ろうとしていた。

冷蔵庫からキュウリを取り出して刻み、次にトマトを取り出すために再び冷蔵庫を開けると、なぜかそこにトマトの代わりに自分がたったいま刻んだはずのキュウリが入っていた。

百合子は早速、この奇妙な出来事をツイッターでつぶやいた。たまたま彼女のフォロワーのそのまたフォロワーに人気アイドルの同級生がいた。アイドルは同級生からリツイートされて来た百合子のツイートをリツイートし、アイドルのファンの間にこのツイートが拡散し、いくつものコメントが付けられた。

曰く「二本目のキュウリはどこから来たのか？」「二本目のキュウリの謎を解け」「それは緑色の細長いトマトなんだ」「冷蔵庫はクローン生成機だったのか」「実は私がキュウリです」「生き別れの兄弟を見つけたぞ！ byキュウリ」ｅｔｃ……。拡散は芸能界を通じてアーティスト仲間から海外にまで広がり、マスコミで取り上げられ、「二本目のキュウリの謎」は、ついにその年の流行語大賞を取ってしまった。


さて、緑川百合子自身はあずかり知らぬことだったが、この二本目のキュウリの事件が起きたのと同じ朝、東城卓也という男の運転する乗用車が彼女の住むアパートの裏道を走っていた。彼の職業は物理学の教授で、この日の二限目に行う講義のために大学に向かっているところだった。

東城の車が小さな四つ角に差し掛かったその時、ひとりの青年が、ろくに左右の確認もせずに道を渡ろうとして東城の車のボンネットに衝突し、はね飛ばされ……消えた。

東城は車を停車させて周囲を探したが何も見当たらない。そして彼のボコボコの愛車のボンネットに新たなへこみが出来ているかどうかは、持ち主である東城自身にも判断ができなかった。一応、警察は呼んだもののやはり何も見当たらず、やって来た警官たちも東城の目の錯覚だったのだろうと結論付けた。

そんな「事件」があったために東城はその日の講義に少しばかり遅刻してしまった。ざわついていた教室が静まるのを待って、東城は教卓の上からゼムクリップを一個つまみ上げると講義を始めた。

「私は手にクリップを持っているね。手を離すと下に落ちる。この時に働いた力を何と言うかな？　そう、重力だ。正確には地球の重力だね。地球の大きさがどのぐらいかわかるかな？　だいたい直径一万二千七百キロメートルだ。さて、今日はここで驚くべき実験を行おう」

東城はポケットから磁石を取り出した。

「これは磁石だ。見ての通り手のひらに乗るサイズ。こいつをさっきのクリップに近づけてみよう。いいか？　地球の重力で引き寄せられているクリップだ。一瞬だから、目を離すなよ。さあ！」

クリップが磁石に吸い寄せられてくっつく。

「どうだ。驚くべき実験結果だろう！　直径一万二千七百キロメートルの巨大な地球の重力が、手のひらに乗るような小さな磁石の磁力に負けたんだ。なぜ重力とはこんなにも弱いのか？　今日はその話をしよう……」


その日から、五百億年の時が流れた……。

多元宇宙の秩序を管理しているマルチバース委員会に、外部の人間からのコンタクトがあった。

「ルーヴィン博士という男です」

秘書のAIにそう言われたアロイス委員会議長は、名簿の検索結果に目を向けた。

「物理学者の名簿には載っていない人物だな。数学者か？」

「言語学者だそうです」

アロイスは片方の眉を少し上げた。

「言語学者がなぜマルチバース委員会に用がある？」

「マルチバースを構成する並行宇宙のひとつに奇妙な点を発見したと」

「それを言語学者が物理学者に教えに来たのか？」

「そう言っています」

アロイスはしばらく考えた後、委員会のメンバーに招集をかけた。

間もなく議場の中央で待っていたルーヴィン博士の周囲にメンバーたちが姿を現した。もちろんルーヴィン自身を含めた全員が立体映像だが、無数の並行宇宙にそのオリジナル・データを置くメンバーたちの映像が「一堂に会した」光景はさながら輝くビーズの群れのようだ。

「物理学者に物理学を教えに来た言語学者とは君かね？」

　最初に言葉を発したのはマハロ博士だった。発言と同時に彼の映像が拡大されて議場の中央に表示される。球形の部屋の空中にマハロとその周囲の空間が巨大なシャボン玉のように浮かんだ。

（マハロはいつも軽率だ）

　と、アロイスは苦々しく思う。

「私は言語学の話をしに来たのですよ。言語学者なので」

　と、言語学者は答えた。

「なるほど。筋が通っている」

　と、バートレット教授が感心したように言った。教授はすぐに手元のパネルを操作して議場のコンピューターが自動拡大した自分の映像を元のサイズに戻したが、アロイスの鋭い観察眼はその口元に浮かんだかすかな微笑を見逃さなかった。

（面白がってるな、こいつ）

「できれば手短かにお願いしたいな」

　そう言ったのはターニップ博士。委員会の古株だ。ターニップも控えめに自分の映像のサイズをすぐに戻す。ルーヴィン博士は、アロイス（議長の映像は常に拡大されている）の方に視線を送ってから口を開いた。

「まずお尋ねしたいのですが、皆さんの中に〈二本目のキュウリの謎〉という言葉をご存知の方はいますか？」

「知らんな」

　ターニップ博士がつまらなそうな顔で言った。言うと同時に拡大された自分の映像をスッと元に戻す。

「私も知りません」

　と、バートレット教授。アロイスには少し意外だった。なぜだか彼はバートレット教授は森羅万象の全てに通じているはずだと思い込んでいたのだ。

「そんな言葉が存在するのか？」

　マハロ博士が疑わしそうに言う。

「そう。皆さんはご存知でない。ところが私は知っていたのです」

　ルーヴィン博士が謎めいた微笑を浮かべて言う。

「それがどうしたと言うんだ？　言語学者が言語に詳しいのは当たり前じゃないか！」

　マハロ博士が甲高い声を上げた。

「あの……」

マハロとは対照的に低い小声で口を挟んだのはロイド博士だった。浅黒い肌をした小柄な男の映像が拡大される。

「私は知っていました。それはゲーム……ナンセンスな質問に頓智で答える遊びのことでしょう？」

「その通り、ええと……（ルーヴィン博士は素早くロイドの胸元に浮かんだネームボックスに目を走らせた）ロイド博士。あなたは恐らくＵＮ５７６８９－３ユニバースのご出身ですね？」

「その通りです」

ロイド博士は目をパチクリさせた。

「面白い！　それは言語学的にわかることなのかね？」

からかうような口調で茶々を入れたのは、もちろんマハロだ。アロイスは誰にも聞かれないように軽く舌打ちをした。だが言語学者は動じなかった。

「その通りです」

と、無表情に答える。

「なぜなら、この言葉が存在する宇宙はＵＮ５７６８９－３ユニバースだけだからです」

マハロ博士がまだ何か言いたそうにしたので、アロイスは議長権限で彼の映像を縮小した。

「……どうぞ、続けて下さいルーヴィン博士」

「ご存知の通り、我々の属するマルチバースはいくつもの並行宇宙の集合体です。宇宙にはベビーユニバースを生み出して増殖する性質があるからです。そして生み出されたベビーユニバースは、その親となる宇宙に性質や構造が似ている……」

「物理学の講義をわざわざどうも」

またもマハロ博士が口を挟む。ルーヴィン博士はその映像にチラリと視線を送ると、

「子張《しちょう》問う、十世知る可《べ》きや。子曰く、殷《いん》は夏《か》の礼に因《よ》る。損益する所知る可きなり。周は殷の礼に因る。損益する所知る可きなり。其れ或いは周を継ぐ者は、百世と雖《いえど》も知る可きなり」

と、一息に言った。

『論語』為政第二です。ご存知ですかな？」

「言語学者の知識のひけらかしに付き合っていられるほど、マルチバース委員会のメンバーは暇ではない！」

マハロは顔を赤くして言った。

「では、簡潔に。要は新しく出来た国はその元になった国に似るものだということです。国を宇宙に置き換えて

考えれば、ベビーユニバースはその親宇宙に、親宇宙もそのまた親宇宙に似ているということになります。つまり隣り合う宇宙同士は似ているはずなのです。ところがなぜかこの言葉〈二本目のキュウリの謎〉だけは周囲の宇宙に類似の言葉がまったく見当たらず、ＵＮ５７６８９－３ユニバースのみにしか存在していません」

　議場にさざめきが起こり、ビーズ玉が波打つように拡大と縮小を繰り返した。

「私の専門は言語考古学です。古代の言語の調査を行っている時にこの事実に気づき、この言葉が生まれた時期と場所を調査しました。その結果わかったことは、この言葉はなんと二十一世紀の地球で生まれたものだったのです」

「二十一世紀？」

　アロイスは思わず聞き返した。

「まだ人間が物体であった時代だね」

　バートレット教授が説明した。

「原始人の時代か」

　マハロが馬鹿にしたような口調で言う。それを待っていたかのようにルーヴィン博士が言った。

「その通り。東城卓也博士が生きていた時代です」

　この言葉に議場はどよめいた。東城卓也の名を知らない物理学者は存在しない。マハロは真っ赤になった。狡《こう》猾《かつ》な言語学者の罠に嵌《はま》り、マルチバース構造学の始祖を「原始人」呼ばわりしてしまったことに気づいたのだ。

　マルチバース委員会は、この東城卓也の生み出した〈のし餅理論〉に基づいて多元宇宙の管理を行っている。東城博士の業績なしにはマルチバース委員会は存在しない。

　マハロが文字通り「小さくなる」と、ルーヴィンは議場内をおもむろに見回し、発言を続けた。

「まさに東城卓也博士が生きていたその時代に、ひとつの宇宙が隣接する宇宙と異なる特徴を持った。これには何か意味があるはずだと考えた私は、同じ時代の言語についてさらに詳しく調査しました。するとＵＮ５７６８９－３ユニバースに隣接する並行宇宙ＵＮ５７６８９－２ユニバースに、もうひとつやはり他の宇宙には存在していなかった文章を発見したのです」

　議場内は、しんとしてルーヴィンの言葉に耳を傾けていた。〈のし餅理論〉が誕生した時空の話なのだ。マルチバース委員会のメンバーが興味を持たないはずはなかった。

「当時ブログと呼ばれていた個人の日記として、浜田和也という人物が書いた、以下のような文章が記録されていました……」

議場全体が固唾《かたず》を飲む中で、ルーヴィンはその記述を読みあげた。

「〈ありのまま、いま起こった事を話すぜ。おれは道を歩いていたと思ったら、おれが空から降って来た。何を言っているのかわからねーと思うが、おれも何が起こったのかわからなかった〉……以上です」

なんとも言えない空気が議場を包む。

「……古代の庶民階級のスラングで記述されているために非常に難解な文章ではありますが、その内容は、このブログを書いた男が、自分自身が空から降って来るのを目撃したというものです。そして彼がその事件に遭遇したのとほぼ同じ時刻に、隣の宇宙の数メートルしか離れていない場所で二本目のキュウリの事件が起きているのです。この事件とはすでに刻んだはずのキュウリが元通りになって再び姿を現したというもので、二つの事件に共通するのは……」

「同じものが二つ存在した」

アロイスは言った。普段は決して他人の発言を遮ったりしない議長であったが、この時は驚きのあまりマナーを忘れてしまったのだ。

「その通りです」

と、ルーヴィンは気を悪くした風もなく言った。むしろ自分の発言がマルチバース委員会議長をここまで動揺させたことを誇らしく感じている様子だった。

「みなさん」

と、ルーヴィンは言った。

「私はこの時代において、何らかの時空犯罪が行われたのではないかという疑いを持ち、そのことをマルチバース委員会に報告に参ったのです。それも東城卓也博士の存命中という非常に重大な時代の時空に手を加えた者がいるということを」

議場内を沈黙が包み、アロイス議長は自分の職務を思い出して委員会の解散を告げた。ビーズ玉の光が少しずつ消え、暗くなった空間に取り残されたアロイスは、自分の取るべき行動について思い巡らせた。

(最も正しい道とは?)

「で、その結論が、僕に丸投げか?」

と、バートレット教授は呆れ声を上げた。

「こういうことは、下手に私が考えるより、得意な君に任せた方が良いと思うんだ。以前クリスなんとかという作家の遺言書の話をしてくれたろう？」

　と、アロイスは言う。

「アガサ・クリスティーのミステリー、『謎の遺言書』か？」

「そう、それだ。私は君のヘラクレス並みの知性に期待しているんだ」

「エルキュールと発音して欲しかったところだがね。うーむ、マルチバース委員会議長が、僕の灰色の脳細胞を頼りにしているのか……」

　アロイスは内心しめたと思った。バートレット教授はマルチバース委員会最高の頭脳の持ち主だが、七歳児並みにおだてに乗りやすいのだ。

「そうなんだ。君の灰色の脳細胞（って何だろう？）だけが頼りでね。例の言語学者が持ち込んだ問題は、困ったことに事実だったんだ。隣り合う並行宇宙ＵＮ５７６８９－２とＵＮ５７６８９－３の間で、確かに時空の一部が入れ替わっていた。わずか半径五メートルという点にも満たないほどの小さな空間だが」

「なるほど、それはミステリーだな」

「マルチバース委員会発足以来の不祥事だ。誰が、いつ、何の目的で、我々の厳重な監視の目をかい潜ってこんな犯罪をやってのけたのか皆目見当がつかない。このままでは委員会の面目は丸つぶれだ」

「わかった。引き受けるよ。なにしろ僕は七歳児並みにおだてに乗りやすいのでね」

　アロイスの硬直した笑顔の映像が消えると、バートレット教授は「灰色の脳細胞」を働かせた（データ人格である彼に物理的な意味での脳細胞は存在しないのだが、細かいことを気にしていてはミステリーの探偵にはなり切れない）。

　ルーヴィン博士は〈二本目のキュウリの謎〉という言葉が存在するのはＵＮ５７６８９－３だけだと言った。ＵＮ５７６８９－２とＵＮ５７６８９－３の間で時空の入れ替わりが起きたのならＵＮ５７６８９－２の方でも類似した異変が起きているはず。

　なぜ、並行宇宙においては〈二本目のキュウリの謎〉に類似した記録が残らなかったのか？

「その夜の犬の不可解な行動を注視せよ……か」

　と、教授は英国の名探偵のようにつぶやいた。

「さて、ワトソン君」

と、バートレット教授は言った。

「どうしました？　シャーロック・ホームズさん」

と、学習能力の高いＡＩが答える。

「言語学者が持ち込んだ問題が、我が委員会議長を悩ませている。君だったらどうする？」

「言語学者が持ち込んだ問題ならば、言語学者に持ち帰らせます」

と、ＡＩは答えた。

「すばらしいアイディアだ！」

バートレット教授は、ルーヴィン博士に連絡を取った。

ルーヴィン博士によると〈二本目のキュウリの謎〉についで最初にツイッターにつぶやいたのはＵＮ５７６８９－３の緑川百合子という女性だった。

「このとき、ＵＮ５７６８９－２の緑川百合子は、どんなツイートを残していたんです？」

「確認しましたが、彼女は同じ日に自宅近くで起きた変死体の発見事件をツイートしています」

「なるほど、その事件のせいでキュウリの異変のことなど頭から吹っ飛んでしまったのだな。これが犬の不可解な行動の理由だ」

「犬の？」

アシスタントＡＩほど教授に慣れていないルーヴィンは聞き返した。バートレット教授は、それには答えず推理を進める。

「恐らくＵＮ５７６８９－２の緑川百合子は、並行宇宙間に生じるわずかな差異のために冷蔵庫からキュウリではなくトマトを先に取り出したのだろう。ＵＮ５７６８９－３の宇宙で、トマトの代わりにすでに取り出されていたはずのキュウリが冷蔵庫に残っていたのはそのせいだ。ＵＮ５７６８９－３の緑川百合子がキュウリを取り出した直後に冷蔵庫の置かれていた時空がＵＮ５７６８９－２のものと入れ替わったためにＵＮ５７６８９－３の緑川百合子は、取り出したはずのキュウリを冷蔵庫の中に見つけたというわけだ。これが〈二本目のキュウリの謎〉の正しい解答ですよ。ありがとう。そしてごきげんよう、ルーヴィン博士」

バートレット教授は、早口にそう言った、そしてためらいがちに会釈したルーヴィンの姿が目の前から消えると、アシスタントＡＩを呼んだ。

「ヘイスティングス大尉！」

「はい、エルキュール・ポアロさん」

賢いＡＩが答える。

「東城卓也博士についての資料を揃えてくれ」

ＡＩは、数秒のうちに資料を揃えて教授の前に表示した。

東城博士はダークエネルギーについての研究を行っていた。宇宙空間を押し広げている観測不能のエネルギーは、一体どこからやって来たのかという研究だ。

やがて博士は重力の奇妙な性質に注目するようになる。自然界に存在する四つの力、電磁気力、弱い力、強い力、重力のうち、なぜか重力だけは不自然に弱い。他の三つの力の強さを考えれば重力の力とは本来こんなものではなかったはずだ。ではその力は一体どこへ行ってしまったのだろう？

どこから来たのかわからない力と、どこへ行ったのかわからない力。

東城博士は、この二つを同じものだと仮定した。問題は重力の不足分に比べてダークエネルギーが大きすぎるという点だった。

そこで考え付いたのが〈のし餅理論〉だった。博士は宇宙を積み重なった餅のようなものだと考えたのだ。

柔らかい餅を積み重ねると、下の方の餅は上に乗った餅の重さで押しつぶされて平たく広がる。餅を宇宙と考えると、宇宙がその外側からの力によって押し広げられる形になっている。宇宙の外側にあるものは観測できないが、押し広げられた宇宙そのものは観測できる。これが観測できないダークエネルギーによって宇宙が押し広げられる仕組みなのだと東城博士は考えたのだ。

上の宇宙の重力は、下の宇宙を押し広げるのに使われるため宇宙の内側で働く力は弱くなる。上に積み重ねられた宇宙の数が多ければ、下の宇宙には大きな力が加わることになり、ダークエネルギーの大きさが重力の不足分よりはるかに大きい理由の説明がつく。

宇宙が生まれた当初、このダークエネルギーは存在しなかった。宇宙を広げていたのは専《もっぱ》らビッグバンの名残りのエネルギーで、だから宇宙の膨張はやがて止まると考えられていたのだ。

だが、ビッグバンから六千八百億年ほど経った頃、なぜか宇宙の膨張が再加速する。再び宇宙を押し広げ始めたダークエネルギーの正体を上に乗ったベビーユニバースの重力だと考えれば、この理由が説明出来る。

ベビーユニバースは、元の宇宙がある程度成熟した後で生成されるものであるからだ。

バートレット教授は積み重ねられたのし餅を想像して
「一番下の餅は重そうだな」と、つぶやいた。

「一体どのぐらいの重さなんだろうね？」

と、ＡＩに話しかけた時、マハロ博士の来訪が告げられた。

「君がアロイス議長から頼まれて、例の言語学者の持ち込んだ問題に取り組んでいると聞いて助言しにやって来たんだ」

マハロは空中に浮かぶシャボン玉の中でせっかちに体を揺すりながら、言った。

「どんな助言だね？」

「無駄なことだ。すぐに止めろ」

「その根拠は？」

「時空を入れ替えるなどという大掛かりな犯罪は、マルチバースの制御システムを使わなければ不可能だ。僕はあの後すぐにマルチバースの制御システムの確認を行ったんだ。システムはただの一度も破られていない。たとえ誰かが時空犯罪を企んだとしても、手段がなければ実行は出来なかったはずだ」

「なるほど。君の言うことは論理的だ」


バートレット教授は素直に感心してみせた。

「だろう？　だから君の為《な》すべきことは、言葉を操るのだけが得意な言語学者なんかの嘘に踊らされて無駄に時間を浪費することではなく、奴がなぜ嘘をついたのか、その理由を探ることなんだ。何か大きな陰謀の臭いがするぞ……」

「興味深い話をありがとう」

興奮に鼻をひくつかせたマハロの姿が目の前から消えると、待ちかねたようにアシスタントＡＩが「教授」と呼んだ。

「先ほどのご質問の答えが出ました」

「質問？」

「一番下ののし餅、すなわちファースト・ユニバースにかかるダークエネルギーの大きさについての質問です」

バートレット教授は、さっき自分がＡＩに話しかけた言葉を思い出して苦笑した。誠実なＡＩは、あれを「質問」と捉えたのだ。

「で、その解答とは？」

馬鹿正直なＡＩが目の前に表示した数字を見て微笑みかけた教授は、ふと真顔に返った。

「ターニップ博士に面会を申し込んでくれ」

ＡＩは、速やかに命令を実行した。

古参のマルチバース委員は、少し面倒臭そうな態度でバートレット教授を迎えた。安楽椅子にもたれ、目は半分閉じかけているように見える。

「プライベートな時間にお邪魔して申し訳ありませんが、ターニップ博士。実はアロイス議長から例の言語学者の持ち込んだ問題の解決を頼まれまして」

その言葉にターニップ博士は、かすかに目を開いた。

「アロイスから、やっかいごとを押し付けられたのか？」

「喜んで押し付けられました。これはどうやら密室犯罪ミステリーのようなので」

「密室？」

「そうです。アロイス議長によれば、マルチバースはその誕生以来、委員会によって厳重に監視されています。言わば密室です。そのマルチバースにおいて時空犯罪が行われた。つまりこれは密室犯罪なのです」

「面白い考え方だ」

と、ターニップ博士は言った。

「東城博士の〈のし餅理論〉によれば……」

と、バートレット教授は話し出す。

「この宇宙は並行宇宙が積み重なったのし餅のような構造をしています。そのままでは一番下の宇宙であるファースト・ユニバースは、その後に生まれた無数のベビーユニバースから受ける重力、すなわちダークエネルギーによって押し延ばされ、最終的に裂けてバラバラになってしまう。ビッグリップと呼ばれる現象です」

「私に物理学の講義をしに来たのかね？　お若いの」

「もちろん、博士がマルチバース委員会最古参のメンバーであることは存じております」

バートレット教授は、遜《へりくだ》った態度で言った。

「その教授にお尋ねしたいことがあるのです。なぜビッグリップは起きていないのでしょう？」

「なるほど、君は私に面白い話を聞かせに来たのだな」

ターニップ博士は、安楽椅子から身を起こした。

「……このマルチバースのいずれの宇宙でもビッグリップが起きていない理由は、マルチバースが回転するドーナツ状の構造をしているからだ。正確には無数の並行宇宙をドーナツ状に並べた恰好だ。並行する宇宙が、もしも積み重ねられたのし餅状だったなら、ファースト・ユニバースは、その後に生まれた全ての宇宙から来る重力をダークエネルギーとして受けとめなければならないことになる。だが並行宇宙がドーナツ状に並べられているマルチバースでは、ファースト・ユニバースは自らにかかる重力をラスト・ユニバース——便宜上、そう呼ぶが——に逃がすことが出来る。危険なダークエネルギーをマルチバースの回転エネルギーに変えることでビッグリップが起きるのを防いでいるのだ」

ここまで一息で言ってから、ターニップ博士はバートレット教授の目をまっすぐに見つめた。

「……だが、君が聞きたいのは、こんな話ではないのだろう?」

「さっきマハロが僕のところへやって来まして、とても興味深い話をしていったのです」

「お得意の陰謀論かね?」

「まあ、それもありましたが、彼はこう言ったのです。『手段がなければ実行は出来ない』」

「マハロにしては論理的だ」

「ビッグリップを防ぐには、マルチバースの無数の並行宇宙を全てドーナツ状に並べなければならない。それには全ての宇宙の文明が協力して同時にその位置を動かさなくてはなりません。しかし回転するマルチバース・システムが作られた時点で、本当に全ての並行宇宙の文明が自らの宇宙を動かす技術力を持っていたのでしょうか?」

「ベビーユニバースは親宇宙のコピーだ。どれもだいたい似通っている。技術の水準も同じようなものだった」

「同じようなものだった。よくご存知だ。なぜならこの回転するマルチバースのシステムは、あなたが考案したものなのですから」

「ひけらかすつもりもないが、隠すつもりもない。その通りだ。現行のマルチバースのシステムは私が作った」

「そうです。回転するマルチバースのシステムは多次元宇宙の自然の状態ではなく人工的に作られたものだった。つまりこのシステムが完成する前の時代というものが存在するわけです」

「当然だ」

「その時代に時空犯罪が行われたのならマルチバースのシステムをどんなに監視していても犯罪は発見できない。そしてシステムが完成する前に、それに匹敵する時空制御システムを動かせたのは、マルチバースのシステムを作り出すほどの技術力を持った者だけのはずです」

バートレット教授は、ターニップ博士の目をまっすぐに見つめて言った。博士は軽く首を振った。

「それが君の面白い話かね？　なぜ、この私が時空犯罪を犯したと考える？」

「博士は先ほど並行宇宙の技術の水準は同じようなものだったとおっしゃいましたが、例外はなかったのですか？」

「例外？」

「ある宇宙、例えばＵＮ５７６８９－３ユニバースの技術水準が、他の宇宙より劣っていたとか？」

　博士の表情は動かなかった。バートレット教授は少し戸惑った。自分の推理は完璧なはずなのだが……。

「二十一世紀の後半……」と、教授は話し始めた。「ＵＮ５７６８９－３宇宙でひとりの男が交通事故で死にました。乗用車にはねられ首の骨を折っての即死です。その乗用車を運転していたのが当時新進気鋭の物理学者だった東城卓也博士、後に〈のし餅理論〉を発表した科学者です。いや発表するはずだったというべきでしょう。ＵＮ５７６８９－３の宇宙では、この事故が原因で彼は大学を退職。研究も止めてしまったのだから」

　バートレット教授は、ターニップが何かを言うだろうかと思ってその表情を窺《うかが》ったが、相手は無言のまま、ただ顔をまっすぐこちらに向けている。白くて丸い顔。まさに蕪《ターニップ》だ。

「宇宙全体から見れば小さな差異。しかし回転するマルチバースのシステムを作ろうとした際に、この差異は大きな問題となりました。東城博士が〈のし餅理論〉を生み出さなかった宇宙では、多元宇宙の構造についての研究が遅れ、その結果、時空の制御技術が大きく遅れてしまっていたからです。これでは全ての並行宇宙を同時に動かさなくてはならないマルチバース・システムは起動させられません。すでにファースト・ユニバースではビッグリップが起きかけていたというのに！」

　ターニップ博士は顔色すら変えない。

「……そこであなたは二つの宇宙、ＵＮ５７６８９－３と隣接するＵＮ５７６８９－２の時空をほんの一部だけ入れ替えることにした。東城博士の車にはねられた男、浜田和也の体が存在する空間を中心に、たった半径五メートル。しかしその時空の内側には薄いアパートの壁を隔てて、緑川百合子のアパートの台所が、彼女の冷蔵庫があったのです」

「なるほど、面白い。そしてどうなったんだね？」

　ターニップ博士がようやく口を開いた。何か面白がっているようにさえ見える。

「……並行して存在する宇宙は、似通ってはいるが、完璧に同じではありません。UN57689－3の宇宙では、UN57689－2の宇宙と比べて、浜田が道路に飛び出すのが少しだけ早かった。UN57689－2では東城博士の車が通過したあとで道路に飛び出した浜田は、UN57689－3では乗用車のすぐ前に飛び出してしまった。そしてはねられた。体が空中へ飛ぶ。あなたが時空を入れ替える。その結果、UN57689－2ユニバースで、浜田は目の前に落ちて来た自分自身を目撃することになり、UN57689－3ユニバースでは東城博士の起こした事故はなかったことになった。歴史の改変が行われ、マルチバースの回転システムは無事に動き出しました」

言い終えて、バートレット教授は軽い息切れを感じていた。人格データの身体認識は、いらないところで精巧だった。

「正解だ」

ターニップ博士は、なぜか嬉しそうに言った。

「あんな小さな時空の交換に気づかれるとはね。物理的観測ではまず発見されないはずだったのに、まさか言語学者に見つかるとは。ところで、それがわかったところで君はどうするんだ？」

「委員会で定めた法に則《のっと》れば時空犯罪を犯した者は、その存在を全宇宙において抹消し、そうすることによって犯罪そのものが起きなかった状態に時空を修復します」

「うん、その法律も私が作った」

「けれど今回の場合、規定通りの修復を行えばマルチバース・システムそのものが生まれなかったことになり、当然、マルチバース委員会も存在しません。存在しないものが法を執行することは物理的に不可能です」

少し沈黙があった。次に口を開いたのはターニップ博士だった。

「賢明だね、バートレット教授、君も薄々気づいている通り、我々の住む多元宇宙世界は人工的に手を加えられた宇宙によって成り立っている。自然のままの宇宙が我々にとってこんなに都合よくできているはずはないだろう。私がやったのが小さな交通事故の隠蔽《いんぺい》だけだと思っているのかね？」

そう言うと博士は、唇に悪魔の微笑みを浮かべた。

バートレット教授は、ターニップ博士の前から姿を消すと、すぐにアロイス委員会議長にアポイントを取った。教授の頭からはターニップ博士の言葉が離れなかった。

《自然のままの宇宙が我々にとってこんなに都合よくできているはずはないだろう》

博士は、いったいどのぐらい昔から宇宙に手を加えているのだろうか？　彼は間違いなく時空犯罪者だが、そもそも人類とその文明は時空犯罪の上に成り立っていたのかも知れない。

ＡＩがアロイスの来訪を告げる。目の前に現れたマルチバース委員会議長に、バートレット教授は言った。

「提案がひとつあるんだが」

「提案？」

「ルーヴィン博士を委員会の顧問にできないだろうか？　物理学的には見えにくいものが彼には発見できるようだ」

「君がそう言うということは、彼の持ち込んだ時空犯罪の問題は解決できたということなのかな？」

「それについては良いニュースと悪いニュースがあるんだが、どちらを先に聞きたい？」

アロイスは教授の不自然な快活さに疑いの目を向けながら、

「良いニュースから聞かせてくれ」

と、リクエストした。

「では、良いニュース。例の時空犯罪はマルチバースのシステムが破られたからではなかった」

「で、悪いニュースは？」

「システムの問題ではないので、僕には解決できない」

アロイス議長は、旧友の顔をじっと見つめた。バートレット教授が目の前にある事件の解決を、こうもきっぱりと投げ出すのを見るのは初めてだったのだ。

「どういうことだ？」

「犯罪者を支持せざるを得ないという結論に達したということだよ」

「ちゃんと説明してくれ」

「話は、僕が〈二本目のキュウリの謎〉を解いたことに関するものなのだが、最初から話した方が良いかな？　長い話になるんだが」

「構わない。最初から話してくれ」

「じゃあ最初から話すよ。そもそもは、ビッグバンによる宇宙開闢《かいびゃく》から六千八百億年後のこと……」

……それは、本当に長い話になった。

課題提出時の梗概

ある朝冷蔵庫を開けた百合子は、そこにすでに取り出したはずのキュウリを発見した。この不思議な出来事をツイッターでつぶやくと話がネット上で拡散され、ついに「二本目のキュウリの謎」という流行語が生まれてしまった。

五百億年後。

「二本目のキュウリの謎」という言葉の語源を調べていた言語学者が、百合子の事件の記録に辿り着く。

さらに、ほぼ同じ時刻にその近くの道路で、ひとりの男が自分自身の死体を目撃していた。

何か重大な事件の存在に気づいた言語学者は、多元宇宙の秩序を管理しているマルチバース委員会に報告を行った。

調査を担当した委員のバートレット教授の語った事件の真相はこうだった。

マルチバース物理学の根幹となっている「のし餅理論」によれば、宇宙とはのし餅のようなもので、ファースト・ユニバースの上にセカンド・ユニバース、サード・ユニバース……といくつもの並行宇宙が重なった構造をしている。かつてそのファースト・ユニバースに所属するターニップ博士が二十一世紀の地球で東城卓也という男が起こした交通事故を隠蔽するために、時空を操作して被害者の体が東城の車にはねられた瞬間、その周囲の空間を数秒間だけ隣の並行宇宙の空間と交換していたのだ。

その結果、被害者の体は隣の宇宙に移動し、元の宇宙では事故の証拠がなくなったために東城は逮捕されずに済んだ。しかしこのとき隣の宇宙では、並行宇宙間の微妙な差異によって事故に遭わなかった男が、本来なら隣の宇宙にあるはずの自分の死体を目撃することとなった。また、たまたま事故現場の近くにあった百合子の自宅の冷蔵庫も隣の宇宙のものと交換されたために、百合子が自分の宇宙ではすでに取り出したはずのキュウリを発見することになったのだ。

歴史を改変して交通事故を隠蔽したターニップ博士の行為は明らかな犯罪であった。委員会は法に基づいて博士の存在を宇宙から抹消しようとした。

しかしバートレット教授はそれを止める。ターニップ博士は流れ込んで来る多量のダークエネルギーのために、このままではビッグリップが生じて宇宙全体が引き裂かれるという恐るべき予測を導き出していたのだ。

並行宇宙はいまもなお増殖し続けており、新しい宇宙の重力が古い宇宙に及ぼす影響がダークエネルギーとなって時空を押し広げ続けている。ビッグリップを防ぐためには並行宇宙群を五次元的に丸めてドーナツ型にすることで、宇宙を押し広げるエネルギーを回転エネルギーに変換するしかない。

この計画の実行には並行宇宙同士の協力が必要だったが、幸いなことにそれぞれの宇宙の科学者が同じことに気づいて行動に移していた。

だが、ターニップ博士はこの動きに同調していない宇宙が存在していることに気づいた。その宇宙では物理学の進歩が遅かったために対処が遅れてしまっているのだ。

これは他の宇宙では二十一世紀後半に発見された「のし餅理論」が、その宇宙では発見されていなかったことが原因だった。「のし餅理論」の発見者となるはずだった東城博士が理論を発見する前に交通事故を起こして逮捕されてしまい研究が中断されてしまったからだったのだ。

バートレット教授は言う。

「もしもターニップ博士が歴史を改変してドーナツ計画を成功させなかったなら、我々の宇宙はビッグリップによってすでに引き裂かれ、我々はここに存在していない。存在しない者が法を執行することは、物理学上不可能なことなのです」

■内容に関するアピール

テーマが「〝謎〟を解こうとする物語の作成」だったので、ミステリーが良いかなと考えました。

そこで謎の死体が発見される話にしてみました。SFなので謎の死体です。

どんな謎かと言えば、それは第一発見者自身の死体だったのです。

犯人は並行宇宙をトリックに利用して、隣の宇宙に死体を隠すことで、犯罪そのものを隠蔽しようとします。

巻き添えを食って冷蔵庫のキュウリも一本増えます。

この謎に立ち向かう名探偵は、多元宇宙の秩序を管理するマルチバース委員会のバートレット教授。

教授は、なぜ死体とキュウリの数が増えたのかという謎を解くと同時に、なぜそのような犯行が行われたのかについても調査します。

その結果、自分たちが本来ならば、すでに存在していないはずの宇宙に生きていることを知るのです。

ダークエネルギーは、まだその正体が解明されていないそうなので、二十一世紀の天才科学者が発見する架空の理論「のし餅理論」の根拠に使わせてもらいました。宇宙の拡大の速度は一時減速したのちに、再び加速し出したことが観測の結果、明らかにされています。その加速の原因を、新たに生まれたベビーユニバースが、のし餅を重ねるように積み重ねられ、その重みで時間的に「下」の方の宇宙が伸ばされているのだという架空の理論を用いて、並行宇宙の重力が他の宇宙においてダークエネルギーとなって作用しているという設定です。

実作講評

大森　望

本講座では、梗概審査で上位に入ると、翌月、実作を講評してもらえる権利が得られるシステムだが、梗概審査をパスしなくても実作を提出することは自由。ポイントにはならないものの、自主提出された作品が面白ければ、（講評時間に余裕がある場合にかぎり）壇上で講師陣からの講評を受けられる。といっても、梗概審査で選出されないのに毎月一本短篇を書くというのはかなりハードルが高く、最終課題含め全十回すべてに実作を提出したのは全受講生の中で二人しかいない。

ひとりは、同じ主人公（シタルとイチカ）が共通して登場する（時代や場所や作風はそれぞれ違う）完成度の高い連作を書きつづけ、一年がかりで完結させた朱谷十七。

そしてもうひとりが本篇の崎田和香子。毎回違ったアイディアSFの短篇を出しつづけてきた。作者は、日本SF大会などでもスタッフとして活躍する古参のSFファン。大森とほぼ同年配で、受講生の中では最年長グループに属する（年齢では上から二番めくらい）。作品は、一九五〇年代のアメリカSF、一九七〇年代の日本SFを思わせる懐かしいタッチのユーモアSFが多く、読みやすくて面白い反面、どこか既視感があり、梗概段階ではなかなか上位に食い込めない。

本篇の梗概も、「〝謎〟を解こうとする物語の作成」の回に提出され、高橋文樹「おかえり、アセファル」、高木刑「ラクーン・ザ・キッドの最期」、音依真琴「キョート・スプリー」という、強烈な個性とインパクトがある上位三作の壁を突破できなかった。しかし、自主提出された実作は、ゲスト講師の円城塔から高く評価され、非公式ながら〝円城塔賞〟のお墨つきを得た。

冷蔵庫のキュウリが増えた謎から始まる冒頭のツカミは最強。そこから一気に遠未来に飛んでからのとぼけた議論と奇天烈な宇宙論もすばらしい。

ゲンロンSF新人賞でも、土星の第二衛星に生息する生物の子どもを地球人女性が妊娠した珍騒動を描く「エンケラドゥスの烏賊」が最終候補に残っている。古き良き短篇SFを愛する中高年SFファンのためのSF雑誌があれば人気作家になれそうだが……。

実作例②

コランポーの王は死んだ

（課題その４「誰もが知っている物語をＳＦにしよう」より）

高木　刑

岩の隙間に雄牛の頭が引っかかっていた。

まず牛の死体を放り出し、その周囲に鉄の罠三十個を仕掛ける。牛の首を切断し二十五ヤードほど離れた場所に捨てる。周囲の土をコヨーテの尾を使った箒《ほうき》ではき、切り取ったコヨーテの足で足形をつける。内臓は切り分け、ロープに結わえて馬で引きずり臭いをまき散らす。

真っ白なオオカミだった。

ロボとその手下の五頭のハイイロオオカミはコランポー平原の王とその家臣だった。闇に乗じて牧場を襲い、何千もの牛や羊を嚙み殺した。毒餌も、罠も、彼らには通じなかった。オオカミたちは死んだ動物の肉には決して口をつけずに、尻の一番柔らかい部分だけを嚙み千切る。その姿を見たものはほとんどいなかった。オオカミたちの遠吠えと、足跡だけが、私たちの見たものだった。いままではそうだったのだ。

手下の一頭、白いオオカミが罠にかかり、鎖につながれた牛の頭を引きずったまま、逃げ、ついにここで岩の間に引っかけ身動きが取れなくなったのだ。

私は羊飼いから、群れの中に一頭の、若い、真っ白な、一回り小さいメスのオオカミがいることを教わった。彼女は好奇心旺盛で、列から外れるように、あちこち遊びまわる足跡を残していた。牛の頭は本来、オオカミの食べるものではない。だが死骸の臭いをかぎつけたオオカミは、その臭いの原因を求め調べに向かう習性がある。死骸から離れた場所に置かれた首は、警戒心を緩め好奇心を煽るためのものだった。私は牛の首の周りにいくつもの罠を仕掛け、鎖でつないだ。

真っ白なオオカミが、左後足を罠に引っかけたまま、私たちをにらみつけ、唸り声をあげた。

カメラを設置し、写真を撮った。

美しいオオカミだった。

「はは、すげえなこいつは」馬から下りたビリーが叫んだ。「本当に真っ白だ。間違いなくブランカだ。シートンの旦那、あんたとうとうロボの一味を捕まえちまった」

　一八九三年の十一月、ついに私の罠はコランポーの王、ハイイロオオカミのロボに手が届くところまで到達したのだ。いままで何十人というウルフハンターがしとめそこなった獲物だった。タナリーは自慢のウルフハウンドの群れをずたずたに引き裂かれた。ジョー・キャロンはダイナマイトまで持ち出したが無駄だった。いままで誰も、ロボの手下の一頭すら、捕らえることができたものはいなかったのだ。

　ブランカの周りにはぐるぐると取り囲むようにオオカミの足跡がいくつも残されていた。霜を踏みしだいた真新しい足跡だった。

　目が血走っていた。

「やめよう」銃を構えたビリーを私は制した。

　私は慎重に、彼女に近づく。

　森に生きとし生けるもの、誰もがおびえる、あのオオカミ、獣の臭い。彼らは個体によって毛の色がわずかに異なるが、ここまで真っ白なものは私は見たことがなかった。体長は二フィート三インチほど、そこから推察したところ、おそらく二歳のメス、といったところだろう。オオカミとしては小柄だが、それでも並の大型犬ぐらいはあり、決して華奢《きゃしゃ》ではない。座ったまま口の端を吊り上げ犬歯を見せ、上顎骨筋を引きつらせ鼻に皺を寄せ、彼女は怒っていた。人間ども、何しに来た。牙が届けば、お前たちなど八つ裂きにしてやる。

「ごらん。素晴らしい毛並みだよ。こんな美しい体に傷をつけてはいけない」

　馬の荷からロープを二本取り出し、それぞれ輪を作る。

「絞め殺そう」

　私はそれほど輪投げが上手いわけではない。ビリーは以前馬に乗りながら牛の右後足にロープをかけて倒してみせたことがある。とても私には無理な芸当だ。だが、いくら唸り声をあげ、身を低く構えたところで、彼女は後ろ足を罠に挟み身動きができなかった。この程度なら私でも造作ない。

　首にかけられた二本の輪、その意味はとっくに察していたに違いない。だが彼女はまるで己の運命に無頓着なように、怒っていた。純粋な怒りだった。激しく吠えたてた。勇敢な戦士だった。ロープは外れず、暴れるたびにきつく締まっていった。それでも彼女は怒っていた。

　ビリーが生皮の鞭で二頭の馬の尻をひっぱたいた。

　馬が正反対の方向に駆け出し結わえられたロープが一瞬でぴんと張り詰め彼女の体が宙に、持ち上がった。空中で激しく二、三度痙攣《けいれん》し、彼女は死んだ。あっという間だった。口の端から真っ赤な血が垂れ、彼女自身の体毛を汚した。

美しいまま、死んだ。

馬はその場で足踏みしていた。自分が何をしたのか、何も知りたくない、といった瞳だった。濡れていた。

ロープを切ってブランカを降ろし、私の馬にくくりつけながら思った。さっきまでこの狼は生きていた。私たちと同じように生きていた。あのとき、私は彼女の怒りを正面から捉え、彼女が何を言っているのかはっきりわかったような気がした。自然との対話とは、そのようなものなのだ。

いまのブランカは、何も語りかけてこなかった。

どこかで狼の遠吠えが始まった。長く、大きく、低く、うねるような遠吠えだった。

「ロボだ」ビリーが言う。

「ああ、つまり、気付いたんだ」馬にまたがり歩かせる。

「ロボの奴、私がブランカを殺したことをきっと感づいた」

遠吠えは何度も、何度も、私たちが平原を横切る間ずっと続いていた。

「こんな悲しい鳴き声、聞いたことがねえな」カウボーイの粗野で無神経な心にも、その声は響くようだった。

「まるで人間みてえだ」

「ともかく」私は馬に鞭を入れた。「これでわかったよ。間違いなくこのブランカは、ロボのつがいの娘だった」

私はオオカミの亡骸を普段寝泊まりしている小屋ではなく、七マイル離れたLクロスF牧場の本部まで持っていくことにした。馬で歩いて二時間弱ほどの距離だ。私の直属の上司だったジム・ベンダーが数日前からそちらに泊まりこんでいたのだ。そこは十字路の脇にあり、町から外れたこの辺りで働くカウボーイたちのたまり場だった。とりわけいまの季節には、普段より大勢の男たちが集まっていた。クリスマスまでひと月を切ったこの頃から、舞踏会のための旅の準備が、もう、始まるのだ。リーオン川を越えたトライアングル・バー牧場、ジョンソンおやじのところで、三日三晩のお祭り騒ぎをやるのがこの辺りのカウボーイの習わしだった。ギターとハーモニカに合わせてスペイン風に踊るのだ。

私は自分のオオカミを見せたくてたまらなかった。

ニューメキシコと言えども、標高が高いこの辺りでは冬の寒さは厳しいものだった。薄暗くなりつつある道のかなたに、一粒の砂金のような明かりがぽつんと見える。私とビリー・アレンは馬を急がせた。

牧場本部の事務室は、ちょっとした社交場として機能していた。薪ストーブの周りでうろうろしながら、立ったり座ったり歩いたり、とりとめのないおしゃべりに興じるのだ。何しろ置いてあるストーブがよく暖まるものだった。南北に長い部屋なので、半端なものでは向こう側まで暖まらないのだ。私がオオカミを抱えて部屋に入ると、十数人のカウボーイたちが暖を取っていた。暖気で眼鏡がくもる。知っている者もいれば知らない者もいる。

乱暴者で知られるダブルバーのビルや、メキシコから流れた無法者のバルベルデ、前科者だが腕のいいウルフハンターだったタナリー、クロンダイクの町から来たのでクロンダイクと呼ばれている誰も本当の名を知らない男に、拳銃を抜かずに吊革にはめたまま撃つことで有名なジャック・ファウラーもいた。隣にいる、やせっぽちのジェンクスは射撃の名手で保安官の助手、あまりにもやせっぽちなので悪党の弾が当たらないのだ。

その奥にいるのは本人ふうに発音すればチョールズ・フィッツウォールター、東部の出身でオックスフォード大学を出たのち、カウボーイの世界にあこがれてニューメキシコまで流れ着いた変わり者だった。鹿皮のシャツに銀の拍車、ぴかぴかの飾りがついたメキシコ帽はバッファロー・ビルのウエスタン・ショーから抜け出してきたような派手な格好だったが、銃の腕は抜群だった。彼もジェンクスと同じ保安官の助手であり、私以外ではこの辺りで唯一大学出で、私のよき話相手だった。チョールズは私の抱えているオオカミが何者か知ると、口笛を吹いた。「へえ、シートン。その子はブランカじゃないか。君はついにやったんだね」

「だから言ったろ、シートンの旦那は只者じゃねえんだ」私たちの荷物を持って入ってきたビリーも、得意げだ。私と言えば、何しろ一人でオオカミを抱えているのだから、なおのこと得意げだったろう。畜生、カナダ野郎がやりやがったとビルが悪態をついて私の知らない隣の男に金を投げる。だが彼もにやけ面だ。ビルのダブルバー牧場にしたって、ロボには手を焼いていたのだ。タナリーだけは不機嫌そうに床に唾を吐いた。

そしてそこには、美しいボールトンもいた。

赤みのかかった長いブロンド、ワルツを踊るときの男に吸いつくようなステップ、ポーカーからセブンアップまでどんなゲームでも受けて立ち、相手が西部の荒くれ者でも容赦なく喧嘩を売った。腰に下げたコルトSAAを振り回し、二十ヤード以上離れたスペードのエースめがけてナイフを突き立てた。この辺り一帯の男たちは皆、彼女の崇拝者だった。三か月の間に六人のカウボーイと同時に婚約した。男たちは殺しあった。

そういったことが、愉快でたまらないのだ。

ボールトンは薪ストーブのそばに肘かけ椅子を引き寄せ、両足を高く上げて暖を取りながら、男どもと笑っていた。口に葉巻をくわえていた。大勢の者が煙草を吸っていたが、彼女の甘い香りの葉巻はすぐに区別がついた。

こちらを向く。

「おはよ、シートン先生」

私は挨拶を返した。

私としては何とか一人でオオカミを事務室の隅の、自分の机まで持っていきたかったのだ。若い小柄なメスのオオカミとはいえ、数十ポンドもあるのだし、数年前に私は右のひざを痛めていて、少し足をひきずるような恰好でないと歩けなかったのだ。

机の上でポーカーをやっていたカウボーイたちが、札を片付ける。

「こうして見れば、何てことねえオオカミだな」ビルがオオカミの唇をめくりあげて牙を見る。「悪魔だの、なんだの言われていたが」

「ああ」チョールズが相槌を打つ。「だけどきれいだよ。しっぽの先まで真っ白だ」

「こいつはどうするんで？　毛皮にでもしますか」ビリーが尋ねる。

「当然、剝製にするよ。このあと空いている別棟に持っていきたいから手伝ってくれないか」私は剛毛の下にある筋肉と骨を探りながら答えた。

「オオカミというのは解剖学的にいえば、毛むくじゃらの犬といったところだ。皮をはいでしまえば驚くほどよく似ている」

「ほんと」

すらりとした指が私とオオカミの間に滑りこむ。

甘い香り。

「すてきな毛皮。シートン先生は、ねえ」ボールトンが私の机の上に腰を下ろす。「鳥や動物のことで本を書いてらっしゃるって、ね？」

私はあわてて眼鏡を直す。「本業は画家です。ただ、ごらんの通り目を悪くしてしまって。その間にこの牧場の持ち主のフィッツランドルフさんから、ロボの噂を聞いて」

「あたしも町で聞いたこと、あるよ。すごいオオカミがいるんだってね。ルー・ガルー、だなんて言ってる人もいて」

ルー・ガルー。つまり人狼のことだ。

「だがご覧の通り、死んでます。銀の銃弾も必要ない、ただのオオカミです」

「シートン先生にかかれば、ルー・ガルーもただのオオカミ、オオカミもただの犬。すごいんだ」

うっとりした様子でオオカミの首筋をあやすように撫でる。ボールトンと話したことはこれまでほとんどなかったせいで、私は柄にもなく、少しあがっていたのかもしれない。それでも彼女の態度や手つきに、どこか私を、この場の皆をからかうような、演技する調子があったことだけは見抜いていた。

ボールトンがオオカミから手を離し、机から降りて立ち上がる。

「あたし決めちゃった」

振り返る。

「今度の舞踏会、あたし、シートン先生と行く」

音が消えた。

十数人の男どもが、一斉に会話をやめた。会話をやめ、黙って私を見ていた。

私は誰を見れば良いのかわからなかった。ボールトンを見た。白い歯を見せてにっこり微笑んだ。ビリーを見た。困惑していた。

ビルを見た。

ビルは顔を真っ赤にして、いまにも爆発しそうだった。

「まずいぞ」チョールズが耳打ちする。「ビルはボールトンの婚約者の一人なんだ」

私はオオカミを担ぎあげると逃げるように、というより、逃げる。ビルがあわてて駆け寄り、オオカミの下半身を手で支えた。背後でビルとボールトンが言い争いを始める。

「俺たちは来年の春結婚するって、お前、約束したよな?」

はん、とボールトンが鼻で笑う。「あんたがあたしの何を決めんだよ？　気が変わったの、あたしはシートン先生と行く。あんたは自分の牧場で雌山羊といちゃついてれば」

「さっきまでと態度が全然違う」ビリーがうめく。

「すばらしい観察眼だな、ビリー」オオカミがやけに重いし、扉がやけに遠い。「博物学者に向いている」

沈黙が痛い。注目されている。特に真正面のメキシコ人、あの目、まるでオオカミが怒りを湛えているように緑色に光っていて――ちょっと待て、確か婚約者は六人いて、ということは、まさか。

目が合う。

メキシコ人の怒りが爆発した。

何ごとかわめきながら腰に手を伸ばし銃を引き抜くまで、一瞬だった。オオカミを放り出して逃げる間も、私にはなかった。メキシコ人が嘲りながら引き金を引く。

私は目を瞑《つむ》った。

そっと開いた。

引かれたと思ったメキシコ人の指は引き金にかかったまま、凍りついていた。笑みが引きつっている。彼の頬にはいつの間にか切り傷ができていて、血が、にじんでいた。

壁にナイフが突き刺さっている。

「やめな」

いったいナイフをあの姿のどこに隠していたのか、ボールトンが、葉巻をくわえ直す。

煙を吐く。

「いまはまだ、だめ」

灰が床に落ちる。

「いったいあの女どういうつもりなんだ」私は部屋から出て、扉を閉めると悲鳴をあげた。「なんなんだ」哀れなビリーに問いかける。

「俺だって知ったこっちゃねえよ、シートンの旦那」まったく、その通りだろう。ビリーに尋ねて答えられる話ではない。

「私を七人目の婚約者に仕立て上げる気か？　いま残っているのは何人だ、何人が何人殺して私で何人目だ」

「旦那、落ち着いてくれよ、あんな女無視すりゃ、どうってことねえ。皆忘れる」ビリーは気楽なものだ。「むしろ旦那が羨ましい、結局カウボーイってのは、いい女を抱けりゃあ、他にはなんにもいらねえんだ」

だとしたら、私は到底、カウボーイにはなれそうもない。ニューメキシコ、この辺りのカウボーイときたら、牛追いとは名ばかりのならず者でしかない。

オオカミを放り込んでおくための別棟はすぐ近くにある。一週間で建てたような丸木小屋だが、その全部が物置で、大きな作業台があり、自由に使えた。

「さてと。シートンの旦那、ロボの奴、どう出ますかね」

「さあね。なにぶん、ぼくらにとっても初めての事態だから――」

ああ。

「しまった」私はため息を漏らす。「ブランカを生かして連れてくるべきだった。そうすればロボは、ぼくらを追ってここまでやってきたに違いない」

ビリーは黙っている。黙って、耳を澄ませている。

「何も聞こえねえ。やっこさん、もう諦めちまったんですかね」

「かもしれない」私は床にしゃがみこむ。「仕方がない、一応罠は張っておこう。ぼくがやる、ビリー、カウボーイの連中に、ここらに罠があることを伝えておいてくれ」

それから私はランタン片手に重い鋼鉄の罠を十か所に仕掛けた。もちろん臭いを消すため牛の血に浸した手袋を使った。その間一切、オオカミの鳴き声は聞こえなかった。


翌朝。

ヒバリが鳴いている。

コランポーの平原はコランポー川が作り上げたものだ。川はいくつもの支流となって平原を分断し、丘陵と峡谷を作り出し、雨風で浸食された溶岩と泥、雑木林と野草が獣たちの姿を隠す。あそこにぽつんと突っ立っているハコヤナギは近くに支流が流れているという目印だ。ここでは複雑な地形のせいで獣を追うのに馬や猟犬、銃が役に立たない。オオカミを捕らえるためには罠を仕掛けるしかないのだ。埋められた罠を点検し、足跡を探すのが私の朝の日課であり、この牧場に泊まり込む私の役割だった。

確かに昨夜、小屋の周りに仕掛けた罠は無駄骨だった。オオカミの足跡一つなかった。その代わり、毎晩のように続いていた牧場の牛への襲撃も起こらなかったようだ。罠は平原にもある。とにかく、牧場には来なかったものの、群れに何かが起こっているはずだというのが、私とビリーの一致した意見だった。

まずは足跡だ。動物というのは来てほしいときに姿を現すものではない。鳴き声は聞こえ、足跡は見える。なのに遠くにおぼろげに浮かぶ影、目の錯覚のようにしか私たちの前には現れない、そういうものなのだ。ロボにしたって、私は姿を見たことが一度もない。

見えない相手を捉えるには、目と耳よりも、何より、鼻と足跡の解読こそがものを言う。そして私の鼻は記憶力が良い方だが、残念ながら動物ほどではない。だから足跡なのだ。目に見えない変化はなくても、何かの痕跡が残っている可能性がある。

地面に残された小さな円の組み合わせと細い筋、トビネズミのものだ。スカンクやヤマネコ、小型の犬のようなコヨーテの足跡もある。足跡は一晩のうちにいくつも上書きされ、重なり合う。この辺りは以前畑として利用されていて、平らな地面がいくらかむき出しの状態になっている。ここを通ればまず確実に足跡が残る。

「これだ」

オオカミの足跡だ。大きさは5インチほど、だが奇妙なことにその足跡は一列だけだった。オオカミの足跡というのはいつも決まっていて、群れる動物特有の、いくつも個体のものが重なった、読みづらい足跡として現れるはずなのだ。

「それにこれだけくっきり足跡がついているということは、おそらくかなり体重が重いはずだ。ロボの群れで一番体長が大きいのはロボを除けばジャイアントだ、この足跡も形は確かにジャイアントのものみたいだけど、それにしても彼の体重でこれだけ深く沈みこむものかな」

「それに」追い付いて、足跡を見たビリーが考える。

「ずいぶんしゃんとした足取りみてえだ」

「うん、オオカミの足跡は犬のように左右の幅が広い。にしては、これはほとんど縦一直線で、まるでキツネの足跡のように見える。それにオオカミの足跡ならもっと足を引きずったような形跡が残るはずだ」

「そこもキツネに似てんですな。この歩き方だと、足音はほとんどしねえわけだな」

このようなオオカミの足跡は見たことがない。

「なんて言うか、うん。調教されているみたいだ」

だが突然、その足跡が途絶える。

代わりに現れたのは奇妙な痕跡だった。数インチほどの太さの縞状の跡が、地面の上に延々残されているのだ。それも一直線ではなく、のたくるように、だがばらばらの方向ではなく、峡谷に向かって、オオカミの足跡を消すように続いている。

「なんですかね、頭を縛られた何十匹ってヘビが進んだような」

「十六だ」私は地面に顔を近づけ、スケッチ用の手帳を取り出す。「ヘビのように体を蛇行させる進み方ではない。どちらかと言えばミミズのような、体全体を伸び縮みさせる進み方だが、こんな太いミミズはヨーロッパにもいないはずだ」

もともと、アメリカ大陸にミミズは存在しない。アメリカ大陸のミミズはすべて、誰かがヨーロッパ大陸から持ち込んだもののはずだ。知られざる新種だろうか。

「このおばけミミズの集団はどっから出てきたんですかね？　それに足跡が残らずこいつに消されてて、まるでオオカミを追ってるみてえだ」

「わからないことが多すぎる。とにかく追跡しよう」

灌木の茂みを越え、藪を突っ切って跡はどこまでも続く——と思っていた矢先、用水路に向かう道のど真ん中に、それは無造作に落ちていた。

「いったいなんだ、ありゃ」

ビリーが素っ頓狂な声をあげる。

腐った巨大な肉塊が、捨ててある。

見たこともない。

およそ四フィートほど、つまり大人のひとかかえほどもあるような、褐色の、肉というよりむしろ内臓の方が近いかもしれない。長い血管ごと、巨人の内臓が引き抜かれて落ちていた。オオカミ用の罠を仕掛けるとき、地面に臭いをつけるために牛の内臓を引き抜いて馬に引きずらせるが、ちょうどあのような形だ。

もっと近づいてみる。

血管は全部で十六あることがわかる。地面に残された跡はこれによるものだったのだろう。よじれ、ばらばらの方向を向いている。やはり血管そのものがミミズのように、のたうち回り動いたかのようなのだ。内臓についてはなんの器官なのか見当もつかなかった。艶やかに光っているが、特に濡れてはいない。褐色に灰色が混ざったような、小さな熊ほどもある一つの器官だった。

ひどいアンモニア臭がする。

ひっかき傷が無数にある。藪を抜けた際のものだろう。オオカミの足跡が再び峡谷に向かって続いている。

足跡を追って、這って進んでいたのだ。何かに引きずられてではなく、この内臓そのものが、目的をもって移動したのだ。となればこれは生物なのか？

奇形か、腫瘍に覆われた熊だろうか。「だけどそれじゃ、この血管の説明がつかない」

革手袋ごしに突いてみる。やわらかい。ひっくり返す。

息をのんだ。

眼球がある。それもど真ん中に、ありえない場所に。砂だらけの内臓に黒色の濡れた瞳が二つ、まぎれもなく中央付近にあって、見開かれている。そしてその下には肉でできたくちばしのような突起物がある。瞳の上部に、慎重に手を伸ばす。まぶたがある。

顔だ。

「熊じゃない」つまり奇形や病気ではない。「こういう生物なんだ。タコ、みたいな」

巨大な、ぶよぶよの骨のない、頭だけの、触手の生えた、見たことも聞いたこともない、わけのわからない生物の死体が、ニューメキシコの平原のど真ん中に、何の前触れもなく落ちていたのだ。

ビリーが馬上で十字を切った。

ともかくこいつを連れて帰らなければ話にならなかった。皮袋じみたこの生物を持ち上げて馬に乗せるのは勇気が必要だった。崩れたりでもしたらおしまいだ。世界に類を見ない、謎の生物の死骸なのだ。平原を這って進んだのだからそれなりに頑強な生物なのかもしれないが、明らかに、平原に生きる動物の肉体ではなかった。牧場へ戻るまでの一時間あまり、気が気ではなかったが、どうにか、持ちこたえてくれたようだ。

皆への説明はビリーに任せることにした。私は写真もそこそこに、この生物を解剖するために別棟に運ぶ。チョールズが付き添った。

いったい死後どれだけが経過しているのか、どれほどの状態で保存が可能なのか、何もわからない。手早く済ませてしまいたい。

さて。

「体長はおよそ四フィート。皮膚には体毛が全くない。触手付近には特徴的な皮膚のたるみがある」

手袋越しに改めて、触れてみる。「骨格がない。やはり軟体動物のように、全身が筋肉なんだ」

眼球は二つ。巨大で白目がない。口にはくちばしがあり、頭頂部付近には鼓膜のような薄皮がぴんと張っている。鼻孔はない。

「確かタコにもくちばしがあるだろ、シートン？」

「タコのくちばしは硬い組織だったはずだけど、これはもっと柔らかいな」私はくちばしを軽く、引っ張ってみる。「実は海の生物についてはそれほど詳しくないんだ。

小さな頃から水が苦手で。母がぼくを妊娠していたときに海で溺れたらしいから、きっとそのせいだ」

こいつの場合、どこから解剖すれば良いのだろう。悩んだ末、二つ並んだ眼球の上、ちょうど額の辺りからナイフで切れ込みを入れていく。

「思っていたよりすんなり、刃が通るな」

外套膜や筋膜に相当するものが存在しないのだ。代わりに赤い、非常に細い繊維状のものがクモの卵嚢のようにびっしりと詰まっている。

「頭部の中心に向かうほど密度が高くなっている」眼球や鼓膜、触手に向かって特に太い繊維が伸びている。

「筋膜と神経線維が一つになっているような、変わった構造だ。とすると大きさから言っても、これが脳の役割か」

「この神経のこぶみたいなのが、脳だって？」

「うん。ただ、ぼくの解剖学はあくまで画家修業と博物学的興味のためで、筋肉や外皮、骨格の構造が専門だから。こうなってくると難しいな」切り開く。「だけどこれが脳だとして、これだけ巨大な脳を持っているのに部位による構造の違いがまったく見られないのは妙だ」

「脳はでっかくても昆虫並みの知能ってことかい？」

「かもね。今度は頭頂部だ」

中央の脳、神経節から頭頂部に向かってひも状の、他よりも太い神経線維が走っている。やはり耳なのだ。だが鼓膜にあたる部分が破れてしまっている。

「目立った特徴はない。神経構造で言えば、やはり注目すべきなのは触手部分だ。目や耳の何倍も太い神経線維で接続されている上、頭部のそれに匹敵する巨大な神経節が、それぞれの触手に備わっている」

だが、触手が例えば手のような重要な感覚器官であるとしても、それはただの感覚器である以上、ここまで大きな神経節は不要であるように思える。腕それぞれに脳の役割を持たせる生物学的利点が存在しない。

「神経というのは、電気の通り道だ。つまり、より大きな電流を扱ってるわけだが、何のためかわからないね」

心臓はすぐに見つかった。その背後にある謎の臓器と血管でつながっている。これは何だ？　そこから口まで管が伸びている。

「ああ、なるほど。これは肺だ。肺が一つしかないんだ」

「知れば知るほど、奇妙な生き物みたいだね」

「奇妙なんてもんじゃない」汗を拭く。「まったくわからないよ、この生物が」

私は一本の太い血管を指し示す。「血管の流れを見てくれ。我々を含め哺乳類の血管というものは、身体的機能から考えて流れが不自然な部分がある」

「というと？」

「例えば首だ。首の両側の静脈は、もともと哺乳類の祖先がエラ呼吸をしていた名残で、まるで切り口を迂回するように蛇行しているんだ。これは胎児の観察をすれば、よりはっきりわかる。こいつの臓器、血管の構造は確かに複雑で見事だけど、なんて言うか、どこから来たのかわからないんだ。進化の歴史が作り出す、道筋が見えない」哺乳類、鳥類、魚類、皆それぞれに、何億年もの前から続く先祖の形跡を、わずかでもとどめているはずなのだ。「進化の結果できあがった生き物じゃなくて、ゼロから作られたみたいだ」

「ゼロから生物を作る？」チョールズが低い声で唸る。

「そんなこと、まるで神様じゃないか」

「いや、いやでも、わからない。脳髄があり、肺があり、血管、神経がある。こういった複雑な構造を進化なしに獲得できるとは到底考えられない。それにこの体つき、明らかにある特定の環境に順応した結果のはずなんだ」

「オーストラリアの有袋類みたいなものじゃないかな。僕らとは別の系統によって進化した」

「だとしたら、とんでもなく昔に分岐したものだよ」喉が渇く。こんなに冷えるのに、なぜ汗をかいているのだろう。「そうなってくるとこの、脳、肺、に見えるものが、本当に脳や肺なのかも怪しくなってくる」

さらに解剖を進める。触手の構造はタコに似ているが、表面は指紋のような皺で覆われている。しなやかで弾力がある。触手の先には針状の突起があり、血管に通じている。

「おかしい」体内をもう一度探る。「生殖器はともかく、こいつには消化器官がない」

「吸血動物なんじゃないか。ダニやヒルのような」

「ヒルにだって消化器官ぐらいあるよ。こいつはむしろ寄生虫だ」おまけにもう一つ、謎が加わったわけだ。

「これだけ巨大で、相当知能の高そうな生物が寄生虫とはね」

チョールズが触手を手に持って、ひっくり返してみる。

「きっと岩山くらいの牛にひっついてるんだろう。ただこんな体で、どうやって食らいついているのかな」

「ともかく、これでこの生物の死因がわかったよ」桶に手を突っ込んで洗いながら、私は告げる。「餓死だ。おそらく宿主から振り落とされたのが原因だ。こんな脳の塊みたいな体をしていたら、栄養の供給がなくなった時点でおしまいだよ」

「結局、何でこいつはあんな場所にいたんだろうか？シートン、どう思う」

「それについてはお手上げだよ」まさかオオカミがこんな巨大な寄生生物をおとなしくぶら下げているとも思えない。「突然天から落ちてきたみたいに、何もかもが不自然だ」

「存在しないはずの場所に存在する生き物ってわけか」

「そうだ」

まるで大自然に押し入る人間、インディアンの土地に押し入った白人のように。口に出さずに私は思う。

自分にしたところで人間で、白人なのだ。

それから私は一人でスケッチを行い、剝製にするために皮を剝ぐ作業を行っていたので、先に戻ったチョールズの報告がカウボーイたちにどのような衝撃を与えたのか、まったく知らなかった。彼らにこの大発見に対する興味や関心、敬意など、元より期待していなかったのだ。

一段落ついて、夕食をとろうと本部に入り食堂に向かうと、廊下に数人のカウボーイがたむろしている。私を見るなりその中の一人、ダブルバーのビルが、

「なあ、シートンの旦那、あんたでっかい金玉を捕まえてきたんだって」

「金玉？」げんなりする。「あれは金玉じゃない、ちゃんと脳があって」

「何でもいい」

カウボーイたちがゆっくりと行く手をふさぐ。なんだか雲行きが怪しい。

「なあ、シートン『先生』よ」バルベルデ。「正直言って、俺たちはな、てめえをいますぐ、てめえが捕まえてきたあの化けもんみてえに、ずたずたに引き裂いてやりたくてたまらねえんだ」

それで気付いた。この面子《メンツ》の中で知っている顔、ダブルバーのビル、バルベルデ、ジャック・ファウラー。こいつらは皆、ボールトンの婚約者という噂がある者ばかりだ。

あの舞踏会の件、まだ、まったく解決していなかったのだ。

「悪いけど」嫌でも声が震える。「ぼくは決闘を受ける気はないよ。ボールトンと付き合いたいなら、自由にす

ればいい」

「そうもいかねえ。ボールトンはてめえをご指名なんだ。俺たちがボールトンの愛を取り戻すためには、てめえが死ななきゃならない。そうだろ？」

カウボーイたちが一斉にうなずく。

何だこの理解不能な理屈に基づく団結力は？　愛？　私は手を上げていた。これでも臆病者ではないと自負しているし、何かあったときのために銃は常に腰に下げている、が、この状況で銃を手にするそぶりを少しでも見せれば、それこそ、死、だ。

沈黙。

「安心しな」にやり、とビルが歯を剝いて私の胸を人差し指で小突く。「学者先生を銃でやっつけたところで、面白くもなんともねえ。そこで俺たちは考えたわけだ」強引に私と肩を組んでみせる。臭い。「あの金玉お化け、聞くところによれば、大層な発見らしいじゃないか。金になるんだろ？」

おそらく、と私は頷く。実際のところあまりにも正体不明で、どんな価値があるのかわかったものじゃないが、頷いた方が良さそうだ、と判断したのだ。

「そしてチョールズの奴の話じゃ、あれはこのコランポーのどこかにまだまだたくさんいたっておかしくないらしいじゃねえか」

「まあ、そうだ」そうなのか。チョールズの奴、とんでもないことを言ってくれている。

「そこでだ」私を解放し、ぱん、と手を打ち鳴らす。

「俺たちの中で、あいつを一番たくさん捕まえた奴が、ボールトンを舞踏会に連れて行けるってのはどうかね」

口は閉じていたが、開いた口がふさがらなかった。

「何だって？」改めて口を開く。

「旦那にとっても悪くねえ取引だろ？　何てったって一番有利なんだから」

悪いも何も、何を言っているのか、いや、何を言っているのかは理解できる。が、何を言ってるんだ？

「きみたち、悪いけどこれは学術的に貴重な発見で、遊びにするようなことじゃ」

「なら遊びで殺されてえか？」ジャックの右手がいつの間にか上着のポケットに突っ込まれている。「なあ、シートンの旦那。他の奴らは知らんが、俺は旦那のことを少しは尊敬してるんだよ。何てったってブランカをぶっ殺したのは旦那だからな。でもな、だからって女を旦那に譲る気はねえ。旦那、見たところあんたはオオカミよりだいぶやりやすそうだぜ」

「何より」ビルが続ける。「この決闘を最初に提案したのはな、ボールトンなんだ。あいつもそれで納得するってんだ。命が惜しけりゃ従った方が身のためだぜ」

私は深々と、それはもう深々とため息をつくほかなかった。

「わかったよ。わかった」

「良かった」ジャックがポケットから出した手で、私の肩を力強く叩く。この表情、悪意のかけらも見えない笑みだが、カウボーイときたら悪意もなしに人を殺すのだ。

「それじゃな、旦那。俺たちは行くぜ」

「何だって？　きみたちは、もう、いまから始めるのか？　外は真っ暗だぞ」

「シートンの旦那、これでも、俺ら動物についてはちっとは学があるんでさ」バルベルデが自分の頭を指してみせる。「生き物の中には夜しか動き回らない奴だっているわけよ。誰もあんな金玉を見たことがないってんだったら、そいつはきっと、夜行性、ってやつに違いねえ」

なるほど。理屈は通っている。

「見てな、シートンの旦那よ。朝のうちにあんたの寝床の周りを、あの金玉で埋め尽くしてやるからよ」

カウボーイたちがようやく私を置いて去っていく。罠はどう仕掛けよう、どこそこの洞窟でそれらしきものを見た、などなど口々に。

勝手にしてくれ。

ともかくこれで、やっと食事にありつける。足を引きずり食堂へ向かう。この時間では誰もいないが、冷えたシチューでも残っていることだろう。

扉を開ける。

明かりがついている。

「あら」

こちらを向いて、にっこり微笑む。

「おはよ、先生」

「きみは一体、何を企んでるんだ」腹を立てる気力も残っていなかった。「とんでもないことになってる」

「とんでもないことに、ね」ボールトンが楽しそうに繰り返す。「狙い通りだけど？　だってあんた、全然あたしのために戦ってくれないし。はい、シチュー」渡されたボウルは温かかった。私とここで会うのも狙い通り、というわけか。

「あんな奴ら、さ。ぱぱっと、返り討ちにしちゃえば、いいのに」誰もいないのだから向かいの席が空いているのに、なぜ隣に座るのだ？　「あんただって男、なんだから」

「確かにぼくは男だよ。それは認める。生物学的に、オスの個体だ。だけどぼくはカウボーイじゃない」

「知ってる。だから好きになったんだけど？」

「ぼくの方は、まったく気乗りしてない」

「そういうのは、ね。時間の問題」

ため息。「時間。そう、時間だ。ぼくはこの牧場のオーナーのフィッツランドルフさんと約束して、ロボを捕らえるためだけに、この牧場に滞在させてもらってるんだ。幸い目の具合もだいぶん落ち着いてきたし、ロボを捕まえたらフィッツランドルフさんに報告して、カナダに戻るつもりだ。フランスに行って絵の勉強の続きもしたい」

「先生。シートン先生ってさ、頭いいのに、意外と頭、回らないんだ」笑って顔を近づけ、囁く。「嘘、つきなよ。ロボは当分捕まりませんからずっとここで暮らしますって。フィッツランドルフとかいう奴、どうせこんな田舎には自分では来ない」

フランスに行くより自分と結婚した方が幸せだと言わんばかりだ。

「ああそうか、わかった、それでもいいさ」身を引き離し、水差しからコップに水を注いで、飲み干す。「だけど、きみが言う通りすべてが上手くいったとしても、結局、きみが焚きつけた婚約者連中が、負けました、なんて大人しく引き下がるわけがないんだ。連中の剣幕を見ただろ。黙って従うと思ってるのか？」

「そのときは、ね。先生。先生があたしをさらって逃げればいいの。リーオン川を越えてどこまでも、どこまでも」

「勘弁してくれ」どちらかと言えば、私の方がさらわれてしまいそうだ。

「いいじゃない。二人で野生動物を、捕まえる生活。ほら、コヨーテはつがいで狩りをするでしょう」中指の第一関節の分だけ小さいボールトンの、柔らかい手が私の手にぴったりと重なり、二本の指でテーブルの上を歩くまねをしてみせる。「こうして。こうして、ね」

またもや引き離さなくてはならない。カウボーイが引き返してきてこの様子を見たら、命が消えてなくなる。

「先生はあたしのこと嫌い、かな」

「そうは言ってないが、さっきも言った通り、いまのところ好きになる予定はないんだ。きみは女性として、その、魅力的ではある」

「それは知ってる。当たり前だよ、そんなの」悪びれずに言う。本当にそれが、当然だと思っているらしい。

「だから好きになる機会を作ってあげたのに」

「間に合ってるんだ。本当に、間に合ってる」話題を切り替えたい。このままではボールトンの思うつぼだ。早くも冷めかけたシチューをかき回している間もずっと、私の顔を横から覗きこむのはやめて欲しいのだが。私が耐えきれずに視線を落とすと、今度は大きく開いた胸元が目に入る。ボールトンの指が二本、ゆっくり、自らの鎖骨から肋骨に向かい、下っていき、くるりと一回転して首飾りの鎖をもてあそぶ。

「素敵でしょ」

首飾りは銀製で、カボチャの蕾がモチーフのものだった。

「インディアンのものだね」

「そ。コロラドの酒場で働いてたとき、ナバホの男にもらったの」ボールトンが例の甘い葉巻に火をつける。

「恋人か」

「全然。向こうはあたしのこと、好きだったけど」金ぴかの勲章を自慢するようだった。「インディアンって白人みたいに銃を持ってても、射撃がとっても、へたくそ」

「ぼくはパリで、インディアンの血を引いた女性と知り合いになって、いまでも交流があるんだ」堅いパンをちぎってシチューに浸す。「ぼくの絵を見て、あなたにはオオカミの精霊がついている、って。ぼくはオオカミの目を見れば、考えていることがわかるんだ」

「なのにオオカミを殺すんだ?」

どきりとした。

「仕方がないよ。オオカミは牛や羊を殺す。何千ドルって被害だ」残ったシチューをパンで拭って口に入れる。「もちろんオオカミはただの野生動物で、彼らはその習性に従って、当たり前のことをしているに過ぎない。悪い奴らじゃない。けど、人間とは相容れないし、ぼくだって結局のところ、人間だ」

「でも先生は人間でありながら、オオカミでもある」

「インディアンに言わせれば、ね」ごちそうさま。「ぼくはインディアンを尊敬している。元々ここは彼らの土地だった。ジェイムズ・フェニモア・クーパーの描くインディアンはぼくの理想だよ」

「その人の本あたしも、知ってるよ。『モヒカン族の最後』。でも、嘘だよね」

嘘。

矛盾。

「そ。先生は頭がいいから、白人の描いた、白人の理想のインディアン、それが矛盾だって、わかるよね」

「そうだ。矛盾がある。きっとそれは、ぼくの中の矛盾なんだ」認めざるをえない。「動物が好きで、インディアンが好きだけど、ぼく自身はどちらでもない。ぼくは自然が好きだ。誰も人の手が入ってない自然に分け入るのが。だけどそれは、そこが、ぼくだけの手が入ってるものだって感じがするからなんだ」

甘い煙が、私の神経をキニーネのように侵していたのかもしれない。私はいつになく饒舌だった。

「確か七歳のころだった。ぼくはカナダのリンジーという町のそばの農場に住んでいたんだ。そのリンジーって町にはチャーリー・フォーリーって荒物屋がいたけど、そこに見事な剝製のコレクションがあったんだ」フウキンチョウ、アメリカオシ、オオアオサギ、カモメ、ツバメ。「二列の棚に、四十か、五十くらい、彼が自分で作った剝製が置いてあったんだ」父と世間話をするフォーリー、小さな窓から射す太陽の光、そしてその光が届かない店の一番奥にあった大きな雌鹿の剝製、爪の間の、ジャコウの匂い。

「ぼくが野生動物のことを考えるときにまず頭に浮かぶのは、あの光景だ。不思議だけど、空を飛ぶ鳥、森を駆けていくウサギ、牙を剝いて野犬と戦うオオカミの姿じゃない。荒物屋の暗い店内に並んだ、死んだ動物の、死んで埃をかぶっているのに堂々とした、あの姿なんだ。あの素晴らしい宝物を見ながらぼくは思ったよ。いつかぼくも、あんなコレクションを作りたい、自分でものにしたいって」

「わかる」そう言ってボールトンは、煙を吐く。「きっとそれって、野生の生き物が、人間にはぜんぜん姿を見せないからだと思う。生きてる鳥はあまりにも高く飛んでて、あたしたちには手が届かない。オオカミは足跡しか、あたしたちには見せてくれない。本に書かれたインディアンと、その本を書いた白人のクーパーさんが違うのと同じで、もしかしたら足跡の向こうにあるものは、全然違うかもしれない。だから先生は、手元に置いて信じられるように、絵を描いて、剝製を作る。わかる」

「きみも何か、似たような経験が?」

「だってあたしにとっても、シートン先生は、手の届かない男だから」テーブルの上に葉巻の灰を落とす。「先生にとっても女の人って、そうでしょ？」

私は曖昧に薄笑いを浮かべ、ため息をつく。こんな生活が当分続くようなら、胸やけで、また、若い頃の菜食生活に逆戻りだ。

「さて、と」ボールトンが立ち上がる。「あたしも寝なきゃ。明日からあのきん、じゃなくて。タコを探しに行かなくちゃね」

「きみも参加するのか？」あきれたものだ。

「当然。あいつらを凹ませるの、すごく楽しみ。あたしが勝ったらシートン先生を連れてくからね」当然のように腰に下げていた銃を引き抜き、構えてみせる。「それに言ったと思うけど。あたしはコヨーテみたいに、つがいで狩りがしたい」

ぱん。

「隣には当然、先生」

じゃね、と、ひらひら手を振って、ボールトンは自分の使っている寝室に向かう。


別棟の、椅子に座っていた。

いつの間にか眠ってしまっていたようだった。ランプの灯は消え、既に太陽は高く昇っている。

あの奇妙な生物が壁に吊るされていた。

夢ではなかったのか、と思う。いや、何かの夢を見ていたはずだ。だがもう、思い出せなかった。

吐く息は白く、ひどく寒かった。あの生物独特のアンモニア臭が漂っていた。こんな場所でよく眠っていられたものだ。

思い出してきた。剝製を作るため、表皮だけをはぎ取っていたのだ。

だが見ると、灰色の斑点が表皮のあちこちにある。触るとそこから、表皮はぼろぼろに崩れてしまった。

内臓が傍らの樽いっぱいに詰まっている。はずだったが、これも見ると、どろどろに溶けて跡形もない。昨日は何ともなかったのだが。

これでは、剝製は無理だ。二体目を捕らえたらホルマリン漬けにでもするしかないが、そんなものは持ち合わせていない。場合によっては取り寄せた方がいいかもしれない。

結局残ったのは写真とスケッチだけだ。

たて続けにくしゃみが出る。どれも響く間もなく壁に吸いこまれ消えた。

妙に静かすぎる気がする。この時間ならカウボーイたちは牧場の見回りを終えているはずで、戻ってきていてもおかしくない。第一、私がここで眠りこけているのをビリーが放っておくはずがないのだ。

扉を開ける。

寒いはずだ。雪が積もっていた。

早朝に降り積もったのだろう。小指の先ほどにも満たないが、溶けずに残っている。

のろのろと歩き出す。腹が減った。どうせまた食堂には冷えたシチューしか残っていないだろう。

チョールズがいた。今日も相変わらず派手な格好だ。

「困ったことになったんだよ」私の顔を見るなり告げる。

「三人、夜に出たきり戻ってきてない。ビルとバルベルデ、それにボールトンも馬で出たらしい」

「泊まり込んでるんじゃないか？」部屋に入って曇った眼鏡を拭く。

「この冬場に何の用意もせずに、かい？　他の連中の話だと、途中で別れてそれっきりで、ボールトンについては全く知らないらしい」ため息。「ボールトンを巡る誘拐事件の可能性もある。それに捜しに向かったビリーもまだ戻ってこない。もう昼過ぎだ」

「足跡は？」

「この雪だよ」

「ぼくが行く。馬を一頭、用意してくれ」

「これが誘拐事件だとしたら、相手は君の命を狙ってるかもしれないぜ。大丈夫かい」

「昨日話した感じじゃ、少なくとも出合い頭に命を取られる恐れはないよ」

それに、雪の上にはまだ、ビリーの残した足跡がある。まずはこれを追ってみればいい。相手は野生動物でなく人間だ。チョールズは誘拐の可能性を心配していたが、おおかた夜道で迷っただけだろう。それならば隠れたり逃げたりしているわけではない。女性もいる。他の者たちの痕跡を発見するのはそう難しくないはずだ。

馬の足跡は平原を横切るようにまっすぐ続いている。追跡は容易だった。

いくつかの丘陵を越え、峡谷に差しかかった辺りで、私は馬を下りた。

ここで足跡が途絶えている。

妙な植物を発見した。見たこともない真っ赤なつる草だった。

しかもその草は平原の奥に入り込むとますます旺盛に茂っているのだ。こんなものは昨日まで生えていなかった。

私は草を引き抜いてみた。赤い汁が手を汚す。さびの不快なにおいが鼻を突いた。両手で次々にむしった。手当たり次第にむしっても、むしっても、そこかしこに、雪を覆うように群生しているので無駄なことだった。私は己の真っ赤な両手を見つめた。

ズボンで拭く。

このような植物はコランポーどころか、北アメリカでは見たことがない。私の全く知らない新種かもしれない、だが、明らかに自生していた野草ではない。こんなものがこの平原を覆ったら、ヒバリは消えてしまうだろう。地面を掘ってみると、根が深々と食い込んでいる。地面の下に巣を作るキンイロジリスはどうなってしまうのだ？

掌で乾いた植物の汁が、ざらざらした感触に変わる。土の塊を砕いた感触だった。改めて雪で手を洗おうとして、ふと、手に取った雪をもう一度眺める。

すでに赤く染まっている。植物の汁ではない。ゆっくりと周囲に目を配る。すぐに理由が判明した。

ダブルバーのビルだった。

岩陰で、殺されていた。

下腹のあたりで真っ二つに切り裂かれていた。下半身は見つからない。どちらにしろ、あったところでどうなるものでもない。

奇妙なのは鼻だった。切開されていた。鼻頭から骨ごとまっすぐに切れ込みを入れられ、広げられていた。血が固まっていた。周囲には血痕も、赤い草も残されていなかった。

雪の上にはいくつかの小動物の足跡が残されていた。雪を払うと、土にわずかな量の血が混じっていた。

鼻にしても胴にしても、刃物を使った滑らかな切り口だった。地面に足跡が残されていないか、周囲の雪のない箇所を慎重に調べる。

オオカミの足跡が見つかった。

昨日見た、あの奇妙な生物を見つけたときのオオカミと同じ個体の足跡だった。

だがそれだけだった。無論ビルの殺害はオオカミの仕業ではないし、ビルの死体をオオカミやコヨーテが食い漁った形跡もない。立ち上がって辺りを見渡す。

ところどころ、あの赤い草が生えている。そして何か所か、奇妙な形跡を見つけた。

地面が等間隔にへこんでいる。

かなり大きなへこみだったので、地形の一部だと思って見落としていた。だが等間隔で、完全な円形に雪が窪んでいるのは明らかにおかしい。

近寄ってみる。

足が止まる。

赤い草だと思っていた。

窪みのそばに赤く見えていたものがあった。近寄ってみてわかった。

手形だった。

血の手形だった。人間のものだった。左右、互い違いに、続いていた。私はひざをつくと、ゆっくりと自分の手を重ねてみた。

ちょうど中指の第一関節の分だけ、小さかった。

赤い草の汁ではない、間違いなく血だ。

私は馬に戻って積んであったライフルをつかむと、手形を追って歩き出した。手形は点々と続いていた。円形の窪みも少し離れた場所に並行していて、それがどこまでも続いている。窪みの底が水平ではない。つまりこれは足跡のように、特定の方向に向かって進んでいる何らかの物体がつけた痕跡なのだ。

全く想像できない。

一方の手形についても、やはり掌と指の付け根がわずかに沈み込んだ跡になっている。これはこれで妙だ。例えば手だけで這って進んだ場合、もっと指先に力が入るはずだ。それに当然体や足を引きずった痕跡も残る。

それらが全くない。

これでは逆立ちで歩いているようなものだ。

陽が、少しずつ傾いてきている。丘を越える。不思議と膝の痛みは全く感じなかった。

前方で、何かが光った気がする。

あの光り方、あの高さ。間違いない、バルベルデだ。この辺りのカウボーイなら皆知っていることだが、メキシコ人のかぶっている帽子は、派手な金属の飾りが光を反射するので、すぐに見分けがつくのだ。手形はまっすぐあちらに向かっている。私は気の短いバルベルデを刺激しないようにライフルを頭上に掲げ、走り寄った。

やはりバルベルデだった。

正確にはバルベルデの帽子と、誰のものかわからない一そろいの人骨があった。

骨だけが抜き取られ、ニカワのような粘着質の透明な物体で、人の姿を保ったまま、立った状態で松の幹に糊付けされているのだ。そしてその足元には彼の切り刻まれた肉体とバルベルデの衣服、それに内臓をぐちゃぐちゃにかきまぜた物体が無造作に捨ててあった。ヤマネコやコヨーテがだいぶ食い荒らしたらしかった。

帽子は、枝に引っ掛けられていた。

肉だけがはぎ取られている。軟骨も含めて、骨は完全に一そろいある。触ってみる。乾いてはいない。そもそも火葬や土葬にした人骨なら軟骨が残っているはずがない。だが血は一滴も、骨には付着していない。

一体これは何だ？　誰がやったんだ？

わからない。

わからない、などということがあり得るのか？

なおも手形は続いている。

もう何も見たくなかった。見たところで、それが理解できるものであるとは限らなかった。

それなのに、この先に何があるのか、それだけは、確実に理解していた。私はそれを確かめようとしていた。

そして、答えはすぐに見つかった。

ボールトンは峡谷そばの松林の前、一本だけ外れた木のそばにいた。彼女のものと思わしき葦毛の馬が倒れており、その傍らに、彼女は仰向けに寝かされていた。

まず、頭部がなかった。

ビルと同じく、刃物のようなものできれいに切断されていた。両腕もひじから先で切り取られていた。

乗馬用の黒のコートに、パンツスカートといういでたちだった。例のインディアンの首飾りもそのままだった。

その下にはコルセットとシュミーズを身に着けていた。その下が皮膚であり、表皮、真皮、皮下脂肪に分かれており、筋膜の下に肋骨で守られた肺と心臓がある。

まるで本を開いて机の上に置きっぱなしにしたように、すべての皮が一枚ずつ丁寧に剝かれ、観察しやすいように例のニカワで固められていた。赤く日焼けした喉と、その下の白い肌が見えた。銀の首飾りも、真っ二つだった。喉のあたりから下腹部まで、衣服ごと切り開かれていたのだ。衣服も、表皮の一部であるかのように扱われていた。肺や心臓はほとんど手付かずだったが、胃や腸、肝臓などはすべて切り開かれていた。切り口は完全に下腹部に達していた。そして排泄器官と生殖器が特に、念入りに調べられていた。

そして、それがいた。

小石ほどの大きさの、例のタコのような生物が彼女の切り開かれた体内をびっしりと覆いつくして蠢《うごめ》いていた。そしてその中央にひときわ目立つ、子供の頭ほどの大きな個体がおり、十六の触手で上手にナイフを操って、肋骨に突き立ててこじ開けようとしていた。

彼女のナイフだった。

彼女の死体のそばにはなおも、手形が続いていた。手形は近くの松の木の上へと登っていき、その頂点に、何かの目印のように両腕が突き刺さっている。そしてそのはるか上を、巨大な影がはっきり二羽、羽ばたき横切り、ラッパのようなかん高い鳴き声をあげながら、空を泳いで去っていった。

シロヅルだった。

この世の光景とは思えなかった。

私は完全に理解する。

人間が狩られているのだ。人間が解剖され、人間が餌にされているのだ。

人間が狙われているのだ。ハイイログマやオオカミなどではない、もっと狡猾で残虐なこのタコに似た生物、悪魔に。

私は彼女のスカートを引き裂いた。

火をつけて切り開かれた彼女の腹に投げ込む。奇怪な生物は甲高い悲鳴をあげ、四方八方へと逃げていく。私はそれを片端からブーツで踏みつぶし、銃床で殴りつけた。私が逃したものも、宿主から離れたためか途中で動かなくなった。

ライフルを放り出したかった。吐き気がした。ボールトンがこれらの仕打ちを受ける前に既に事切れていたことを願うしかなかった。

そして気付く。

私はいま、広大な平原にたった一人、わずかライフル一丁で立ち尽くしているのだ。

もし自分が狙われていたら。ワタオウサギやネズミのように。

ライフルを構える。何の音も聞こえない。

いつからだ？　いつから狙われていた？

ボールトンを覆っていたあの生物は、大きさからいっておそらくまだ生まれたばかりだ。近くに親がいる可能性がある。

もう一度ボールトンの死体を見る。周囲を観察する。

彼女の遺体の背後、木の陰から、血痕が点々と続いている。血はそのまま近くの松林に続いていた。

林の中に、慎重に足を踏み入れる。

あの生物はいない。ボールトンの頭部が松の根の間に無造作に転がっているだけだ。泥がわずかに付着し、目を固く閉じ、切断面がこちらに向けられている。

拾い上げようと近づく。

近づこうとしている自分に気がつく。

血が凍った。

罠だ。

啞然とした。仲間の死に我を忘れる。遺体に特別な関心を示し、回収しようとする。こういった動物的な、いや、何より人間らしい、死を悼む行動。もしあの生物が人間を調べ上げ、その結果、わざと死体を放置する手を選んでいたのだとしたら。あの生物には道具を使う知恵がある。罠を仕掛けることだってできるかもしれない。

いままでの三人の死体がすべてそのようなものとして、この頭部も。

人間であることを利用された。

私は身を低くして改めて周囲を見回す。見当たらない。

いまのうちに急いで去ることだ。私だけで対応できる問題ではない。ビリーは無事なのだろうか？　町の者に応援を頼まなければ——


「先生」

声がした。

振り返る。

ボールトンの目が見開かれていた。

「先生」

口が動くのが見えた。

「先生、そこにいるの先生、でしょ？」

小さな声だが、確かにはっきりとした彼女の声だった。とび色の眼球が私をとらえようと、精一杯右に向かっているのが見えた。

私は慎重にボールトンの正面に回りこむ。

「先生！」

私は指を立てて唇に当てる。

確かに生きている。

首から下が地面に埋められているわけではないのは間違いない。黒っぽい血が断面にこびりついている。彼女は安堵の笑みを浮かべている。いまにも抱きついてきそうな表情で、目元が潤んでいるのだが、首だけだ。

「先生、あのタコ」洟《はな》をすする。「タコに捕まってこんなことになっちゃって。ねえ、これ何？　あたしどうなってるの」

彼女を観察する。よく見ると頬には泣き腫らした涙の跡がくっきり残っているし、目が充血している。

私はその場から一歩も動かず、かがんで、ボールトンを見下ろしている。

「先生？」

ゆっくりとライフルを構えた私の、予期せざる反応の意味に、ようやくボールトンが気付く。

「ねえ先生、どうしたの、あたしよ、後ろに何かいるの？　違うでしょ？　何であたしを狙ってるの、どうして」

「黙れ」レバーを動かして、弾が込められているのを確認する。「さっき指を立てて見せたじゃないか。頼むから、黙っててくれ」

「どうして！」

「きみだって自分が置かれている状況がわかっているはずだ」ゆっくり息を吐く。吸う。「きみは罠だ。罠でおとりだ。なぜきみはこんなところにいる？　何でこんな場所で、頭だけになって生きてるんだ？　答えは明白だ。どうやってだかわからないが、きみは生かされてるんだ。奴らは間違いなく、きみが助けを求め、それに応じる馬鹿正直な間抜けのために贈り物を用意している」

ボールトンの息が見る間に荒くなる。口を閉じたまま、引きつるように泣き、涙がこぼれている。「知らない、あたしはそんな、罠なんて」

「きみが知っていようがいまいが、関係ない」せめて私の手で撃ち殺したかった。「だから落ち着いてくれ。敵の存在を教えてくれたのには感謝している」

私は獣を狩るようにじっと彼女の目を見据えていた。涙など、そう流し続けられるものではない。

案の定、ボールトンの呼吸はだんだんゆっくりと、自然なものになっていった。

「いい子だ」

獲物のウサギに語りかける口調だった。改めて銃を構え、片目を瞑った。

「先生」

ボールトンが伏せていた目を上げる。「最後に一つだけ、教えて」

「何だ」

「何であたし生きてるの？」

引き金にかけられていた指が、固まった。

「ねえ先生、何で？　首から下がないんだよ」

「それは。わからない」

「わからないの？」彼女が口の端をほんの少し、引き上げた。笑顔を作ろうとしていた。「わからなくていいの？」

答えは明白だった。「いや」

「知りたい？」

「ああ」

「じゃあ助けろよ！」首だけの体のどこかに溜めてある空気を全部吐き出したような、絶叫だった。「捕まえてよ。解剖して、皮を剝いで、剝製にして、脳みそ引きずりまわして何だって好きなようにして、でも、だったら」手がないから顔を覆ったり拭ったり、何もできない。「だったらまず助けてよ。あたし死にたくないよ。何であんたが勝手にあたしを殺すわけ？　ほっといてよ。ほっとけないの？　なら助けてよ」

恐怖、怒り、悲しみ、絶望。

「黙って目を見ないでよ」絞り出している。「あたしはオオカミじゃ、ない」

その通りだ、と私は思う。彼女は、オオカミではない。彼女の表情は、オオカミよりもはるかに豊かな、様々な矛盾する感情を語っていた。だが、ボールトンが口から語っている言葉は、とどのつまり、たった一言なのだ。

彼女は私に向かって叫んでいる。


助けろ、と。

銃を下ろす。

「ほら」泣いたばかりの顔でボールトンが笑ってみせる。「先生、やっぱりあたしのこと好きなんだ」

「きみを捕まえたらすぐに立ち去りたいんだ。本当にあの怪物はいないのかい」

「ごめん、気がついたときにはもうこんなになってて、だからわからなくて。ちょっとでも何か視界に入ったら、教える」

私は慎重に立ち上がり、中腰の姿勢で一歩ずつ足を進める。枯葉を踏む音がやけに大きい。

ボールトンが口を開く。

かがむ。

先生、上、とボールトンが叫ぶより早く私は覆いかぶさる何かをはねのけライフルの銃床で殴りつけていた。そのままボールトンの髪の毛をひっつかむと、地面にのたうつタコの化け物を蹴りあげ一気に走り去る。

走り去ろうとして、足が止まる。

オオカミに囲まれている。

あの、一回り大きな個体がジャイアントと呼ばれていたハイイロオオカミだろう。隣の黄色い個体もカウボーイの噂に聞いたことがある、おそらくロボの群れにいる個体だ。

顔の上から半分が切り取られている。下顎部だけが残された顔の上に、小ぶりな、あの正体不明の生物が、ジャイアントの方に三匹、もう一方には二匹取りついている。触手が環椎に突き立てられていて、まるでこの生物がオオカミの脳の代わりを務めているかのように、操り、生かしているかのようだ。

下顎に残された舌が小刻みに震えている。

そしてその奥からゆっくりと、ロボが姿を現す。

ロボなのか。

確かに体格のひときわ立派な、そのままでも肩までの高さが三フィートはありそうなオオカミだった。だがこのタコに似た生物はそれではまだ不満だったらしい。

つまり、膝関節の部分で足を切り落とし、そこに一フィートほどの別の関節を継ぎ足し、また足をつなげ直しているのだ。継ぎ足された部分はちょうどこの生物と同じ褐色の皮のようなもので覆われている。当然、単純に切ってつなげただけでは関節が機能するはずがないのだが、ここから見ただけではわからない。

ロボがこちらに向かいやってくる。足の関節は逆に曲がり、体は大きく揺れた。そして一歩ごとに地面に、ロボの足跡がついた。呼吸のたびに体のあちこちがいびつに膨れあがり、緑色のガスを口からしゅうしゅうと吐き出した。

私が追い求め、この辺りの誰もが恐れ憎んでいた、そしてわずかながらの羨望と尊敬を抱いていたはずのコランポーの王は、別のものにすり替わっていた。

異形だった。

そしてこのロボを、そして他のオオカミを作り出した主《あるじ》は、ロボの体中にまとわりついていた。腹部や陰部には葡萄のようにぎっしりと、ボールトンの遺体にこびりついていたものと同じ程度の大きさのタコ生物が、そしてこのものたちと比較にならないほど巨大なタコ、怪生物の個体が一匹、大きさは四フィートほど、ロボの背に収まらず、ぐにゃりとした恰好ではみ出していた。十四本の触手を絡ませ、ロボの体に突き刺し、振り落とされないようにしがみついている。

そして残り二本の触手でリボルバーを摑んでいる。

銃口を私に向け、撃鉄を起こす。

私はライフルを捨てた。ジャイアントが頭を下げ、頭上の生物の一匹がライフルを回収する。

怪物も銃を下ろした。それでいいのだ、とその怪物は言っているようだった。さあ、ついてこい。

　私がやって来たのと反対の方向へ向かう。オオカミに囲まれ、私にはなすすべがなかった。従い歩く。

　これらの個体は、私が殴り倒した個体には目もくれなかった。地面に倒れ伏したままぴくりともしないので、既に死んでいるのだろう。大きさと行動からみれば、私がしとめた個体と目の前を歩いているロボの上の個体、この二匹がリーダー格で狩りを行い、あとの個体はそれに付き従うだけで知能があるかどうかも不明、といったところだろうか。歩きながら観察を行う。

　前方の巨大な個体の頭部の一部が、奇妙に膨れているのに気付く。できもののように腫れているのだ。そのこぶは私の見ている前で大きくなると、目を開き、口を開け、触手を動かし始めるとロボの腹に向かって降りていく。こうやって増殖するらしい。

　後方の二頭に取りついている怪生物が時折、余った触手を昆虫の触覚のように前方のロボに向けて伸ばす。この生物が鳴き声による会話らしきものを行っているのをまだ見ない。が、高度に連携した行動を見せていることから、何か我々に知覚できない方法で連絡を取っているのは間違いないだろう。

　信じがたいことだ。いや、いま、この状況において、たやすく信じられるような要素が一つでも存在するのか？

「先生、痛い」

　私はずっとボールトンの髪の毛を掴んでいた。

　ボールトンの首筋、髪に隠れて見えなかった部分に小さなタコ型生物が張りついていた。寄生している、というよりも体の大部分を埋めるように、食い込んでいるのだ。触手はもちろん目も耳もない、ただ小さな口から絶えず空気が流れ出ていた。そして激しく鼓動していた。

　切断面や元の気管、食道はすべて例のニカワで封じられている。ボールトンが呼吸をするたびにわずかにこの生物も膨らみ、縮み、空気が流れていく。

「きみも操られていたのか」

「そう思う？」

　思わなかった。我々を取り囲んでいるオオカミは、明らかに意思がない。そして前方のロボにしても、自発的な思考によって動いているとは到底思えない。違いは明らかだ。おそらくボールトンに取りついているこの生物は、身体機能の補助に特化するためにわざと思考能力を奪われた状態なのだ。やはり罠、ということか。

それにしてもこの程度の大きさで、これだけの処置で、失われた体の機能をすべてまかなうことなどできるのだろうか？　鼓動はかなり速いが、呼吸は特に乱れていないし、呼吸のたびに著しく膨張する様子もない。酸素消費の効率が相当良いのだろうか。

羽を傷つけた小鳥を抱いているような温かさだった。

顔を拭いてやる。

「ありがと。ごめんね、やっぱり罠だった。先生が正しかったみたい」すっきりした表情。「あたしたち、どうなると思う？」

「殺すだけならいますぐにでもできる。現にきみを見つける前に、ビルとバルベルデの死体を見た。そしてあの生物が高度な知能を持っているのは確かだ。銃の扱い方、あれはおそらくすぐに学んだんだ。そして生理学の分野ではまったく、ぼくらを上回ってる。哺乳類を操作するのは昆虫が他の虫を操るのとわけが違う」相手が少なくとも人並みの知能を持っている以上、この行為の動機に関しても、結局、人並みに様々な理由が考えられる。

「つまり何も、わかんない、と」ため息。「どうしてこうなっちゃったんだろう」

私にだって、さっぱりわからない。「悪夢を見ているみたいだ。いや、むしろ、誰かの見ている悪夢の中で、現実を生きてるような。現実なのに、ひどく間違ってる」

「そうそれ、間違ってる。ねえ、もうちょっとあたしの顔を上げて、先生が見えるように」頭を回してしまわないようゆっくりと、頭を持ち上げこちらへ向ける。「もういよう正しい方には戻れないのかな？　無理だよね。頭だけ、じゃ」

「そんなことないさ。多少不自由だけど、きみなら、頭だけでも充分やっていける」

「気休めはやめてよ。誰がこんなあたしをダンスに誘うの？」

「ぼくで構わないなら、喜んで行くよ」

「本当に？」

「ああ」

「じゃあキスして」

する。

「そこじゃなくて、ここに」

やり直す。

「でも先生、ダンス、下手だと思う。あたしが踊らせるつもりだったのに、先生は自分で、動けないあたしの分まで踊れるの？」

「練習するよ」

「なんだか急に、優しくなった」

「いままでずっと怖かったんだよ、きみが」認めざるを得ない。「ぼくは何と言うか、本能、欲望というものに、しょっちゅう、ひどく怯《おび》えてるんだと思う。キスだっていまのが初めてだし、女性を泣かせたのも初めてだ」

「それは知ってる。おととい話してみてすぐわかった。だから思ったんだ、この人があたしを好きになったら、どうなるかな、って」まさかその結果がこれ、なんてね。苦笑してみせてくれる。「で、いまはあたしに対する欲望も消えたし、こうやって胸に抱きかかえていられる。怖くないんだ？」

「少なくとも、人に銃を突きつける知恵のあるタコよりは、怖くないね」

こんなに深い森がこの平原にあったとは、知らなかった。下り坂に入る。

「ねえ。先生は本当に、あたしのこと、もう怖くないの？」

「いや」足元を意識しながら慎重に坂を下りる。「きみは危険だよ。頭部だけのきみも充分危険だ。ぼくがきみを舞踏会に連れて行きたいほど好きになっても、きみがどこかから他の男を連れて来て、またぼくを戦わせる未来が簡単に想像できる。きみは頭だけでそれをやってみせる」

「そんなこと心配、してるんだ？」あはは、と笑う。「先生、あたしから恋愛についての教訓を、一つ。恋愛に予言はいらない。恋に巻き込まれている間は未来のことを考えちゃ、だめ」

「はあ」どうでもいいのでは？「覚えておくよ」

いまはどちらかと言えば、恋愛についての教訓ではなく、預言が欲しかった。恋よりもっと恐ろしい状況に巻き込まれていた。

見覚えがない洞窟が前方にあった。峡谷に穿《うが》たれたその穴はまだ真新しいものだった。足元にはいまやおびただしい数の怪物の跡、這いずり、何か重いものを動かした形跡がある。辺りには赤い草が生い茂り、動物の死骸が散乱していた。いくつかは解剖、または改造された動物たちだったが、その大部分は血を吸われた残りカスだった。平原じゅうの動物たちが山となって捨てられていた。

促されるままに洞窟の内部に入る。

暗く、狭かった。滑った。かがんで岩肌に触れて、確かめるように進む。削岩した跡は一様で、正確だった。掘削機まで使えるのだろうか、この生物は。

奴らは一体いままでどこにいたのか？　何故急に現れたのか？

地の底に潜っていくこの洞窟を歩いていると、嫌でも、悪魔、という言葉が再びちらつく。

「まさか地獄に行くんじゃないだろうな」

だが洞窟はやがて上りになる。向こう側に小さく先が見える。地上の出口が近づいているのだ。

洞窟を抜けるとそこは鬱蒼とした森の中だった。

「あれ」ボールトンが言った。「あたし、あれに捕まったんだよ。たぶん他のみんなも」

巨大な窯を三脚に載せたような機械が膝を曲げて佇んでいた。見上げるほど巨大な機械からは、タコの怪生物と同じ十六本の触手が灰色の胴体からだらりと垂れ下がっている。確かに関節などに注目すれば機械なのだが、怪物やロボの継ぎ足された関節と同じ、灰色がかった褐色のその表面は、生きているようだった。もたれかかっている木がかしいでいる。植生を見る限りコランポーと同じだが、場所が思い当たらない。ピニョン松が冬でも落ちない黒い葉の上に白いわずかの雪を載せていた。傾いた陽が木々の間から見えた。

怪物は機械には目もくれず、木々の間を一列に進む。

そのまま付き従うと、ぷっつりと森が途絶え、巨大な窪地が姿を現した。

その中央には一目見て金属でできているとわかる、小山ほどもある巨大な円柱状の物体が見える。円柱は半分地面にめり込んでいて、隕石が墜落したような格好だ。

その傍らには、何百もの怪物が寄り集まっていた。彼らは己の触手を自身の何十倍もの長さにひときわ長くのばし、絡めあい、空に向かって椀を掲げるように、半円状に触手を広げていた。その肉でできた巨大な椀はまるで空から降ってくる見えない何かを受け止めたように、時たま身もだえし震え、そのたびに椀の裏側で、底に固まった怪物たちはうめき声をあげた。異様だった。

「先生、あれ、真ん中にもいる」

確かに表側の椀の中央にも一匹の怪物がいる。その怪物は片方の目だけが異様に腫れ上がっており、よく目を凝らしてみると目元から細い触手が何本も飛び出し、絶えず動いていていた。

「自分の眼球に自分自身を寄生させているんだ」

「何で？」

「さあ」怪物は一心不乱に空を見つめていた。「もしかしたら、望遠鏡の役目を担っているのかもしれない。肉体の一部を強化したり、代替することができるみたいだから」

そばには死んだ動物たちのほかにも生きたままの牛や羊、コヨーテが触手に捕らえられたまま横たわっており、絶えず新鮮な血液が供給されていたようだったが、見る限り、残された動物たちはそれほど多くなかった。何かのために動物たちがかき集められ、その目的はもうすぐ終わろうとしているのかもしれない。

一本の太い触手が円柱の内部に続いていた。

内部はぼんやりと赤く光っていた。何か塗料か、体液のようなものが塗りたくられているようだった。

腕の中のボールトンの鼓動が、かすかに大きくなった気がした。

巨大な怪物がいた。

いままで見た怪物よりさらに醜く、十フィートほどもあるぶよぶよした体を持て余し、円柱の一番奥を占拠していた。触手の一本一本は腕ほどもあり、そのうちの一本が円柱の外側まで伸びていたのだ。

ビリーがいた。

殺されていた。

ボールトンと同じく首だけが転がっていた。頭皮は剝がされ頭蓋骨がこじ開けられ、脳がむき出しになっていた。そのむき出しの脳に細い触手が何本も突き刺さり、二匹の小さな怪物が張りついていたが、その怪物たちはさらに、奥の巨大な怪物の触手に貫かれていた。ビリーの首から下にもやはり触手に貫かれている一匹の怪物が取り付いていて、大きく膨らみ、萎《しぼ》んでいた。呼吸しているようだった。この小さな怪物の触手はビリーの切断された喉の切り口に突っ込まれていた。

何かを試みようとしている。

奥の巨大な怪物が大きく息を吐くたびに、ビリーの口内に空気が流れ込んでいる。そのたびにビリーの喉が鳴り、ぐお、ぐお、とまるで豚の鳴き声のような音を出して空気が漏れる。触手を使って体の内側から、無理やり口や舌を動かそうとしている。

喋らせようとしているのだ。

人間の死体を、操り人形のように使って、あの怪物は、何かを語ろうとしているのだ。

準備が整ったようだった。

ビリーの頬の内側を、細い触手が何本も動き回っているのが見える。顎を動かし、頬の肉を引っ張っている。笑顔を作ろうとしている。

「やあ、シートンの旦那」

異様な声だった。ビリーの体を使っている以上、ビリーの声のはずなのだが、吐き出す空気の加減をうまく調節できていないのだ。

いや、それより。

「きみは完全に死んでいるはずだ。後ろの奴がきみを操っている、なのになぜぼくの名前を」

「きっと脳みそだよ」ボールトンが囁く。「あいつら人間の脳をああやって、操るだけじゃなくて、直接調べられるんだ」

「俺は」ビリーが抑揚のない声でゆっくり告げる。「火星から落ちた、カウボーイだ」

「何だって？」

「お前たち地球の女どもと、おしゃべりをしたいんだ。お前たちは牛としちゃ大したことないが、オオカミよりも女っぽい。オオカミは女としちゃあ、駄目だ」

「何、言ってんの」

私にもわからない。「おそらく、あのタコの化け物は、火星から来た、と言ってるんだろう」考えてみる。「確かにそうだとすれば、あの姿もいくらか説明できる。火星は重力が地球よりずっと小さいから、あんな体つきでも、もっと敏捷に動き回れるはずだ。おそらくこの円柱を大砲で打ち上げて地球に落下してきたんだ」

「何で自己紹介がカウボーイなの？　それに先生を指して、女って」

「奴はビリーの脳みそを使って、いわば翻訳しながらぼくたちに話しかけてるんだ。つまり、ビリーの言葉遣いでしか物事を伝えられない。火星人の考え方をビリーの言葉遣いで翻訳しきれないから、ところどころ変なんだ」牛というのは、つまり、食料のことだろう。

「女ってのは、あたしたちがあいつらに寄生されるから？　つまりその、アレして、子供を産ませるのと、寄生が似てるから」

「たぶんね」

「はぁ、男って本当に、女を見たらアレのことしか考えてないんだ？　知ってたけど」

「俺たちは」火星から来た生物は奥で黒く塗りつぶされた瞳をこちらに向けたまま、微動だにせず、ビリーに喋らせた。「女どもと何人かおしゃべりしてみたんだ。シートンの旦那、あんた、俺たちカウボーイとおしゃべりしたんだろ」

「おしゃべり」繰り返す。何のことかわからなかった。

「そこのボールトンとも、俺たちカウボーイはおしゃべりしたんだ。おしゃべりついでに、尻をなでてやった」

「お前の言うおしゃべりってのは」私の発する言葉も自然とゆっくりしたものになっていく。「つまり、解剖のことか?」

「解剖！　頭の中の遠い場所にある言葉だ、探さねえと」脳をまさぐる触手が活発に動き回り、ビリーの頭のあちこちを突《つつ》く。「そうだ。解剖しておしゃべりすることで、俺たちは女どもの素晴らしさを知ったってわけだ。だけどな、どうしても俺たちカウボーイには、わからねえことがあったんだ。しかもそれは、飯を食うとかファックするとか、お前ら女のやることなすことすべてに関係してる」

　触手の動きが止まる。

　ビリーがいっそうゆっくり、口を動かす。「それは、死、だ」

　まるで、全く意味のわからない外国の言葉を、口まねしているようだった。いや、実際そうなのだろう。

「何、言ってんの」ボールトンが唇を噛みしめている。

「あんたらだって死ぬじゃない」

「そうだ。何ともわかんねえのはそこだ。どうやら俺たちカウボーイも死ぬらしい。そしてそれは、動けなくなることと関係があるらしいじゃねえか」

　ようやく事情が呑み込めてきた。つまり彼らは我々人類、いや、あらゆる動物が備えている、死と固く結びついた諸々の概念——恐怖や後悔、苦痛、ほんのわずかの安らぎ、そういったものを持ち合わせていないのだ。いや、持ち合わせていたとしても、自らが活動を停止し生命反応が失われるという事実と結びつけることができないのだ。

「だけどよ、俺たちは気付いたんだよ。死が何なのかわからなくても、どうやら俺たちは、死を扱うことができるらしい。そして女どもも、どうやら俺たちに、死を与えてくれるらしい。死というもんがわからなくても、どうやらそいつは、互いに贈りあえるもんらしいじゃないか。だから俺たちはこいつには、おしゃべりを切り上げて早めに死を与えてみた」

　こいつというのは、ビリーのことを指しているらしい。

「そしたらな、死というのがちょびっと、わかったかもしれねえんだ」ビリーが続ける。「だからシートンの旦那、あんたとはちょっと、変わった喋り方でおしゃべりしてみた」

「つまり実験してみたってわけね」ボールトンが吐き捨てる。「あたしを使って」

突然、ビリーが激しく空気を吐き出し始める。ビリーの下敷きになっている火星生物が激しく痙攣し、ビリーの表情が異様な形に引きつる。

笑おうとしているのだ。

「は、は、は」呼吸の荒い犬の物まねにしか聞こえなかった。「そしたらどうだい！　どんぴしゃだったよ、女ども。俺たちにも死というやつが、わかったんだ。死について、俺たちにも、わかることがあったんだよ」

「何だそれは」

「お前らも、つまり、死を、知りたくてしょうがないってことさ」唇がめくれあがった表情のままビリーはまくし立てた。「俺たちはボールトンにわざと死を与えなかった。そしたらシートンの旦那はまず、ボールトンに死を与えようとした。次に、ボールトンが死を与えられてないことについて、知りたがってた。こういうのは、何て言うんだ？」触手が激しく動く。「好奇心！　そう、好奇心だ。シートンの旦那、何よりあんた、ボールトンを手に入れるため、自分から死をもらいに行っただろ？　あれが決め手なんだ。シートンの旦那、あんたはあそこで、ボールトンの死について知りたがってたし、何より、自分自身の死についても知りたがっていたんだ。俺たちには、はっきりわかったよ、死は、誰も知らない、死んでみなきゃわからない、知りたくてしょうがねえもんの塊だってことがさ」

ビリーの下の火星生物がいっそう激しく痙攣する。どこかに穴が開いているらしい。空気が漏れている。様子がおかしい。

「知るってのは俺たちカウボーイにとっても、大切なことなんだ。俺たちは地球に、知るために落ちたんだ。シートンの旦那、あんたも立派なカウボーイだよ」ますます激しく痙攣する。「地球の牛も、空気も、俺たち火星のカウボーイにとっては毒だ。じき動けなくなる」

そう言われて、目を凝らす。この真っ赤な照明の下では気がつかなかったのだが、確かに灰色のシミが火星生物のあちこちにできている。奥の火星生物も、外へ続く触手も、同じだった。

ボールトンが息を呑む。

「そいつを動かしてるカウボーイなら、平気さ。地球生まれで、俺たちの言いつけを守らないからな」みるみる灰色のシミが広がっていく。「だけどな、この、知るってことは、何とも素敵なものだ。お前ら女もそう思うだろ？　だから俺もわかったんだ。死は、素敵なものさ」

　抑えていた何かが急に堰を切って溢れだしたように、ぐずぐずと、火星生物の体が崩壊していく。

「今度はもっと、いっぱい死について、教わりたいもんだな。表のかごを編んでたカウボーイを見ただろ？　あれは火星の俺たちに手紙を出してるんだ」触手が一本、最後の力を振り絞るように、ビリーの脳にある何かを探し、見つける。「ロンドン、あそこはそういうのか？　女がいっぱいいるんだよな、素敵だろうなあ」

　外まで伸びていた触手が、ぶちぶちと音をあげて切れていく。

「死ぬって、これかなあ」ビリーが残りわずかの空気でつぶやいた。「へえ、こうなるのか」

　笑顔のままビリーは動かなくなった。四匹の火星生物どもは、いまや、私たちの目の前で、アンモニア臭い液体を垂れ流しながら、どろどろに溶けていた。

　私は触手を引きちぎって、隅に転がっていた帽子をビリーの頭にかぶせてやった。

　ボールトンを抱えて外に出る。赤い光に慣れてしまった目を凝らし、首筋の火星生物を点検する。

「どう」

「斑点はない。あの大きい奴が言った通り、こいつは平気みたいだ」

　そしてこいつ以外は皆、死んでいた。

　あの巨大な「かご」も、オオカミの口に陣取っていた奴らも、見渡す限り何もかも、ぐにゃぐにゃに腐っていた。赤い草はそのままだったが、葉をよく観察すると、やはり灰色の斑点がある。

「どうなってるの先生、これ」

「わからない。さっき、地球の牛や空気が毒だって言ってたけど、おそらくその毒の影響をいままで、あの大きいのが何かの形で抑えていたんだ。それが一気に崩れた」全てあの剥製にしようとした火星生物と、同じ運命をたどっていた。「新大陸にコロンブスがやって来たとき、船員から病気を移されたインディアンが全滅したことがあったらしい。同じだよ、彼らは菌に耐えられなかった」

もっとも、今回の場合、菌に耐えられなかったのはコロンブスの方なのだが。

「なんであたしは、平気なの」

「それもさっぱりだね。ただ、奴らが寄生生物だとして、宿主に応じて体のしくみを変化させている可能性がある」

動物たちは一頭残らず息絶えていた。突き立てられたままちぎれた触手から血が無駄に滴り、地面を汚していた。オオカミが二頭、主を失い折り重なって倒れていた。

ロボは彼らを見下ろすように、滑稽な四本足を突っ張ったまま、棒立ちのようになっていた。

体中に取りついていた火星生物は、全て腐って流れ落ちてしまったが、ロボの延長された足はそのままだった。よだれを垂らしていた。

かつて彼は、コランポーの王と呼ばれ、平原を駆け回り、家畜を気ままに食らい、何より自由で誇り高い存在だった。

いまの彼には何もなかった。

ブランカのことも、きっと覚えていない。

二頭はもう、永遠に一緒にはなれない。

私はライフルを拾い上げるとロボの眉間を撃ち抜いた。

死んだ。

「剝製に、するの」地面に置いたボールトンが尋ねる。

「いや」

これは、オオカミではない。

「火葬にしよう」

「先生、先生」私が枯れ枝を抱えて戻ってくると、ボールトンが何かを見つけている。「あそこ、ロボのお腹。動いてる」

確かに横倒しになったロボの下腹部で何かがうごめいている。

やがてロボの尾で隠れた部分から、もぞもぞと、火星生物の残りが、這いだしてくる。一、二、三、四。まだ目も開ききっておらず、ちょうど握り拳ほどの大きさのそれを見た私はライフルを摑むと銃床でまず一匹、潰す。

「先生」

ボールトンが声をあげる。「やめようよ、先生」

「何が」

「別に殺さなくたって、いい」

「そうはいかないよ。放っておいても死ぬだろうけど」

「たぶん死なないよ、その子たち」

残された三匹が、死んだ自分の兄弟と自分たちが生まれてきた場所を、開いたばかりの目にじっと焼きつけている。

「あの大きいのが言ってたよ、ね。あたしの首にくっついてるのは地球生まれだからすぐには死なない、みたいな意味のこと。たぶんその子たちも、それだよ。ロボから生まれた子」強い重力に戸惑いつつ、懸命に身体を動かしている。「地球で生まれたんだったら、この子たちも、きっと、もう、地球の生き物だよ。ここで生きる権利がある」

「ぼくは反対だ。いま、処分した方がいい。こいつらきっと、ミミズみたいに増える」

「それは、そのとき、考えようよ」ボールトンを見つけた一匹が、触手を伸ばし、這って近づいてくる。私の緊張をよそに、ボールトンは平気そうだ。「この子たち、ほら、きっとすごく、賢い。あんな大きなもので、火星から来られるくらい。それなら、きっと、やり方によってはあたしたちと、上手くやってけるってこと。そう思わない？」

ボールトンの髪の毛に触手を絡ませ、やさしく引っ張り、放す。

「あの、確かにちょっと、上手くやってける自信はまだないけど。でもあたしだって、この子たちと同じ。どうやって生きてけばいいのか、どれくらい生きられるのか、わかんない。だから、この子たちがどうやって生きてくのか気になる。気になってるだけってことかもしれない。そういうのって、駄目かな」

どうやって生きるのか、気になる。

「いや、確かにそうだ」

私はかがみこんで、三匹の小さな生物に顔を近づける。

「いま、ぼくもきみの言葉を聞いて、思ったんだ」互いに触手をかざしあって、何かを話している。「こいつらがもし生き続けたら、いったいどうなるんだろう」

あのビリーを操っていた火星生物は、死を、知りたくてたまらないもの、つまり謎の塊だと言っていた。

だがあの火星生物は、見落としている。

死ななかった者たちは、生きるのだ。

そして生きることも、死ぬことと同じく、誰にもわからない謎なのだ。

その謎は野鳥のように、私たちの手には届かない、手に摑もうとした瞬間、空高く消えてしまうような謎かもしれない。私たちが握りしめるのはいつも、死骸と、足跡だけだ。

だがそれは、そういうものなのだ。

己の死が誰にとっても最後に残された謎であるように、他の者の生は、誰にとっても、決して捕らえられない謎としてある。そういうことなのだろう。

そして私と言えば、どちらの謎も、愛していた。

「おいで」

ジャケットを脱ぎ、シャツをまくって腕を差し出す。

三匹のうち、最初に生まれたものが、おずおずと、私の腕に触手を伸ばす。触手の先の針は柔らかい。まだ人の肌すら、貫けない。だがその生物は生まれついた習性で、私の肌に、一生懸命触手を押しつけていた。

黒目しかない瞳で、じっと、私の顔を見つめている。

そこからは何の感情も、読みとることができなかった。

だが私にはうっすら、予感がしていた。

慣れの問題に過ぎないのだ。

いつかは私も、彼らの表情を読むことができるようになる。

それが良いものなのか悪いものなのか、それは、そのとき、考えればいい。


死んだ馬の下げていた鞄の中に、リンゴがある。試しに汁を搾ってやると、三匹とも、むしゃぶりつくように触手を突き立てた。鞄に三匹を押し込め、両手でボールトンを抱える。

「あたしにもリンゴ、ちょうだい。なんだかすごく、疲れちゃった」手を添えて、かじらせる。「すっぱい」

「体のサイズがたったこれだけになってしまったんだ。栄養を溜めておくのが難しいんだと思う。なるべく無理しない方がいいよ」

「これからあたし、ヒタキみたいに、いっぱい食べて生きるんだね」

「そうだ」

窪みを乗り越えると、すぐそばを川が流れている。といっても、もう、とっくに日は暮れている。だが音が聞こえるし、月明かりを反射して流れる水がきらきら光っている。流れはそれなりにあるが、決してボールトンと三匹を連れて、渡れないほどではない。

「この地形、見覚えがないな」

「先生、ここ、リーオン川だよ。去年ここを馬で越えたんだ。大丈夫、この辺りはずっと浅いから、これくらいの水量なら夜でも歩いて、渡れる」

つまり、私が歩いて渡る、ということだ。

やってみると思っていたよりかなりの重労働だ。右手にボールトン、左手にたいまつ、ライフル、鞄、三匹の火星生物を抱えているのだ。それに向こう岸が遠い。暗い。見えない。足が冷たい。膝が痛む。なかなかたどり着かない。大したことのないはずの川の流れがやけに急に感じる。

川の流れ？

足下を見る。右から左へ流れている。

慌てて頭の中で地図を広げる。リーオン川と牧場の位置関係を確かめる。逆ではないか？　いや、これで正しいのか？

自分は川のどちら側にいたのだろうか。

牧場に戻るには、この川を越えるべきなのか、引き返すべきなのか？

思い返せば肝心なことをまったく尋ねていない。

「ボールトン。この道でいいのかな」

返事がない。目を閉じ、静かに呼吸していた。

「ボールトン？　大丈夫なのか？」

「平気」目を閉じたまま、彼女は答える。


「ねえ先生、そうやってあたしたちを抱えて先生がよたよた歩いてるの、すごくあたしは、好き。だって、へたくそなダンスを、一生懸命踊ってるみたい。踊らせてるのは、あたし」

鼻先に何か、冷たいものが触れる。雪だ。風が私たちをぴりぴりと凍えさえる。始まったばかりの冬が、遠慮がちに、夜の平原を渡っている。リスは冬ごもりの準備を始めるだろう。ウサギは冬毛に着替えるだろう。渡り鳥たちは頭上を越え、南へ進んでいくだろう。時は過ぎる。過ぎていく時の流れのただ中で、私は、ボールトンを抱えて立っている。

どこか遠くで、オオカミが鳴いている。

「でもダンスは、もうすぐ終わっちゃう」彼女がゆっくりと、続ける。「あたしはもう、踊れない。先生を、踊らせられない。川の向こうはどっち？　待っているのは、夢のような舞踏会？　それとも、ロボがいなくなった牧場？　どっちにだって、本当は、あたしの居場所なんて、ない」

だから、ね、お願い。

もう少し、もう少しだけ、ここにいて。

川の中で、先生を踊らせてる気分で、いさせて。

課題提出時の梗概

　一八九三年、ニューメキシコのカランポー渓谷にて、狼の集団が農場を荒らし回っていた。狼を退治するために農場主は知り合いの動物画家を呼ぶ。彼の名前はアーネスト・シートン。ロボと呼ばれる狼を捕らえるためシートンはまず、つがいの雌狼を罠にかける。牛を殺して首を切断し、罠を設置し、切り取ったコヨーテの足で足跡を作り、辺り一面に牛の血をばらまいて臭いを消す。こうしてシートンはロボの側近であった真っ白な雌狼を捕らえ、その場で絞殺する。

　翌日、ロボが近所の学校を襲撃したという連絡が入る。人に姿を滅多に見せないはずの狼が教師と子供たちを面白半分になぶり殺したのだ。そしてシートンは現場近くの森で銃で撃たれて死んでいる奇妙な生物を発見する。褐色のぶよぶよした蛸のような生物。これはいったい何なのか？

　シートンは生物を解剖する。カウボーイたちは生物を捕まえるために罠を張る。カウボーイたちは奇妙な鳴き声を聞き夜の山に向かう。そこで彼らが見たのは巨大な三本足の機械が狼を狩る姿だった。

　翌日、カウボーイ数人と彼らを取り仕切っていた若い女が農場から消え、寝室が荒らされている。シートンは血塗《ちまみ》れの手形が地面の上に点々と続いているのを発見する。その手形をたどったシートンは惨殺されたカウボーイ、そして女の全裸死体を発見する。しかもその近くには女の首が無造作に転がっている。

　これは罠だ。私が動物の習性を利用したように、悪魔のような何者かが人間性を利用して私を罠にかけようとしている。しかしシートンが立ち去ろうとすると、首がシートンに助けてと呼びかける。女は生きている。首だけに切断された状態で生きているのだ。なおも女は語りかける。シートンさん、知りたくないですか。私が何で生きているのか、シートンさん、だから殺さないで。

　シートンは首を拾ってしまう。首の後ろには小さな蛸が張り付いている。そしてシートンの前に、蛸に寄生された狼王ロボが姿を現す。

　狼に導かれシートンはシリンダーと呼ばれる宇宙船の内部に進む。そこには瀕死の、ひときわ巨大な蛸が存在していた。洗脳したカウボーイを通じて彼は自らを火星から来た者だと語る。火星人は人類に対して、恐怖を乗り越えさせるような好奇心とゲームとしての殺戮を介して「おしゃべり」しようとしたのだ。地球に来た理由も、全ての虐殺も、ただの陰惨なファースト・コンタクトに過ぎなかった。火星人はもっと大勢の人類と「おしゃべり」がしたいと言いながら息を引き取る。

火星人の機械を使ってシートンはぶよぶよのロボを焼死させる。ロボからはがれて逃げ出した小さな火星人をシートンは踏みつぶそうとする。首だけの女が止める。シートンさん、この子たちは地球で、狼から生まれた。だから、地球人だよ。

シートンは小さな火星人を拾い上げる。

小さな触手から針を出した火星人の赤ん坊が、一生懸命シートンの手に針を突き立てようとしている。

■内容に関するアピール

『シートン動物記』と『宇宙戦争』、一八九八年に出版された二冊がモチーフです。『シャーロック・ホームズの宇宙戦争』や『火星人類の逆襲』といった一連の宇宙戦争ものの作品が念頭にあります。

異星の知性体とのファースト・コンタクトという状況を考えた場合、例えば数学などの普遍的な概念を足がかりにした相互理解（もしくはその不可能性）といった方向で話を展開させる、という手が思い浮かびます。一方、ウエルズが『宇宙戦争』で描いたのは殺戮による一方的な関係性です。ここにはいかなる相互理解もありません。が、互いが互いを一方的に敵と見なすという点で、ここに「一方的な相互理解」と呼ぶべきものが成立している、と考えることもできます。エネルギー保存則に支配された宇宙において、相手を不可逆的な死に追いやることを目指す、という行為は最もシンプルに互いを理解することができる行為でもあるのです（余談ですが、例えばレムの『ソラリス』はこの関係性が成立しないからこその困難を描いている作品である、とも言えるでしょう）。そしてシートンが「狼王ロボ」や「サンドヒルの雄ジカの足跡」で描いたのは、動物愛という変形したヒューマニズムで彩られているものの、根本的にはこの関係である、そのように考えました。

実作講評

大森　望

作者の高木刑は、全十回の提出機会のうち九回に梗概を提出し、そのうち六回は審査をパスして（上位三〜四作に選ばれて）実作に進み、年間獲得ポイントでもダントツの一位。さらに、最終課題にあたる第一回ゲンロンSF新人賞を受賞して、本講座から送り出す最初のSF作家として堂々のデビューを飾ることになった。本書に梗概を収録した「チコとヨハンナの太陽」「ラクーン・ザ・キッドの最期」以外にも、作中にゲーム画面や音源まで埋め込んだ「ホモ・テトリミノ」、戦前の九州を舞台に『鼻行類』的な架空生物ネタと時間ループを組み合わせた「西中之島の昆虫たち」など、印象的な実作が多く、改稿すれば、この一年間の提出作品だけでかなりレベルの高いSF短篇集が出せるのではないかと思うほど。「コランポーの王は死んだ」は、課題（「誰もが知っている物語をSFにしよう」）にはあまり沿っていないものの（一応、「狼王ロボ」の物語をSFにしましたと言い張る余地はある）、ウエルズ『宇宙戦争』と組み合わせることでじつに魅力的なSFサスペンスが誕生した。

アピールで言及されている横田《よこた》順彌《じゅんや》『火星人類の逆襲』は、『宇宙戦争』の事件の十五年後、大森海岸に飛来した火星人類を、押川《おしかわ》春浪《しゅんろう》や阿武天風ら天狗倶楽部の面々が迎え撃つという趣向。超能力者の三船千鶴子が危機を予知したり、北里柴三郎博士が開発したバクテリアが効かなかったりと実在人物ネタも多数盛り込まれている。コニー・ウィリスにも『宇宙戦争』とエミリー・ディキンソンを組み合わせたマッシュアップがあり、そこだけとりだすと発想自体はそう珍しくない。しかし本篇は、『宇宙戦争』と同じ年に出た『シートン動物記』に着目し、シートンを語り手に起用したことで、非常にユニークなファーストコンタクトSFとなった。ゲスト講師陣からも、

「とても面白く、傑作とすら思えた。一行目から恰好良い」（宮内悠介）

「畳みかけるような文体で全体にグルーヴがあり、問答無用で作品のなかに連れていかれた」（文藝春秋・浅井愛）

などと絶賛されている。

付録　ＳＦ作家になる方法

大森　望

いまの時代、ＳＦ作家になるのは超簡単。自分がＳＦだと思う作品を書いてネット上で公開し、ＳＦ作家だと名乗ればいい。ついでに「ゲンロン 大森望 ＳＦ創作講座」を受講すれば万全です。

いや、そういうことじゃなくて、プロのＳＦ作家として食べていくにはどうすればいいんですか？ という質問だとすると、これはものすごくハードルが高い。現在の日本で、ＳＦ小説を書くことを主な収入源にして生活している人は、多くて二、三十人。そもそも小説家という仕事自体、いまは生業として成立しづらくなっている。

したがって、ここでは、〝ＳＦ作家になる〟ことの定義を、「自分で書いたＳＦ小説を紙の本で何冊か商業出版し、世間的に（はともかく、せめてＳＦ好きの間では）ＳＦ作家と認知される」というあたりに設定したい。その場合でも、やっぱり一番の早道は、ＳＦを書いてネットに載せて、ＳＦ作家だと名乗ることだろう。

最近の例で言うと、典型的なのは、カドカワＢＯＯＫＳから『横浜駅ＳＦ』で二〇一六年十二月にデビューした杵刈《いすかり》湯葉《ゆば》のケース。著者はもともと、「イスカリオテの湯葉」（@yubais）という名義でTwitterをやってて、二〇一五年一月五日に、〝横浜駅は「完成しない」のではなく「絶え間ない生成と分解を続ける定常状態こそが横浜駅の完成形であり、つまり横浜駅はひとつの生命体である」と何度言ったら〟とツイートしたのがすべての始まり。その日のうちに後続ツイートを即興で連投して、どんどん構想が膨らみ、それが「横浜駅ＳＦ」として第三者の手でTogetterにまとめられる。この連続ツイートを小説化したものを半年かけてTumblrに連載したのち、修正版を第１回カクヨムＷｅｂ小説コンテストに応募したところ、それがＳＦ部門の大賞を射止めて商業出版デビュー……というコース。たいへん面白い作品なので、ＳＦ作家志望の人にはぜひ一読をおすすめしたいが、柞刈湯葉の場合は、冗談ツイート群が「横浜駅ＳＦ」と命名された結果、必然的にＳＦ作家になってしまったことになる。ネタツイートを連投するだけでＳＦ作家になれるの？　と思う人もいるでしょうが、ちょうど『横浜駅ＳＦ』を読んでいるときに大森が翻訳していたオルダス・ハクスリー『すばらしい新世界』だって、ほとんどネタツイートの集積みたいな小説である。要は、優秀なネタをたくさん思いつける人は、Twitter経由でＳＦ作家になることも可能というわけだ。

実際、長篇ＳＦの公募新人賞として（前身も含めれば）長い歴史と伝統を誇る早川書房のハヤカワＳＦコンテストにしても、二〇一六年に優秀賞を受賞し、ハヤカワ文庫ＪＡで書籍化された二作は、ともに小説投稿サイト「小説家になろう」に発表した作品を改稿して応募されたもの。いまどき、新人賞の締切を目指してコツコツ書きつづけ、書き上がった原稿を郵便または宅配便で送って、ドキドキしながら発表を待つ……というような古風なスタイルは流行らない。思い立ったら吉日、最初の一ページ目から、「小説家になろう」なり「エブリスタ」なり「カクヨム」なりの小説投稿サイトに投稿して全世界に公開し、適当な分量がたまったら、その段階で新人賞エントリーボタンを押す。そうすれば、書いてる最中から読者の反応もわかるし、場合によっては新人賞にエントリーしないうちに編集者から声がかかるかも。とはいえ、一般向けＳＦの場合は、通常、それなりの分量で完結していることが求められるので、きちんと話を畳んでから推敲したものを新人賞に応募するほうが確実かもしれない。

ＳＦ読者からの手っ取り早い認知を狙うなら、応募先は、ハヤカワＳＦコンテストか創元ＳＦ短編賞の二択。四百字換算で百枚以内なら創元、それより長ければ早川にどうぞ。五十枚以内なら日経「星新一賞」という手もあるが、受賞者がＳＦ作家として認知されるかどうかは微妙（ＳＦ作家として認知されている藤崎慎吾が本名で応募し受賞した第一回は例外）。

短篇で賞をとってもなかなか本が出ないから、やっぱり長篇じゃないと――と思っている人もいるでしょうが、必ずしもそうとは限らない。宮内悠介のように、短篇で受賞したあとも休まずガンガン新作を書けばすぐに一冊分たまるし、いきなり長篇を出すより、本が出るまでの間にだんだん認知度が高まったり、スキルが向上したりするメリットもある。なんらかのかたちで作品が公になったら、日本ＳＦ大会やＳＦ系のトークイベントなどにまめに顔を出して、先輩ＳＦ作家や編集者や古手のＳＦファンに名前を覚えてもらうこと。ＳＦ作家としてやっていくなら、こういう草の根活動が意外と重要です。

新人賞に応募するのではなく、ＫＤＰ（Kindle Direct Publishing）などの電子書籍個人出版からデビューするコースもある。言わずと知れた藤井太洋ルート。初めて書いたＳＦ長篇『Gene Mapper』を二〇一二年七月に米Amazon の Kindle ストアなどで個人出版。同年十月に日本 Amazon で Kindle ストアがオープンするや、小説・文芸部門の売り上げトップに立ち、そのまま（伊藤計劃『虐殺器官』や冲方丁『天地明察』を差し置いて）同年の一位に輝いた。それを読んだ早川書房の編集者から声がかかって、翌年四月、同書の改稿版をハヤカワ文庫ＪＡから出版。初めて依頼されて書いた長篇『オービタル・クラウド』で日本ＳＦ大賞を受賞。商業出版デビューの二年半後には日本ＳＦ作家クラブ会長に就任するという前代未聞の快挙をなしとげた。

そういう意味では、実力さえあればＳＦ作家になる道はいくらでもあるが、ルートによっては、しなくていい苦労をすることになる。大沢在昌は、作家志望者の必読書『小説講座　売れる作家の全技術』の中で、「できるだけ偏差値の高い新人賞からデビューすることを目指しましょう」と書き、高偏差値の御三家として、江戸川乱歩賞（日本推理作家協会）、日本ホラー小説大賞（角川書店）、松本清張賞（文藝春秋）を挙げている。

じゃあ、ＳＦ作家を目指す人はＳＦの新人賞に投稿すべきかというと、必ずしもそうとは限らない。じっさい、ＳＦの新人賞がなかった時代（いわゆる日本ＳＦ冬の時代とほぼ重なる）には、日本ファンタジーノベル大賞や日本ホラー小説大賞など、隣接ジャンルの新人賞からデビューするＳＦ作家が多かった（北野勇作、藤田雅矢、瀬名秀明、小林泰三など）。そこそこメジャーな小説新人賞を受賞したあとなら、実はＳＦを書きたいんですと言えば、いまはたいていどこかで（少なくとも一作は）書かせてもらえるはず。

どの新人賞に応募するかは作風次第で、ガチガチの本格ＳＦやグレッグ・イーガンばりのハードＳＦなら早川や創元のＳＦ賞に応募すべきだが、ＳＦ要素を核にしていても、書き方をちょっと工夫するだけで、ミステリの賞にも、文芸誌（純文学小説誌五誌）の賞にも応募できる。ＳＦ専門読者にとっては読み飽きたネタでも、一般読者向けにうまく料理すれば、そのＳＦ成分が武器になる。最近の松本清張賞は、バリバリの異世界ファンタジイ（阿部智里『烏は主を選ばない』）や、人間が墓場から生まれて若返っていく町を舞台にした奇想小説（蜂須賀敬明『待ってよ』）が受賞しているし、新潮新人賞からは本格ＳＦの書き手でもある上田岳弘がデビューして、三島賞まで受賞している。〝ＳＦ作家になる〟ことだけを考えるとやや遠まわりに見えるが、作家としての〝経営〟を考えると、非ＳＦ系新人賞にもそれなりに利点がある。もっとも、ゲンロンＳＦ講座の受講生には、新潮新人賞を受賞したあと、いろいろあってなかなか本が出せず、新天地を求めてＳＦにやってきた人もいるので、運不運にもかなり左右される。

逆に、ＳＦ専門の新人賞からデビューしても、作品が話題になれば、非ＳＦ系の媒体からすぐに声がかかる。話題にならなかった場合（そっちのほうがほとんどですが）、プロ作家としてやっていけるかどうかは、本人のやる気と努力次第。むかしと違って、賞を主催する版元が手取り足取り面倒をみてくれることは期待できないので、デビューしたことを足がかりに、自分から積極的に動く必要がある。

ここ数年、日本ＳＦはどんどん新人があらわれて活況を呈しているが、これから出てくる人にとってはそれだけ競争が激しくなっている。埋没しないためには、自分のアピールポイントをしっかりつくって、一点突破を目指すこと。ＳＦにはこのジャンルに忠実な読者がそれなりにたくさんいるので、いったんＳＦ作家として認知されれば、けっこう長く続けられるかも。健闘を祈る。

主任講師プロフィール

大森望（おおもり・のぞみ）

一九六一年、高知生まれ。書評家・SF翻訳家・SFアンソロジスト。著書に『現代SF観光局』（河出書房新社）、『50代からのアイドル入門』（本の雑誌社）、『21世紀SF1000』（ハヤカワ文庫JA）、『新編SF翻訳講座』（河出文庫）、《文学賞メッタ斬り！》シリーズ（豊崎由美と共著、ちくま文庫ほか）、《読むのが怖い！》シリーズ（北上次郎と共著、ロッキング・オン）など。アンソロジーに《NOVA　書き下ろし日本SFコレクション》（河出文庫）、《不思議の扉》（角川文庫）の各シリーズのほか、『星雲賞SF短編傑作選　てのひらの宇宙』（創元SF文庫）など。訳書にコニー・ウィリス『ブラックアウト』『オール・クリア』（ハヤカワ文庫SF）など多数。二〇一三年には《NOVA》全十巻で第三十四回日本SF大賞特別賞、第四十五回星雲賞自由部門を受賞。

ゲスト作家プロフィール（講義順）

東浩紀（あずま・ひろき）

一九七一年、東京生まれ。哲学者・作家。専門は現代思想、表象文化論、情報社会論。東京大学大学院総合文化研究科博士課程修了。株式会社ゲンロン代表、同社発行『思想地図β』編集長。著書に『存在論的、郵便的』（新潮社、第二十一回サントリー学芸賞）、『動物化するポストモダン』（講談社現代新書）、『クォンタム・ファミリーズ』（河出文庫、第二十三回三島由紀夫賞）、『一般意志2・0』（講談社文庫）、『弱いつながり』（幻冬舎文庫、紀伊國屋じんぶん大賞2015）、『ゲンロン0　観光客の哲学』（ゲンロン）など多数。

長谷敏司（はせ・さとし）

一九七四年、大阪生まれ。二〇〇一年、第六回スニーカー大賞金賞を受賞した『戦略拠点32098　楽園』（角川スニーカー文庫）でデビューしたのち、ライトノベルからSFに活動の場を広げる。二〇一五年、『My Humanity』（ハヤカワ文庫JA）で第三十五回日本S

F大賞を受賞。その他の著作に《円環少女《サークリットガール》》シリーズ（ハヤカワ文庫JA）、『あなたのための物語』（ハヤカワ文庫JA）、『BEATLESS』（角川書店）、『メタルギアソリッド　スネークイーター』（角川文庫）、『ストライクフォール』（小学館ガガガ文庫）など。

冲方丁（うぶかた・とう）

一九七七年、岐阜生まれ。早稲田大学中退。一九九六年、『黒い季節』（角川文庫）で第一回スニーカー大賞金賞を受賞し作家デビュー。二〇〇三年、《マルドゥック・スクランブル》（ハヤカワ文庫JA）で第二十四回日本SF大賞を受賞、ベストSF二〇〇三〔国内篇〕第一位に輝く。二〇〇九年、初の時代小説『天地明察』（角川文庫）で第三十一回吉川英治文学新人賞、第七回本屋大賞、第四回舟橋聖一文学賞、第七回北東文芸賞を受賞。二〇一二年、『光圀伝』（角川文庫）で第三回山田風太郎賞を受賞。二〇一六年十月に『十二人の死にたい子どもたち』（文藝春秋）を刊行。

藤井太洋（ふじい・たいよう）

一九七一年、奄美大島生まれ。国際基督教大学中退。舞台美術、DTP制作、展示グラフィックディレクターなどを経て、二〇一三年までソフトウェア開発・販売を主に行なう企業に勤務。二〇一二年、電子書籍個人出版『Gene Mapper』を発表し、作家として一躍注目を浴びる。同年十二月、短篇「コラボレーション」「UNDER GROUND MARKET」の二作で商業誌デビューし、二〇一三年四月に、『Gene Mapper』の増補完全版『Gene Mapper -full build-』（ハヤカワ文庫JA）を刊行。『オービタル・クラウド』（ハヤカワ文庫JA）で、第三十五回日本SF大賞、第四十六回星雲賞（日本部門）を受賞。二〇一五年より、日本SF作家クラブ会長を務める。

宮内悠介（みやうち・ゆうすけ）

一九七九年、東京生まれ。幼少期より一九九二年までニューヨーク在住。早稲田大学第一文学部英文科卒。二〇一〇年、囲碁を題材とした短篇「盤上の夜」で第一回創元SF短編賞山田正紀賞を受賞。二〇一二年、連作短篇集『盤上の夜』（創元SF文庫）を刊行し単行本デビューした。同書は第百四十七回直木賞候補となり、第三十三回日本SF大賞を受賞。さらに第二作品集である

『ヨハネスブルグの天使たち』（ハヤカワ文庫ＪＡ）も、第百四十九回直木賞候補となり、第三十四回日本ＳＦ大賞特別賞を受賞。二〇一七年三月、『彼女がエスパーだったころ』（講談社）で第三十八回吉川英治文学新人賞を受賞。

法月綸太郎（のりづき・りんたろう）

一九六四年、松江生まれ。京都大学法学部卒。在学中は京都大学推理小説研究会に所属。一九八八年に『密閉教室』（講談社文庫）でデビュー。二〇〇二年「都市伝説パズル」で第五十五回日本推理作家協会賞短編部門を受賞。二〇〇五年『生首に聞いてみろ』（角川文庫）で第五回本格ミステリ大賞を受賞。二〇一三年より本格ミステリ作家クラブの会長を務める。『頼子のために』（講談社文庫）、『一の悲劇』（祥伝社文庫）、『ふたたび赤い悪夢』（講談社文庫）、『ノックス・マシン』（角川文庫）など著作多数。

新井素子（あらい・もとこ）

一九六〇年、東京生まれ。立教大学文学部卒。高校時代に書いた「あたしの中の…」が第一回奇想天外ＳＦ新人賞佳作に入選し、デビュー。一九八一年に『グリーン・レクイエム』（講談社文庫）、一九八二年に「ネプチューン」で二年連続で星雲賞を受賞。一九九九年、『チグリスとユーフラテス』（集英社文庫）で第二十回日本ＳＦ大賞を受賞した。『……絶句』（ハヤカワ文庫ＪＡ）、『ひとめあなたに…』（創元ＳＦ文庫）、『おしまいの日』（中公文庫）、『未来へ……』（角川春樹事務所）など著書多数。

円城塔（えんじょう・とう）

一九七二年、札幌生まれ。研究者を経て作家。ＳＦ、純文学問わず広く活動中。主な著書に、『Self-Reference ENGINE』（ハヤカワ文庫ＪＡ、二〇一四年フィリップ・Ｋ・ディック賞特別賞）、『烏有此譚』（講談社、第三十二回野間文芸新人賞）、『道化師の蝶』（講談社文庫、第百四十六回芥川賞）。訳書に、チャールズ・ユウ『ＳＦ的な宇宙で安全に暮らすっていうこと』（新☆ハヤカワ・ＳＦ・シリーズ）。近作に『シャッフル航法』（河出書房新社）、『エピローグ』（早川書房）、『雨月物語』（河出書房新社、池澤夏樹＝個人編集日本文学全集所収）、『プロローグ』（文藝春秋）。

小川一水（おがわ・いっすい）

一九七五年、岐阜生まれ。一九九三年、「リトルスター」が第三回集英社ジャンプ小説・ノンフィクション大賞佳作に入賞。一九九六年、第六回の同賞大賞受賞作『まずは一報ポプラパレスより』（集英社）で単行本デビュー（河出智紀名義）。《第六大陸》（ハヤカワ文庫ＪＡ、第三十五回星雲賞日本長編部門受賞）、『老ヴォールの惑星』（同）、《天冥の標》（同）、『コロロギ岳から木星トロヤへ』（同、第四十五回星雲賞日本長編部門）など著作多数。

山田正紀（やまだ・まさき）

一九五〇年、名古屋生まれ。一九七四年、「神狩り」でデビューし、同作で第六回星雲賞日本短編部門を受賞。『最後の敵』（河出文庫）で第三回日本ＳＦ大賞を受賞、『ミステリ・オペラ』（ハヤカワ文庫ＪＡ）で第二回本格ミステリ大賞と第五十五回日本推理作家協会賞を受賞。ＳＦ、ミステリ、冒険小説など多岐にわたる分野で活躍する。『宝石泥棒』（ハルキ文庫）、『エイダ』（ハヤカワ文庫ＪＡ）、『神狩り２』（徳間文庫）、『カオスコープ』（創元クライム・クラブ）、『神獣聖戦』（徳間文庫）、『桜花忍法帖』（講談社）など著作多数。

受講生一覧（五十音順）

朱谷十七
浦河 巡
太田 知也
音依真琴
かいほう ゆりこ
川上 陽子
かん
菊池 良
草村三七
小林 愛
最勝健太郎
坂上秋成
崎田和香子
櫻木みわ
鈴木三平
せい
高木 刑
高橋文樹
常森裕介
トキオ・アマサワ
長澤月子
中島 晴
名倉 編 a.k.a. 11111111
noshimeiro
昇 大司
ヒガ ケンヂ
光レトリバー
ヒズミ
火無曜介
火見月 侃
兵頭浩佑
升本
松本健一
柳生二千翔
山田しいた
吉田 穣
吉村りりか
渡辺祐真

他2名

講座データ

第1回　二〇一六年四月二十一日（木）
ゲスト講師：東浩紀、小浜徹也（東京創元社）
【実作選出者】太田知也、火見月侃、トキオ・アマサワ

第2回　二〇一六年五月十八日（水）
ゲスト講師：長谷敏司、塩澤快浩（早川書房）
【実作選出者】高木刑、火無曜介、山田しいた、兵頭浩佑

第3回　二〇一六年六月十六日（木）
ゲスト講師：冲方丁、高塚菜月（早川書房）
【実作選出者】せい、トキオ・アマサワ、音依真琴、高木刑

第4回　二〇一六年七月二十一日（木）
ゲスト講師：藤井太洋、新井久幸（新潮社）
【実作選出者】高木刑、吉村りりか、トキオ・アマサワ、火無曜介

第5回　二〇一六年八月十八日（木）
ゲスト講師：宮内悠介、浅井愛（文藝春秋）
【実作選出者】せい、名倉編、櫻木みわ、音依真琴

第6回　二〇一六年九月十五日（木）
ゲスト講師：法月綸太郎、都丸尚史（講談社）
【実作選出者】トキオ・アマサワ、太田知也、高木刑、せい

第7回　二〇一六年十月二十日（木）
ゲスト講師：新井素子、鈴木一人（光文社）
【実作選出者】高橋文樹、高木刑、音依真琴

第8回　二〇一六年十一月十七日（木）
ゲスト講師：円城塔、伊藤靖（河出書房新社）
【実作選出者】高木刑、櫻木みわ、光レトリバー

第9回　二〇一六年十二月十五日（木）
ゲスト講師：小川一水、小浜徹也（東京創元社）
【実作選出者】高橋文樹、太田知也、音依真琴、名倉編

第10回　二〇一七年一月十九日（木）
ゲスト講師：山田正紀、井手聡司（早川書房）

最終課題　ゲンロンSF新人賞講評会　二〇一七年三月十六日（木）
選考委員：飛浩隆、東浩紀、大森望、過去のゲスト講師（任意参加）
【最終候補選出者】高木刑、火見月侃、みわ、音依真琴、崎田和香子、高橋文樹
【第一回ゲンロンSF新人賞】
高木刑「ガルシア・デ・マローネスによって救済される惑星」
【第一回ゲンロンSF新人賞　飛浩隆賞（特別賞）】
高橋文樹「昨日までのこと」

編者あとがき

『SF の書き方 「ゲンロン 大森望 SF創作講座」全記録』をお届けする。

第一線のSF作家十人による講義（＋講評）と、毎回のテーマに沿って受講生から提出された梗概（あらすじ）の実例十八本、それに受講生の実作例が二篇（梗概つき）。本書を通読すれば、あなたもたちまちSFの書き方がわかる！——とは言わないまでも、SFを書く上での基本的な考え方や発想の方法は、けっこう身につくんじゃないかと思う。講座一年分がこの一冊に凝縮されているという意味でも、かなりユニークかつお得なSF創作ガイドになっている。「作家にはなりたいけど、SFはちょっと苦手……」という人や、「SFは好きだけど、自分で書く気は全然ないね」という人にも、それなりに有意義だったり面白かったりするはずなので、贔屓の作家のざっくばらんな裏話に耳を傾けるつもりで、まずはパラパラめくってみてください。

いやそれにしても、真剣にSFを書きたいと思っている人がこんなにたくさんいたなんて——というのが、一年間この講座をやってみての正直な感想。もちろん、創元SF短編賞には毎年四百〜六百作が寄せられるし、日経「星新一賞」の応募総数は二千五百から三千にも及ぶ（学生部門、ジュニア部門含む）。とはいえ、小説が売れないこのご時世に、安くはない受講料を一年分まとめて先払いしたうえに、毎月せっせと講座に通い、課題を提出し、ＳＦの短篇を書こうという奇特な人が、いったいどのくらいいるのか？

こう見えてもかなりの心配性なので、せっかくサイトをつくって募集したのに、ぜんぜん受講生が集まらなかったらどうしよう。中止になったらゲスト講師を依頼した人にも申し訳ないし……などと、募集が始まるまで内心かなり不安だったんですが、蓋を開けてみると、受付を開始した初日に当初の定員三十名がたちまちいっぱいになる人気ぶり。受講生募集のための説明会的なトークイベントを東浩紀氏と開くことになってたんですが、その当日にはすでに空きが残っていなかったため、イベント参加者を対象に十名限定で急遽増員したところ、そちらもすぐに埋まってしまった。人気の高さに驚きつつ、ほっと胸を撫で下ろした反面、責任の重さを実感することにもなったわけである。


そもそも、どうしてこういう講座を開くことになったのかについては、本書の序文で東さんが書いているとおり。東浩紀氏率いる会社ゲンロンでは、同社が本拠を置く東京・五反田に開設しているイベントスペース（ゲンロンカフェ）とアトリエを使って、すでに「ゲンロン佐々木敦 批評再生塾」と「ゲンロン カオス*ラウンジ 新芸術校」の二つのゲンロンスクールを開講し、大きな成果をあげていた（二〇一七年からは、「ゲンロン ひらめき☆マンガ教室」も開講予定）。その二つに続く第三のゲンロンスクールとして、小説の創作をテーマにした講座を担当してくれないかと東氏から打診されたのは、二〇一五年夏のこと。毎回ゲストを招いて話を聞く連続トークイベント「大森望のＳＦ喫茶」を数年前からゲンロンカフェで開催していたので、その縁で白羽の矢が立ったらしい。となれば、対象はＳＦ小説の創作に絞るのが自然だろう。

しかし、ＳＦを商売にしているとはいえ、大森の守備範囲は翻訳や書評やアンソロジー編纂で、小説を書いて代価をもらったことは（ノベライズ的な仕事を別にすると）一度もないし、〝ＳＦの書き方〟の具体的なノウハウがあるわけでもない。そりゃまあ、そういうことが教えられそうなゲストを講師に招くことは可能だし、受講生が出してきた作品についてああだこうだ言うこともできるけど、しかしＳＦの創作講座にどれだけ需要があるのやら……などと悩んでいたところ、「いや、ぜったい大丈夫ですよ！」と東氏が力強く太鼓判を捺し、半ば押し切られるようなかたちで、とりあえずカリキュラムを考えてみることになった。

講座の大枠は、東氏が練り上げたゲンロンスクール形式を踏襲することにして、まず最初に決めたのは、毎回、第一線のSF作家と、第一線の文芸編集者を講師として招くこと。小説の書き方については、当然、作家がいちばんよく知っている。しかし、その小説を売る（商業媒体に載せる／出版する）ことを考えると、編集者の目が重要になってくる。さらに、プロの編集者に作品を読んでもらい、名前を覚えてもらうことは、受講生にとって大きなアドバンテージになる。SF専門出版社だけではなく、小説を出している大手出版社各社の編集者を招くことで、SF外部からの視点も確保できる。

創作講座の中身については、ゲスト講師の一時間程度の講義がひとつの柱になるとして、もうひとつ、受講生から提出された作品を講評することも必要になる。とはいえ、受講生全員の作品を読むことは、ゲストの労力を考えても、講座の時間からしても、とてもムリ。そこで、テーマの提示と実作の提出のあいだに、梗概（あらすじ）審査という段階を設けることにした。たとえば、五月の講座でテーマが提示されたとすると、受講生はそのテーマに沿ってまず梗概を書いて三週間以内に提出し、それが六月の講座で審査される。そこで上位三本に残った梗概は、三週間以内に作品化して提出すれば、七月の講座で講評してもらう権利（および評価ポイント）が与えられる（ゲスト講師は月替わりなので、課題を出す人、梗概を審査する人、実作を審査する人がそれぞれ違うことになる）。

作家志望者にとって、小説の梗概と言えば、公募新人賞に応募するとき、作品に添付しなければならないもの、というイメージだろう。つまり、書き上げた作品の内容を自分で要約するのがふつう。しかし、作家になって編集者とつきあいはじめれば、実際に長篇や短篇を書きはじめる前に、プロットなり企画書なりを出す場合が多い（口頭で構想やアイディアをしゃべるだけの場合も含む）。編集者はそれを会議にかけて

（あるいは上司に見せて）、企画にGOサインを出す。作家側からすれば、こうすることで、何百枚も書いたあと、「こちらが求めているものと違うので」とボツにされるリスクを軽減できる。そこまでいかなくても、自分が書きたいと思っている作品のあらすじをちゃんと説明し、どこがどう面白いのかをアピールする力は、作家としてやっていくうえでかなり重要になってくる。

というわけで、受講生には、毎月、その回のテーマに合わせた新作の「梗概＋アピール」（言わば、自分が書きたいと思っている小説の企画書）を出してもらうことにした。与えられたテーマに対して、なにかアイディアなり、ストーリーなりを思いつけば、いままで一度も小説を書いたことがない人でも、とりあえず梗概（のようなもの）は書けるだろう。梗概審査を通過したのに実作が書けない人が出たとしても、作品を自主提出する受講生がいるだろうから、そちらを講評すればいい。梗概二十～三十本プラス短篇三本前後を読むということなら、ゲスト講師のみなさんにもギリギリ引き受けてもらえるのではないか。

と、ここまで制度を決めた段階で、ゲンロン側の担当である徳久倫康氏を中心に開講準備に動き出し（講座名は、前例に倣って、「ゲンロン 大森望 SF創作講座」と半ば自動的に決まった）、ゲストへの依頼がスタート。ありがたいことに、講師をお願いしたほとんどの方々が快く引き受けてくれた。作家陣は、東浩紀、長谷敏司、冲方丁、藤井太洋、宮内悠介、法月綸太郎、新井素子、円城塔、小川一水、山田正紀の各氏（登場順）。編集者講師のほうも、早川書房から塩澤快浩、髙塚菜月、井手聡司、東京創元社から小浜徹也、河出書房新社から伊藤靖というSF編集者陣に加えて、新潮社・新井久幸、文藝春秋・浅井愛、講談社・都丸尚史、光文社・鈴木一人の各氏にお願いすることができた。いずれも超多忙ななか、貴重な時間を割いて梗概と実作を読み（自主提出の作品まで読んでくれたゲスト講師も少なくない）、講義や講評を披露してくれたわけで、感謝の言葉もない。

そして二〇一六年一月、いよいよSF創作講座の公式サイトがオープン（そのサイトのために書いたのが、本書に収録した「開講の辞」です）。最初に書いたとおり、募集を開始したとたん、すごい勢いで応募が殺到し、第一期「ゲンロン 大森望 ＳＦ創作講座」は四十名の受講生とともに船出することとなった。年齢は十三歳から五十五歳までと幅広く（八〇年代生まれがいちばん多くて、半数以上を占める）、執筆歴についても、いままで一度も小説を書いたことがない人から、すでに複数の著書を商業出版しているプロ作家まで、千差万別。一年間密着すれば連続ドラマがつくれるんじゃないかと思うほどだった（じじつ、いろんなドラマがあり、いつか受講生のだれかが小説にするかもしれない）。

じつに多種多様なその四十人の受講生たちがネット上で同列に並ぶ場が「超・ＳＦ作家育成サイト」。批評再生塾の「新・批評家育成サイト」を下敷きにしたシステムで、あらゆるデータがウェブ上に公開されてだれでもチェックできるのが特徴。これについては、大森はまったくノータッチで、主にゲンロンの徳久氏が膨大な事務作業を担当してくれた。

だいたいどんなものかは「新・批評家育成サイト」をちらちら眺めて知っていたが、いざ講座がスタートしてみると、すべての情報がガラス張りになることにあらためて驚いた。

受講生が提出する梗概、アピール、実作、それに対する評価がすべてサイト上で公開され、得たポイントはグラフ化されて張り出される。往年のスパルタ式受験校並みの苛酷な環境。もともと批評講座用に構築されたシステムなので、従来の小説講座的な常識からいうと、受講生の精神的負担が大きすぎるんじゃないかと思うんですが、そのおかげで、受講生同士がたがいの作品を読み合って、感想や意見を交換するのはもちろんのこと、このＳＦ講座の進展を外部から見守る熱心なウォッチャーのみなさんもあらわれた。毎回、提出された全梗概を読み、ツイキャス（動画ライブ配信サービス）上でコメントする「ＳＦ創作講座非受講生のダールグレンラジオ」がその好例。受講生以外にもこんな風に広く読者を獲得したという意味で、東氏が序文に書いている「受講イコールデビュー」というのも、あながちおおげさではない。

僕自身、受講生のみなさんの梗概や実作に、あるときは仰天し、あるときは呆れ、あるときは大笑いし、あるときは感嘆し、あるときは憤然としつつ、一年間を通して大いに楽しませていただいた。自分と同年配の受講生のがんばりに思わずほろりとしたり、中学生のものすごい発想に度肝を抜かれたり。本業を持ちながら毎月のように一定レベル以上の短篇を書ける人がけっこういたことも驚きだったし、いますぐにでも日本SFの最前線に立てそうな才能も見つかった。彼らがほんとうにSF作家になるかどうかはともかくとして、さまざまな出会いに恵まれた一年だった。

その一年の締めくくりとなる最終課題は、受講生全員が挑戦できる第一回ゲンロンSF新人賞。提出された十八本の短篇から、講座でのこれまでの実績も勘案しつつ、大森が主任講師の権限で選んだ最終候補作は、音依真琴「分離」、崎田和香子「エンケラドゥスの烏賊」、櫻木みわ「わたしのクリスタル」、高木刑「ガルシア・デ・マローネスによって救済される惑星」、高橋文樹「昨日までのこと」、火見月侃「道具箱」の六篇。ゲスト選考委員をお願いした飛浩隆氏と、ゲンロン代表の東氏、それに大森を加えた三人のほか、過去にゲスト講師をつとめてくれた作家、編集者のみなさんにも事前投票でポイントを入れていただき、ゲンロンカフェでネット生中継つきの公開選考会(一部非公開)を行なった。ボランティアで選考に加わってくれたのは、当日会場に駆けつけてくれた藤井太洋、長谷敏司両氏のほか、新井素子、円城塔、宮内悠介、法月綸太郎の各氏。編集者では、河出書房新社・伊藤靖、講談社・都丸尚史、光文社・鈴木一人、東京創元社・小浜徹也、早川書房・井手聡司&髙塚菜月、文藝春秋・浅井愛の各氏が投票し、会場で講評を述べ、選考を見守ってくれた。これだけの作家・編集者に最終候補作を読んでもらえる新人賞は他にないだろう。おかげでゲンロンSF新人賞は日本一豪華な新人賞になったんじゃないかと思う。ありがとうございました。

オールスターによる選考の結果、高木刑「ガルシア・デ・マローネスによって救済される惑星」が正賞を受賞、高橋文樹「昨日までのこと」が飛浩隆賞を受賞した。ポイントで両者とほぼ並んでいた櫻木みわ氏は、激論のすえ、惜しくも次点。最終候補作は、たぶんいまでも「超ＳＦ作家育成サイト」から読めるので、興味のある方はぜひチェックしてみてほしい（最終課題に限らず、他の梗概・実作についても、受講生がとりさげたもの以外は同じくウェブで読めます）。

……と、講座について長々とふりかえってきたが、その開講前から企画していたのが本書。せっかくこれだけのゲスト講師のみなさんに毎月話をしていただくのだから、その内容を本にまとめてはどうかと考えて、早川書房・塩澤編集長に打診し、さいわいにも快諾をいただいた。担当となったＳＦマガジン編集部の溝口力丸氏は、毎月講座に通ってデータをまとめ、本書の構成をかためてくれたので、名目上の編者としてはたいへんらくちんでした。

各回ゲスト講師をつとめてくれた作家陣のトーク内容は、その溝口氏のほか、ＳＦ創作講座受講生の升本氏、批評再生塾第二期オブザーバーの横山宏介氏が原稿化を担当してくれた。記して感謝する。もちろん、貴重な講義の採録に同意してくれたゲスト講師のみなさんにも最大級の感謝を。なお、宮内悠介氏のみ、講評部分の採録になっているのは、「講義部分は講座の受講生限定の公開とする」という約束だったため。そのかわり、梗概と実作についてどのような議論がなされているかがわかるようになったので、これはこれでよかったんじゃないでしょうか。

本書に収録した梗概と実作は、講座での評価をもとに、大森が独断で決めた。梗概の文字数は、本来八百字または千二百字（途中から増やした）が上限だが、超過してもエントリー可能なシステムだったため、常識はずれに長いものが少なくない。ルールを無視して長く書いた梗概のほうが選ばれやすいという不公平については若干の疑義もはさまれたが、小説講座の課題を完全にルールで縛るというのもちょっと違う気がしたので、受講生の自主性にゆだねた結果、さまざまな長さ、さまざまなスタイルで書かれた梗概が入り交じることになった。

マンガ大賞２０１７を受賞した柳本光晴『響～小説家になる方法～』の天才女子高生・鮎《あ》喰《くい》響《ひびき》みたいな例（ネット応募しか受けつけていない文芸誌新人賞に手書き原稿を郵便で送り、たまたま手にとった編集者に見出される）は極端だとしても、読む側としては、いろいろはみ出しているほうが面白かったりするのは事実。かといって、ルール破りを奨励しているわけではないし、ふつうの公募新人賞では規定を守らないと自動的に失格になるケースも多いので気をつけてください。

と、また話がそれた。いずれにしても、ＳＦの梗概がこんなに載ってる本はたぶん前代未聞。毎回、二十～三十本提出された中から二本ずつ選ばれたものとはいえ、アマチュアの作例なので、その発想の多様性を楽しんでいただきたい。

末筆ながら、この講座を担当する機会を与えてくれた東浩紀氏、煩雑な実務一切をとりしきってくれた徳久倫康氏、ゲンロンカフェのフロアマネージャーとして毎回現場で裏方をつとめてくれた有上麻衣氏をはじめとするスタッフの方々にも、あらためて感謝する。この講座が曲がりなりにも一年間続けられたのは、優秀なスタッフのみなさんとすばらしいゲスト講師陣のおかげです。また、本書を刊行する機会を与えてくれた早川書房の塩澤快浩氏と、編集を担当してくれた溝口力丸氏にも重ねて感謝したい。ありがとうございました。そして、ハードな一年間をともに過ごし、それらの梗概や実作例の収録に同意してくれた受講生のみなさんにも感謝を。今後の活躍を祈りつつ、本書の読者からも新たな書き手がどんどん出てきて、日本ＳＦ戦国時代の幕が開くことに期待したい。

なお、「ゲンロン　大森望　ＳＦ創作講座」はまもなく第二期が開講する予定。本書を読んで、面白そうだと思われた方は、ぜひ受講してください。新しいＳＦを作るのはあなたたちです！

ＳＦの書《か》き方《かた》

——「ゲンロン 大森望 ＳＦ創作講座」全記録

二〇一七年四月二十五日　発行
二〇二三年二月二十五日　4版

編者　大《おお》森《もり》望《のぞみ》
企画　ゲンロン
発行者　早川　浩
発行所　株式会社　早川書房
郵便番号　一〇一 - 〇〇四六
東京都千代田区神田多町二ノ二
電話　〇三 - 三二五二 - 三一一一
振替　〇〇一六〇 - 三 - 四七七九九
https://www.hayakawa-online.co.jp
定価はカバーに表示してあります

印刷・三松堂株式会社　製本・大口製本印刷株式会社

ISBN978-4-15-209684-5 C0095

乱丁・落丁本は小社制作部宛お送り下さい。
送料小社負担にてお取りかえいたします。